Wolfgang F. Bender
Hauptweg und Nebenwege

Frühe Neuzeit

—

Studien und Dokumente zur deutschen Literatur
und Kultur im europäischen Kontext

Herausgegeben von
Achim Aurnhammer, Wilhelm Kühlmann,
Jan-Dirk Müller, Martin Mulsow und Friedrich Vollhardt

Band 222

Wolfgang F. Bender

Hauptweg und Nebenwege

Studien zu Lessings *Hamburgischer Dramaturgie*

DE GRUYTER

ISBN 978-3-11-060893-9
e-ISBN (PDF) 978-3-11-061029-1
e-ISBN (EPUB) 978-3-11-060913-4
ISSN 0934-5531

Library of Congress Control Number: 2018967845

Bibliografische Information der Deutschen Nationalbibliothek
Die Deutsche Nationalbibliothek verzeichnet diese Publikation in der Deutschen
Nationalbibliografie; detaillierte bibliografische Daten sind im Internet
über http://dnb.dnb.de abrufbar.

© 2019 Walter de Gruyter GmbH, Berlin/Boston
Satz: Meta Systems Publishing & Printservices GmbH, Wustermark
Druck: CPI books GmbH, Leck

www.degruyter.com

Für Wolfgang Jr.

Vorwort

Erfreut sich Lessings *Laokoon*, sein kunsttheoretisches Hauptwerk, bis heute des kontinuierlichen Forschungsinteresses, so gilt dies mitnichten für sein dramaturgisches opus magnum, die *Hamburgische Dramaturgie*. Kaum zu übersehen ist hier die Fokussierung auf die Furcht-und-Mitleid-, respektive Katharsis-Diskussion in den der *Poetik* des Aristoteles gewidmeten Kapiteln des zweiten Bandes. Erst die in einem Themenband versammelten Beiträge zur Internationalen Lessing-Konferenz in der Herzog August Bibliothek in Wolfenbüttel im November 2012 eröffneten die Sicht auf die vielschichtige Verflechtung kulturpolitischer, sozialhistorischer, poetologischer und anthropologischer Aspekte in Lessings europäisch orientiertem Theaterpanorama.

In diese Richtung weisen die hier vorgelegten Studien, die zum einen sowohl mit Blick auf die besonderen Produktionsmodalitäten des Buchhandels als auch auf die theaterhistorischen Gegebenheiten das Scheitern der hamburgischen „Entreprise", zum andern die Wirkmächtigkeit dieses „einzigen Denkmals" auf die Theaterpublizistik und den Dramendiskurs der letzten Dezennien des 18. Jahrhunderts beschreiben. Dabei war es Johann Friedrich Löwen, der zeitweilige Sekretär und „Directeur" des Unternehmens, der als Erster im Gesamt seiner Propositionen, die „zur Aufnahme der Bühne viel beytragen könnten", die Gründe für das organisatorische Scheitern der „Entreprise" klar benannte.

Lessing selbst avancierte in der Folgezeit zum Gewährsmann, dessen Sprachgestus man in schier unzähligen Nachahmungen nachzueifern suchte, ohne freilich die sein „Musterwerk" auszeichnende Dialektik von philologischem Detail und wirkungsästhetischer Überlegung zu erreichen. Seine „Blätter" wurden am Ende anders gelesen, als er sie selbst – nach Ausweis jenes „Nachspiels" im 101. bis 104. Stück – zu lesen gewünscht hatte. Seine Dramaturgie mutierte nicht selten zum Handbuch für Schauspieler.

Deren Aufgabenbereich erhellt Lessing im Wesentlichen im ersten, 25 „Stücke" umfassenden Viertel des Werks. Scheinbar beiläufig, angeregt durch das jeweils besprochene theatrale Ereignis, richtet er hier sein Augenmerk auf die mediale Interaktion, auf eine dem Text adäquate Aktion. Vertraut mit dem europäischen Schauspielerdiskurs eines Jean-Baptiste Dubos, eines Pierre Rémond de Sainte-Albine sowie der beiden Riccoboni, vorbereitet in den frühen Schriften zu Plautus, Chassiron, Dryden und Gellert, vermitteln seine Beobachtungen zum theatralen Spiel Aspekte, die Jahre später in den Schriften August Wilhelm Ifflands, Johann Jakob Engels sowie im Theaterkonzept Johann Friedrich Schinks aufgenommen und produktiv weitergeführt wurden. Noch in Friedrich

https://doi.org/10.1515/9783110610291-203

Schillers Ausführungen zum Theatralbereich sind die vom Hamburger Dramaturgen gelegten Spuren auszumachen.

Und diese sind – keineswegs nur im Schauspielerdiskurs – anthropologisch
fundiert, zu lesen im weiten Kontext des Schrifttums anthropologisch ambitionierter Philosophen und Ärzte: Georg Friedrich Meier, Johann August Unzer
sowie Henry Home. Und nicht zuletzt die Fallanalyse der Adaption des *Merope*-
Mythos, nicht zuletzt auch seine Positionierung gegen Voltaire lassen die Affini-
tät Lessings zur sich etablierenden „Menschenkunde" deutlich durchblicken.
Das „Ausforschen" der Natur des Menschen als die vornehmste Aufgabe des
Dichters, wovon im 49. Stück die Rede ist. „Griechische Simplizität", wie sie
Lessing mit Blick auf Euripides und dessen „Lehrer" Sokrates in ebendiesem
Stück ins Licht rückt, avanciert zum entscheidenden Kriterium der Urteilsfin-
dung Lessings über Gelingen oder Mißlingen sowohl der Tragödie als auch der
Komödie. Daß solcherart Maßstäblichkeit weder Voltaire noch Scipione Maffei,
beide sehr viel anderen Wirkungsintentionen verbunden, nicht zu genügen vermochten, liegt auf der Hand und provoziert gleichzeitig die Frage nach der „Billigkeit" der harschen Kritik Lessings.

„Hauptweg und Nebenwege": So der einprägsame Titel, den Paul Klee 1929 einem mittelgroßen Tafelbild gab, das sich heute im Besitz des Museums Ludwig
in Köln befindet. Heinz Berggruen sieht in seinen *Erinnerungen* (1996) in dieser
Ikone der Klassischen Moderne ein „magisches Topogramm", das die „Verästelungen des Lebens mit größter Akribie und Sensibilität" nachzeichne. Lessings
dramaturgisches Hauptwerk ist nun gewiß kein „magisches", indes ein europäisch orientiertes literarisches „Topogramm", ein kunstvoll „akribisch" angelegtes, nachgerade „verästeltes" Netz von Hauptweg und Nebenwegen, in das sich
der Leser hineingezogen sieht – hineingezogen in labyrinthisch wirkende Textsequenzen, für die Lessing die Denkfigur „Ausschweifung" bereithält. Ausschweifungen lassen sich allenthalben ausmachen im Ganzen des Textes, nicht
nur in seinen dramenästhetischen Reflexionen über Handlungsführung und
Charakterzeichnung in französischer und italienischer Adaption des *Merope*-
Mythos, in der komparatistisch angelegten Konfrontation eines römischen Ko-
mödienmodells des Terenz mit dem eines schreibenden Juristen, Karl Franz
Romanus, sondern bereits in der Besprechung des die Hamburger Bühne eröffnenden Trauerspiels *Olint und Sophronia*. Hier bereits – wie so oft – die Mah-
nung an sich selbst, von der „Ausschweifung über den Vortrag der moralischen
Stellen wieder zurückzukommen", in diesem Fall zur Rollenpräsentation eines
Konrad Ekhof und einer Madame Hensel an diesem Theaterabend. Daß hier,
im 4. Stück, die „Ausschweifung" essentielle Aspekte zum schauspielerischen
Geschäft im Allgemeinen intoniert, ist kaum zu überlesen. „Ausschweifungen"

kann man füglich ausgedehnte Textsequenzen zur zweimaligen Vorstellung der *Essex*-Tragödien Thomas Corneilles und John Banks nennen, in denen die Klärung dramaturgisch-poetologischer Grundpositionen auch ausgedehnte, inhaltsbezogene Ergänzungen erfahren, die den Dramaturgen auch als durchaus begnadeten Erzähler ausweisen.

Lessing – der „Spaziergänger". Im XX. Kapitel des *Laokoon*, in dem die Wegmetapher anklingt, bezeichnet er sich selbst als solchen. Ein Wanderer durch eine europäische Literaturlandschaft, begleitet auch von den Weggefährten Mendelssohn und Nicolai; ein Wanderer, der, abhold allen dogmatischen Festlegungen, verweilt, ohne je einen fixen Standpunkt zu erreichen. Wie bereits sechzehn Jahre vor dem Erscheinen der *Hamburgischen Dramaturgie*, im Juni 1751, anläßlich einer Rezension über Diderots *Lettre sur les Sourds et Muets*, annonciert er im 48. Stück die Wahlverwandtschaft mit dem „besten französischen Kunstrichter", dessen „Ungebundenheit" und „Gewohnheit" des Ausschweifens die Fülle „voller und schöner Gedanken" erst ermögliche.

Forschungsbeiträge, die erst 2018 erschienen sind, konnten nicht mehr berücksichtigt werden.

Den Mitarbeiterinnen und Mitarbeitern des Staatsarchivs der Freien Hansestadt Bremen danke ich für die Übersendung von Archivmaterial, der Universitäts- und Landesbibliothek der Freien und Hansestadt Hamburg für die Bereitstellung von Textmaterial. Der Herzog August Bibliothek Wolfenbüttel, der Forschungsbibliothek Gotha Schloss Friedenstein sowie dem Theatermuseum der Universität zu Köln bin ich für stets freundliche Auskünfte zu Dank verbunden. Dank auch der Bayerischen Staatsbibliothek München sowie der UB Augsburg. Stets ermunternden Zuspruch erfuhr ich von der Kollegin Monika Fick (RWTH Aachen) sowie von den Münsteraner Kollegen Eric Achermann und Eckard Rolf. Nicht zuletzt verdanke ich Herrn Priv. Doz. Dr. Hans-Joachim Jakob (Universität Siegen) die stete Bereitstellung von Textmaterial. Wolfgang Bender M.A. war mir eine unersetzliche Hilfe in allen Fragen der Textformatierung. Stefan Tillmann erstellte das Personenregister.

Münster (Westfalen), im September 2018　　　　　　　　　　Wolfgang F. Bender

Inhalt

Vorwort —— VII

I	**Einführende Beschreibung eines „Denkmals"** —— **1**	
1	„Its lack of originality" und die Kunst, „fremde Schätze bescheiden zu borgen" —— **1**	
2	„Ich will meinen Gang gehen" – „Ausschweifung" statt Systematik —— **9**	
3	Der kritische Leser und das „böse Vergrößerungsglas" —— **11**	
4	Voltaire als Widerpart und der Blick über den Rhein —— **15**	
5	Die Kunst, „nach Gelegenheit [etwas] abzuborgen" —— **17**	
6	Teilnehmer an einer imaginären Gesprächsrunde: Mendelssohn und Nicolai —— **20**	
7	„Das ganze analytische Handwerkszeug" – Chassiron, Gellert, Dryden, Plautus —— **22**	
8	„Ein kritisches Register" zur „Kunst sowohl des Dichters, als des Schauspielers" —— **26**	

II	**Die Wirkungsmacht eines „Denkmals"** —— **33**	
1	Die Springflut der Nachahmungen —— **33**	
2	Ikonenbildung und Paradigmenwechsel: Johann Friedrich Schink —— **36**	
3	„Ware für das Publikum" —— **39**	

III	**„Bleibendes Denkmal" einer „mißglückten Entreprise"** —— **46**	
1	Das Hamburgische Theater: die Anfänge – wechselnde Prinzipalschaften —— **46**	
2	Das neue Haus am Gänsemarkt —— **51**	
3	Der „Secretair" Johann Friedrich Löwen – Theaterpädagogischer Impetus und Scheitern —— **56**	
4	„Eine Art von Abkommen" – Lessing und das Konsortium —— **64**	
5	Lessing und Bode – Publikationsmodalitäten und Nachdruckerpraktiken —— **66**	

IV	**Schauspielkunst als „freye Kunst"** —— **75**	
1	Lessing als Vermittler der französischen Theoriedebatte —— **75**	
2	„Comédien de nature" und „jouer par réflexion": Pierre Rémond de Sainte-Albine, Antoine-François Riccoboni und Jean-Baptiste Dubos —— **79**	

3   „Von jedermann erkannte, mit Deutlichkeit und Präzision
            abgefaßte Regeln": Lessing und Jean Baptiste Dubos —— **84**
4   „influxus animae" – „influxus corporis". Der medizinisch-
            „seelenkundliche" Kontext: Georg Friedrich Meier, Johann August
            Unzer, Henry Home —— **89**
5   „Sonus" und „Gestus": Zur Physiognomik der Stimme —— **94**
6   Schauspielkunst im Kontext der zeichentheoretischen
            Explikationen: Laokoon —— **97**
7   „Eine sehr geistreiche und belebte Unterhaltung" – Johann Jakob
            Engel, August Wilhelm Iffland, Friedrich Schiller —— **100**

**V   „Ausschweifungen" – Merope: Adaption eines antiken Mythos:
           Voltaire und Scipione Maffei —— 111**
1   „Erwartungen" der Leser —— **111**
2   „Hauptweg und Nebenwege" – Lessing, der Spaziergänger —— **113**
3   „Wer ist denn dieser Tournemine?" Ein Abweichen von der „alten
           Simplizität" – ein „Fehltritt!" —— **119**
4   Verletzung der „Menschlichkeit": Lessings Kritik im Kontext
           der Anthropologie seiner Zeit —— **130**
5   Diderot, der Gewährsmann. Der wissende Zuschauer —— **134**
6   „Einige unbillige Urteile": Lessings Schiedsspruch in einem
           kunstrichterlichen Verfahren – historische Gerechtigkeit? —— **138**
7   „air naïf et rustique" versus „délicatesse": Affekterregung
           und staatspolitisches Kalkül —— **144**
8   „Man muß sich durchgängig an die Stelle seiner Zeitgenossen
           setzen" – das „billige Urteil"? —— **155**

VI   Romanus oder die Rettung des Terenz —— 159
1   Karl Franz Romanus, der schreibende Jurist —— **159**
2   Die „Umschaffung" eines römischen Vorbilds —— **162**
3   Eine „Rettung" im europäischen Kontext: Terenz, Diderot,
           Richard Hurd —— **167**
4   Romanus' Lustspiel: ein Erfolgsstück und doch ein Zerfall
           „der ganzen Maschine" —— **171**

Literaturverzeichnis —— 181
1   Bibliographien, Quellensammlungen, Lexika, Handbücher —— **181**
2   Texte —— **182**
2.1   Lessing-Texte —— **182**

2.2   Schriften, soweit im laufenden Text zitiert —— **182**
3   Forschungsliteratur —— **185**

Abbildungsnachweis —— **195**

Personenregister —— **197**

I Einführende Beschreibung eines „Denkmals"

„Seine Dramaturgie ist ein bleibendes,
das einzige große Denkmal einer mißglückten Entreprise"
Johann Friedrich Schütze, 1794

1 „Its lack of originality" und die Kunst, „fremde Schätze bescheiden zu borgen"

Georg Philipp Harsdörffer, gelehrter Patrizier im Kreis der Fruchtbringenden Gesellschaft zu Nürnberg, Meister der Kompilatorik und Kombinatorik, Mitglied des Großen Rats der Freien Reichsstadt, spricht anläßlich der Erörterung elokutorischer Fragen im ersten Teil des *Poetischen Trichters* (1650) vom Nutzen, „sich fremder Poeten Erfindungen" zu „bedienen": „Und ist solches ein rühmlicher Diebstal bey den Schülern / wann sie die Sache recht anzubringen wissen." Und er weiß dererlei Praktiken zu begründen, wenn es heißt: „Ja deßwegen liset man anderer Sprachen Bücher / aus ihnen etwas zu lernen / und nach Gelegenheit abzuborgen."[1]

Auf die Kunst, „fremde Schätze bescheiden zu borgen", verstand sich auch Lessing, wie er im letzten Stück, dem „Nachspiel" der *Hamburgischen Dramaturgie* eingesteht.[2] Doch es wäre bedenklich, ihn einen poeta doctus im Sinne des 17. Jahrhunderts zu nennen. Die Zitierfreude barocker Autoren, ihr gelegentliches Prunken mit antik-frühchristlicher und biblischer Autorität hatte einen anderen Sinn als die oft hervorgehobene, am Detail orientierte Textkritik eines Lessing, der ein humanistisches Erbe zugleich verwaltet und – eingebettet in

---

1 Georg Philipp Harsdörffer: Poetischer Trichter. Die Teutsche Dicht- und Reimkunst / ohne Behuf der Lateinischen Sprache / in VI. Stunden einzugiessen. Nürnberg 1650. Erster Theil, Die sechste Stund, S. 102 (zit. nach dem reprografischen Nachdruck Darmstadt 1969). Zu Harsdörffer vor allem Hans-Joachim Jakob und Hermann Korte (Hg.): Harsdörffer-Studien. Mit einer Bibliografie der Forschungsliteratur von 1847 bis 2005, Frankfurt a. M. 2006 (Bibliografien zur Literatur- und Mediengeschichte 10).
2 Gotthold Ephraim Lessing: Hamburgische Dramaturgie, 101. bis 104. Stück. In: Gotthold Ephraim Lessing: Werke. Vollständige Ausgabe in 25 Teilen. Hg. und mit Erläuterungen und Anmerkungen sowie einem Gesamtregister versehen von Julius Petersen und Waldemar von Olshausen. Berlin, Leipzig, Stuttgart o.J. [1925]. Zit. in Teil 5, S. 407 und 413. Zitate aus der *Hamburgischen Dramaturgie* im Folgenden stets mit nur Angabe der Seite (gegebenenfalls auch des Stücks) im laufenden Text. Alle anderen Lessing-Texte mit Angabe des jeweiligen Teils (abgekürzt: PO und Seite) in den Fußnoten.

https://doi.org/10.1515/9783110610291-001

eine andere gesellschaftliche Dimension – das Tradierte neuem, aufklärerischem Denken anverwandelt. Indes bleibt Gelehrsamkeit, verstanden keineswegs als quantifizierende Zurschaustellung von Wissen, sondern als intellektueller Prozeß zum Zweck der Wahrheitsfindung „ein selbstverständliches Fundament" seines kritischen Geschäfts.[3]

Gut drei Jahrhunderte später wird der Topos vom literarischen Diebstahl erneut ins Spiel gebracht. Es war Hermann Kesten, der 1960 in einer Akademieabhandlung Gotthold Ephraim Lessing den „originellsten deutschen Dichter" nannte, dessen Schicksal es jedoch gewesen sei, neben Bertolt Brecht „als eine Art literarischer Dauerdieb" zu gelten. Der „rühmliche Diebstal" mithin als literarische Straftat – wenigstens im Verständnis des 19. und 20. Jahrhunderts? Verantwortlich machte Kesten für solche Verleumdung die „sengende Verschwörung der dichterischen Dummköpfe, die den Verstand für erzprosaisch, die Vernunft für undichterisch, die Kritik für kontrapoetisch halten".[4] Nun mochte Kesten mit diesem Hinweis auf Paul Albrechts schier unsäglichen Versuch einer Entlarvung Lessings als Plagiator offene Türen eingerannt haben;[5] denn mindestens seit 1891/92, dem Erscheinen von Franz Mehrings *Lessing-Legende* (1893), galt es als opinio communis unter Forschern, daß Albrecht – um es mit Schiller zu sagen – „Schlachtopfer" seines eigenen „Fleisses" geworden war.[6]

----

3 Zum Thema ‚Gelehrter' und ‚Gelehrsamkeit' im sozialgeschichtlichen Kontext vgl. die Abhandlung von Wilfried Barner: Lessing zwischen Bürgerlichkeit und Gelehrtheit. In: Bürger und Bürgerlichkeit im Zeitalter der Aufklärung. Hg. von Rudolf Vierhaus. Heidelberg 1981 (Wolfenbütteler Studien zur Aufklärung VII), S. 165–203, Zit. S. 179.

4 Hermann Kesten: Gotthold Ephraim Lessing. Ein deutscher Moralist. Wiesbaden 1960 (Akademie der Wissenschaften und der Literatur. Abhandlungen der Klasse Literatur 1). Zit. nach dem Teilabdruck in: Lessing – ein unpoetischer Dichter. Dokumente aus drei Jahrhunderten zur Wirkungsgeschichte Lessings in Deutschland. Hg., eingeleitet und kommentiert von Horst Steinmetz. Frankfurt a. M., Bonn 1969 (Wirkung der Literatur. Deutsche Autoren im Urteil ihrer Kritiker 1), S. 478–486, Zit. S. 481 und 483.

5 Paul Albrecht: Leszings Plagiate, 6 Bde. Hamburg, Leipzig 1890–1891.

6 Friedrich Schiller: Über die ästhetische Erziehung des Menschen in einer Reihe von Briefen. In: Schillers Werke. Nationalausgabe. Bd. 20. Hg. von Benno v. Wiese unter Mitwirkung von Helmut Koopmann. Weimar 1962, S. 338. Die weitere Wirkungsgeschichte bibliographisch verzeichnet in: Lessing-Bibliographie. Bearbeitet von Siegfried Seifert. Berlin, Weimar 1973 (Bibliographien, Kataloge und Bestandsverzeichnisse. Hg. von den Nationalen Forschungs- und Gedenkstätten der klassischen Literatur in Weimar), S. 728 ff.; ferner im Nachfolgeband: Lessing-Bibliographie. Hg. von Doris Kuhles, unter Mitwirkung von Erdmann v. Wilamowitz-Moellendorff. Berlin, Weimar 1988 (Bibliographien, Kataloge und Bestandsverzeichnisse. Hg. von den Nationalen Forschungs- und Gedenkstätten der klassischen Literatur in Weimar), S. 361 ff. Weiteres zur Wirkungsgeschichte erörtert Monika Fick: Lessing-Handbuch. Leben – Werk – Wirkung. 4. aktualisierte und erweiterte Aufl. Stuttgart, Weimar 2016. Jede der

Immerhin erschien aber noch zu Beginn des Zweiten Weltkriegs die umfangreiche Darstellung des 1933 verstorbenen britischen Forschers John George Robertson – *Lessing's Dramatic Theory* (1939) – ein Werk, das den Eindruck erweckte, als handle es sich bei dem dramaturgischen opus magnum Lessings lediglich um ingeniösen Eklektizismus, den Versuch, disparate Gedankenelemente zusammenzubringen, ohne ein Ganzes erkennbar werden zu lassen. Nicht anders ist das Fazit zu verstehen, das Robertson am Ende seiner eindrucksvoll recherchierten Dokumentation zieht. Da wird der wohl eher einem französischen als einem deutschen Autor zugetraute brillante Gebrauch von Antithese und witziger Persiflage hervorgehoben, die den Engländer immer wieder beeindruckende Anschaulichkeit des Denkens – „his precise concret thinking" –, um gleichsam den Hauptmangel zu entschuldigen, „ist lack of originality".[7]

Nun kann es Robertson nicht entgangen sein, daß Ernst Cassirer bereits 1932 Wesentliches zur Frage der Originalität im Zusammenhang mit Lessing geschrieben hatte, und zwar in seinem Buch *Die Philosophie der Aufklärung*.[8] Auch er verweist auf zahlreiche Autoren, die Lessing zur Kenntnis genommen haben mußte, vermag aber dem Begriff Originalität ganz andere Qualitäten abzugewinnen als Robertson. Danach kann Originalität nicht einzig und allein Erfindung neuer, noch nicht gedachter Einsichten und Zusammenhänge bedeuten, sondern auch die Wiederfindung des Überlieferten und dessen kunstvolle Kombination, die neue „Ordnung und Verknüpfung", die „souveräne Beherrschung", die „logische Gliederung und Sichtung" von bereits Gesagtem.[9]

Ungeachtet dieses Hinweises aber hätte Robertson mindestens das 96. Stück der *Hamburgischen Dramaturgie* zu einer anderen Einschätzung des Werks führen müssen; denn hier, gegen Ende seines Spaziergangs durch die

---

ausführlichen Werkanalysen beschließt Fick mit einem speziellen Kapitel über Aufnahme und Wirkung. Zu Mehrings ‚Rettung' vgl. York Gotthard Mix: Literaturgeschichtsschreibung als Legitimationswissenschaft. Franz Mehrings Lessing-Legende und die Funktionalisierung des Bildungskanons im Wilhelminischen Deutschland. In: Text und Kontext 22 (2000), S. 158–168.

7 John George Robertson: Lessing's Dramatic Theory, being an Introduction to and Commentary on his ‚Hamburgische Dramaturgie'. Cambridge 1939 (Reprint mit einer ‚Introductory' von Edna Purdie. New York 1965), Zit. S. 490. Das Echo, das Robertson hervorgerufen hatte, war durchweg negativ. Vgl. dazu Karl S. Guthke: Der Stand der Lessing-Forschung. Ein Bericht über die Literatur von 1932–1962. Stuttgart 1965 (Referate aus der Deutschen Vierteljahrsschrift). Seine „kritische Sonde" – so Guthke – sei zu grob, man vermisse ein „geistiges Verarbeiten und Durchdenken der Fülle des Materials" (ebd., S. 79).

8 Ernst Cassirer: Die Philosophie der Aufklärung. Tübingen 1932.

9 Ebd., S. 478 f.

europäische Theaterlandschaft – „ich will meinen Gang gehen" (391) – weist Lessing in bedeutsamer Weise hin auf das Miteinander von „Raisonnement" und „Erfindung": „Anstatt ein Raisonnement zu widerlegen" – so seine Antwort auf gegnerische Einwürfe – „merken sie an, daß Erfinden schwerer ist als Raisonnieren; und glauben widerlegt zu haben!" Und um die Vorstellung vom Primat des Erfindens vollends ad absurdum zu führen, konstatiert er: „Wer richtig raisonniert, erfindet auch: und wer erfinden will, muß raisonnieren können." (391)

Teilt man die Auffassung etwa eines Edward Young (1683–1765) von der poetischen Erfindung als einer göttlichen Gabe, geht man aus von der Schöpfungsprogrammatik der Stürmer und Dränger oder vom Organismusgedanken, wie er sich früh in Herders Fragmenten *Über die neuere deutsche Literatur* (1766–67) sowie in der Abhandlung *Über den Ursprung der Sprache* (1772) dokumentiert findet, so wird man der distanzierten Haltung Lessings, der den Affekten in der Tragödie zwar einen hohen, beim poetischen Geschäft jedoch keinen hohen Wert beimaß, keine Gerechtigkeit widerfahren lassen.[10] Beziehen wir indessen eine weitere Bedeutungsnuance mit ein in unsere Überlegungen, den Vorgang der „inventio", wie er geläufig ist seit einer bis in die Antike zurückreichenden Tradition, so wird dies für ein Verständnis der Arbeitsweise Lessings durchaus förderlich sein. „Inventio", im Kontext dieser Tradition gesehen, reduziert sich keineswegs auf ein mehr oder minder mechanisches Finden oder unreflektiertes Suchen nach Sachen oder passenden Gedanken, sondern versteht sich als ganz und gar intellektueller Vorgang, gleichsam als eine „excogitatio", als eine Erkundung, ein Aussinnen zunächst noch verdeckter Möglichkeiten,[11] wobei dem „iudicium", dem Urteils- oder Unterscheidungsvermögen die Funktion des Auswählens und Korrigierens zukommt.

Damit wäre Lessing ein gutes Stück weggerückt von jenem prometheischen Dichterideal Herders oder eines jungen Goethe und, so gesehen, jener „unpoetische Dichter", für den das ein oder andere der von Horst Steinmetz versammelten Dokumente beredtes Zeugnis ablegt.[12] Dann wäre allerdings „nie [...] der

---

10 Dazu Jochen Schmidt: Die Geschichte des Genie-Gedankens in der deutschen Literatur, Philosophie und Politik 1750–1945. Bd. 1. Darmstadt 1985; dort bes. das Kapitel „Genialität und Humanität", S. 120–149.

11 So heißt es in der ‚Rhetorica ad Herennium': „Inventio est excogitatio rerum verarum aut verisimilium, quae causam probabilem reddunt" (Her. II,3). „Die Auffindung des Stoffes ist das Erfinden wahrer oder wahrscheinlicher Tatsachen, die den Fall glaubhaft machen." In: Rhetorica ad Herennium. Lateinisch und Deutsch. Hg. und übersetzt von Theodor Nüßlein. 2 Aufl. Düsseldorf, Zürich 1998 (Sammlung Tusculum).

12 Horst Steinmetz (Anm. 4).

Funke der göttlichen Eingebung in seine Seele gefallen", aus ihm spräche dann „nie jene ursprüngliche Kraft, die eine Welt aus dem Nichts urständen [sic!] läßt", und seine Stärke läge nicht so sehr „im eigentlich Schöpferischen, sondern im findigen Auswerten, Weiterentwickeln und Anwenden von schon Geschaffenem und Überkommenem".[13] Diese durchaus bedenkenswerte Auffassung Ferdinand Josef Schneiders läßt sich m. E. lückenlos zurückverfolgen bis zu jener eher entschuldigenden denn spontan zustimmenden Äußerung Goethes aus dem Jahre 1827: „Bedauert doch den außerordentlichen Menschen, daß er in einer so erbärmlichen Zeit leben mußte, die ihm keine besseren Stoffe gab, als in seinen Stücken verarbeitet sind."[14]

Dies könnte cum grano salis durch das oft zitierte Resümee der *Hamburgischen Dramaturgie* autorisiert sein, mit dem Lessing sein poiëtisches Unvermögen zu bestätigen scheint – paradoxerweise in eindringlich metaphorischer Diktion: „Ich fühle die lebendige Quelle nicht in mir, die durch eigene Kraft sich emporarbeitet, durch eigene Kraft in so reichen, so frischen, so reinen Strahlen aufschießt: ich muß alles durch Druckwerke und Röhren aus mir heraufpressen. Ich würde so arm, so kalt, so kurzsichtig sein, wenn ich nicht einigermaßen gelernt hätte, fremde Schätze bescheiden zu borgen, an fremdem Feuer mich zu wärmen und durch die Gläser der Kunst mein Auge zu stärken." (407) Sich solchermaßen der Zustimmung Lessings sicher zu sein, glaubte man, insbesonders seine Dramen jenem Bereich des Artifiziellen zuordnen zu können, in dem Dichtung auf der Ebene des bloß zweckhaften Konstrukts ihr Dasein friste.

Ihn aus diesem Umkreis des Zweckhaften zu befreien, ihn gleichsam zu entschlacken von allen Beimengungen des im Sinne Kants Absichtsvollen, des Rhetorischen,[15] war dann das Anliegen einiger größerer Einzelstudien seit dem Beginn der dreißiger Jahre des 20. Jahrhunderts, deren Erkenntnisinteresse sich vorzüglich auf die Interdependenz von mimetischen, der Aufklärung verpflichteten und poiëtischen, ebendiese Aufklärung in Frage stellenden Elemen-

---

13 Ferdinand Joseph Schneider: Die deutsche Dichtung der Aufklärungszeit. 2 Aufl. Stuttgart 1948 (Epochen der deutschen Literatur, III, 1), S. 210 f. Selbst Otto Manns verdienstvolle Zusammenschau ist nicht frei dort, wo es um den Vergleich von Goethes und Schillers ‚Dichtertum' mit der Schriftstellerexistenz Lessings geht; vgl. Otto Mann: Lessing. Sein und Leistung. 2. überarb. Aufl. Hamburg 1961, S. 74 ff.

14 Johann Peter Eckermann: Gespräche mit Goethe in den letzten Jahren seines Lebens. Hg. von Heinrich-Hubert Houben. 32 Aufl. Leipzig 1932, S. 181 (Gespräch vom 7. Februar 1827).

15 Immanuel Kant: „In der Dichtkunst geht alles ehrlich und aufrichtig zu." In: Immanuel Kant: Kritik der Urteilskraft. Hg. von Karl Vorländer. 7 Aufl. Hamburg 1990 (Philosophische Bibliothek 39a), S. 184.

te richtete. Folke Leander, von der neueren Forschung nur am Rande beachtet, legte 1942 den Versuch einer Gesamtcharakteristik vor: *Lessing als ästhetischer Denker.* Hier konnte er dann unter dem Aspekt der Weiterentwicklung des traditionellen Mimesisbegriffs Lessing mühelos „in die ganze Strömung einordnen, die von der Leibniz'schen Schule, von Shaftesbury und Vico ausgeht, und durch Kant, Schiller und Goethe den späteren Zeiten vermittelt wurde".[16] Danach gehöre Lessing, wie Guthke dazu bemerkt, „in die Situation des Übergangs von der Geltung der klassisch-aristotelischen Mimesislehre zur Herrschaft der ‚modernen' (romantischen) Ausdrucksästhetik".[17] Und im „produktiv-absichtlichen Gestalten aus intellektueller Energie"[18] mag man dann – mit aller gebotenen Zurückhaltung – ein einheitsstiftendes Moment sehen, das zugleich die Grenzscheide zur individuellen Gefühlsaussprache markiert, die Lessing fernlag.

Seine distanzierte Haltung gegenüber seinen berühmten Zeitgenossen Johann Jacob Bodmer und Johann Jacob Breitinger ist bekannt. Im *Laokoon* wird Breitingers *Critische Dichtkunst* (1740) nur einmal, indes an zentraler Stelle im Zusammenhang mit Albrecht von Hallers Lehrgedicht *Die Alpen* (Kapitel XVII) im Kontext des Nachahmungsprinzips erwähnt. Wo aber dann – wie in der *Dichtkunst* oder in Bodmers *Critischer Abhandlung von dem Wunderbaren in der Poesie und dessen Verbindung mit dem Wahrscheinlichen* (1740) – die Kategorien des „Neuen" und „Wunderbaren" so ins Zentrum des poetologischen Diskurses gerückt werden, daß man nicht so sehr dem, „was natürlich und wahr ist", die Kraft beimißt, „die Sinnen und das Gemüthe auf eine angenehm-ergetzende Weise zu rühren", sondern „diese Gabe alleine dem Neuen, Ungewohnten, Seltzamen und Außerordentlichen" beimißt, hätte dem Lessing keineswegs zustimmen können.[19]

---

16 Folke Leander: Lessing als ästhetischer Denker. Göteborg 1942 (Göteborgs Högskolas Årsskrift XLVIII, 1942:3), S. 20.
17 Karl S. Guthke: Der Stand der Lessing-Forschung (Anm. 7), S. 83.
18 Guthke (ebd.) betont gegen Ende seiner insgesamt positiven Besprechung der Arbeit Leanders dessen Ansicht, Lessing verharre „letztlich doch auf dem Boden der klassischen Ästhetik; seine Ansätze zur modernen Ausdruckästhetik bilden sich noch ganz nach aristotelischen Voraussetzungen aus und nur soweit sie mit diesen vereinbar sind" (S. 83 f.).
19 Johann Jacob Breitinger: Critische Dichtkunst Worinnen die Poetische Mahlerey in Absicht auf die Erfindung Im Grunde untersuchet und mit Beyspielen aus den berühmtesten Alten und Neuern erläuter wird. 2 Bde. Zürich 1740. Zit. nach dem Neudruck. Hg. mit einem Nachwort von Wolfgang [F.] Bender. Stuttgart 1966 (Deutsche Neudrucke, Reihe 18. Jahrhundert), Bd. 1, S. 110. Zu diesem Kontext insbesondere Friedrich Vollhardt in Gotthold Ephraim Lessing: Laokoon oder Über die Grenzen der Malerei und Poesie. Hg. von Friedrich Vollhardt. Stuttgart 2012 (Reclams UB 18865), Nachwort, S. 448 ff.

Potenziert in ihrer Wirkung wurden die dichtungstheoretischen Überlegungen Breitingers vor allem durch Edward Youngs *Conjectures on the Original Composition* (1759), die in deutschen Übersetzungen seit dem frühen sechziger Jahren des 18. Jahrhunderts ein aufnahmebereites Publikum fanden. „Das Genie", so heißt es da, „ist von einem guten Verstande, wie der Zauberer von einem guten Baumeister unterschieden; jenes erhebt sein Gebäude durch unsichtbare Mittel, dieser durch den kunstgemäßen Gebrauch der gewöhnlichen Werkzeuge."[20]

Kein Zweifel: Den Abstand, den die in einem solchen Bild vermittelte Dichtungsauffassung von Lessing trennt, kann nichts deutlicher machen als jenes Diktum vom „zweckmäßige[n] Erdichten" im 32. Stück der *Hamburgischen Dramaturgie*, einem nach Lessings Überzeugung durchaus schöpferischen Akt, der auch der Vermehrung „unsere[r] Kenntnis" – d. h. unserer Erkenntnis – förderlich sein soll, wie es im 33. Stück heißt. Und ganz unmißverständlich kommt dies auch im *Laokoon* zur Sprache. Bei der Behandlung bestimmter Sujets durch den Künstler räumt er dem Modus der Darstellung den Vorrang vor der Originalität des Stoffs ein, gibt er zu erkennen, „daß die Erfindung und Neuheit des Vorwurfs das Vornehmste bei weitem nicht ist, was wir von dem Maler verlangen".[21] Bedenkt man auch die Ironie, mit der er als Mitherausgeber der *Briefe die Neueste Litteratur betreffend* im Oktober 1759 die Lösung Wielands aus dem Bannkreis Bodmers zur Kenntnis gab – „Freuen Sie sich mit mir! Herr Wieland hat die ätherischen Sphären verlassen, und wandelt unter den Menschenkindern"[22] –, erinnert man sich seiner gelegentlich wohlwollend-distanzierten Anmerkungen über Klopstocks Oden, deren Wirkung er so beschreibt, daß sie „so voller Empfindung" seien, „daß man oft gar nichts dabei empfindet",[23] dann wird klar, wie unverhohlen skeptisch Lessing schon den Anfängen einer aufkeimenden Empfindungs- und Genieästhetik begegnete.

---

20 Edward Young: Gedanken über die Original-Werke. In einem Schreiben des D. Youngs an den Verfasser des Grandison. Aus dem Englischen von H. E. Teubern, Leipzig 1760 (Übersetzung von Conjectures on Original Composition. In an Letter to the Author of Sir Charles Grandison [d. i. Samuel Richardson], London 1759). Faksimiledruck nach der Ausgabe von 1760. Nachwort und Dokumentation zur Wirkungsgeschichte in Deutschland von Gerhard Sauder (Deutsche Neudrucke. Reihe: Goethezeit). Heidelberg 1977.
21 Laokoon XI. In: PO 4, S. 349.
22 Briefe die Neueste Litteratur betreffend, 63. Brief. In: PO 4, S. 169.
23 Ebd., 51. Brief, S. 147.

Hamburgische
Dramaturgie.

Erster Band.

Hamburg.
In Commission bey J. H. Cramer, in Bremen.

Abb. 1: Titelblatt *Hamburgische Dramaturgie*.

2 „Ich will meinen Gang gehen" – „Ausschweifung" statt Systematik

Die Frage nach einer möglichen Einheit der *Hamburgischen Dramaturgie*, nach ihrer inneren Stringenz, hat die Interpreten immer wieder beschäftigt. Man mag sie mit Max Kommerell durch Lessings sicheren Zugriff, seine „große gesetzgeberische Natur", seinen konsequenten Versuch einer „Gesetzgebung mit Hilfe des Aristoteles"[24] gewährleistet sehen. Man mag mit Benno von Wiese in der „nationalen Dialektik", die sich gegen Frankreich wendet, indem sie England zu verstehen beginnt, in der Dialektik von nationalem Bewußtsein und „allgemeinem Wahrheitsanspruch der europäischen Aufklärung" ein einheitsstiftendes Moment sehen.[25] Es ist dieser Interpretationsansatz, der Wilfried Barner Mitte der 1980er Jahre zu erneuter Überlegung anregte.[26] In bedenkenswerter Weise griff dann Klaus Bohnen Anregungen Friedrich Gundolfs und Paul Böckmanns auf, um sie in seinem Buch *Geist und Buchstabe* mit Blick auf Lessings ästhetische und theologische Schriften weiter zu entwickeln. Ohne Gefahr zu laufen, dessen Argumentationsstrategien in das Prokrustesbett irgendeiner Systematik zu zwingen, beschreibt er Lessings Denken als eine Bewegung, die „die Wahrheit im Prozeß des Fragens nach ihr ergreift". „Geist" und „Buchstabe" faßt er in ihrer Ambivalenz als das Lessing eigentümliche Denkprinzip auf, als dialektischen Aufbau eines Verfahrens, „Wahrheit erst im Spannungsfeld sich widerstreitender Prinzipien zu fassen".[27]

Gewiß lassen sich Schwerpunkte im Werk Lessings ausmachen. Eine Systematik wird indessen kaum erkennbar. Und hinsichtlich eines einheitsstiftenden Moments üben denn auch einige Darstellungen Zurückhaltung. Peter Brenner etwa betont den eklektischen Charakter der Dramentheorie Lessings und greift damit auf Robertson zurück. Den Kern der „Sache" trifft Friedrich Vollhardt in seiner jüngst erschienen Darstellung *Gotthold Ephraim Lessing.* Auch er betont

---

24 Max Kommerell: Lessing und Aristoteles. Untersuchung über die Theorie der Tragödie. 5 Aufl. Frankfurt a. M. 1984 (1 Aufl. 1940), S. 7 und 14.
25 Benno von Wiese: Lessing. Dichtung, Ästhetik, Philosophie. Leipzig 1931 (Das wissenschaftliche Weltbild. Hg. von P. Hinneberg), S. 93 f.
26 Wilfried Barner: Res publica litteraria und das Nationale. Zu Lessings europäischer Orientierung. In: Nation und Gelehrtenrepublik. Lessing im europäischen Zusammenhang. Beiträge zur Internationalen Tagung der Lessing Society in der Werner-Reimers-Stiftung Bad Homburg v.d.H., 11. bis 13. Juli 1983. Hg. von Wilfried Barner und Albert M. Reh. Detroit, München 1984 (Sonderband Lessing Yearbook), S. 69–90.
27 Klaus Bohnen: Geist und Buchstabe. Zum Prinzip des kritischen Verfahrens in Lessings literarästhetischen und theologischen Schriften. Köln, Wien 1974 (Kölner Germanistische Studien 10), S. 12 und 18.

die gelegentlich „sprunghafte" Schreibstrategie Lessings. Er vermag zwar keine „Systematik", indes strukturprägende „thematische Einheiten" zu erkennen. Nicht zuletzt sei es die Rückbesinnung und produktive Aneignung der antiken Überlieferung, des antiken Dramas sowie – nicht zu übersehen – der patristischen Tradition, die ihm den Blick für die dem Drama eigentümlichen Wirkungsmöglichkeiten eröffneten.[28]

Auf das Unsystematische der *Hamburgischen Dramaturgie*, deren kurze Stücke ihn an die Form der *Briefe die Neueste Litteratur betreffend* erinnern, verweist auch Hugh Barr Nisbet in seiner großangelegten Lessing-Biographie. Und er sieht in der Opposition Lessings gegen die Haute Tragédie klassizistischen Zuschnitts – in der Argumentation stets auf Aristoteles bezogen – die der Dramaturgie eigene heuristische Strategie. Die Besprechung der Aufführungen also nur ein Vorwand für die Entwicklung seiner Gedanken zur Theorie und Praxis der dramatischen Weltliteratur – indes „zum Vorteil der Sache"? „Gelegenheitskritik" also, wie Nisbet schreibt, indem er die „Abschweifungen" und das „Provisorische aller Ergebnisse" hervorhebt.[29] „Abschweifungen" gewiß oder, um es mit dem „Spaziergänger" Lessing zu sagen, – „Ich will meinen Gang gehen" (391) – „Ausschweifungen", die nachgerade die Struktur des Ganzen prägen. Es ist diese Denkfigur der „Ausschweifung", auf die zurückzukommen sein wird.

Armand Nivelle hat in seinem Buch über den kunsttheoretischen Diskurs des 18. Jahrhunderts 1960 auf „das Gelegentliche und Polemische" der Schriften Lessings hingewiesen und doch dessen Überlegungen zur *Hamburgischen Dramaturgie* auf wenige Grundbegriffe reduziert. So seien seine „verstreuten Ideen", „auf ihre Grundsätze zurückgeführt", durchaus als „Elemente eines echten Systems" zu begreifen. Ein solches, etwa im Sinne Christian Wolffs, für den die Mathematik zur „Grundwissenschaft",[30] zum propädeutischen Modell avancierte, läßt sich indes nicht aus den Schriften Lessings herleiten und ganz gewiß nicht aus seinem dramaturgischen Hauptwerk. Nivelle hat denn auch in seinen weiterführenden Überlegungen das vermeintlich Systematische stark relativiert,

---

28 Peter Brenner: Gotthold Ephraim Lessing. Stuttgart 2000, S. 195. Vor allem Friedrich Vollhardt: Gotthold Ephraim Lessing. München 2016 (C. H. Beck Wissen 2789), S. 86–91.
29 Hugh Barr Nisbet: Lessing. Eine Biographie. Aus dem Englischen übersetzt von Karl S. Guthke. München 2008, S. 511–554, Zit. S. 512 f.
30 Christian Wolff: Vernünfftige Gedancken von den Kräften des menschlichen Verstandes und ihrem richtigen Gebrauche in Erkänntniß der Wahrheit. 14 Aufl. Halle 1754 (Erstausgabe 1713), § 2: Vorbericht von der Welt-Weisheit, in: Christian Wolff: Gesammelte Werke. Hg. von J. École, J. E. Hofmann, M. Thomann, H. W. Arndt. 1. Abt., Bd. 1. Hildesheim 1978, § 14. Es heißt dort auch: „Solchergestalt bringet uns die Mathematik zu der allergenauesten und vollkommensten Erkänntniß, welche zu erlangen möglich ist." (Ebd., § 16.)

wenn er bemerkt, es sei sinnvoller und tragfähiger, von „Konstanten und Tendenzen" zu sprechen, die seinen Ansichten zugrunde lägen.[31]

Vorausblickend auf die Druckgeschichte der *Hamburgischen Dramaturgie* und die in einem anderen Kapitel beschriebene stockende Erscheinungsweise der einzelnen „Stücke", sei in diesem Zusammenhang an eine Bruchthese erinnert, die Reinhart Meyer 1973 zu bedenken gab, eine These, die die Idee einer wie immer fundierten Systematik vollends ins Wanken brachte. Angesichts der besonderen Entstehungsbedingungen des Werkes konstatiert Meyer an bestimmten Stellen terminologische Unstimmigkeiten, die er mit Lessings veränderter Einstellung zu Aristoteles zu erklären sucht. Es sei der Weg von der Annäherung an den Philosophen, wie sie sich im 32. Stück deutlich ankündige, bis hin zur völligen Identifikation mit ihm seit dem 74. Stück. Aufs Ganze gesehen, so Meyer, seien vier Veröffentlichungsphasen erkennbar (1. bis 31. – 32. bis 51. – 52. bis 82. – 83. bis 104. Stück), denen freilich nur drei Stufen eines bestimmten Aristoteles-Verständnisses entsprächen. Die Widersprüchlichkeiten der *Hamburgischen Dramaturgie* resultierten danach konsequenterweise aus der Kollision unterschiedlicher Ansätze. Scharf zog Meyer seinerzeit gegen alle Tendenzen einer Harmonisierung zu Felde. Indessen, so könnte man ebenfalls zu bedenken geben, sind es eben diese Widersprüchlichkeiten, die den besonderen Reiz dieses dramaturgischen Hauptwerks Lessings ausmachen. Die Distanz Lessings gegenüber allen Festlegungen ist bekannt.[32]

3 Der kritische Leser und das „böse Vergrößerungsglas"

Betrachtet man das dramaturgische Spektrum von Gottsched bis Lessing als Teil der größeren Einheit „Aufklärungsdramaturgie", wie sie Kurt Wölfel beschreibt, so wären Gottscheds Poetik und Lessings *Hamburgische Dramaturgie* Anfang und Ende eines „zu einem gewissen Abschluß gelangenden historischen Prozesses". Erkennbar werde in diesem, das „dogmatische Diktat Gottscheds" aufbrechenden Fortgang am Ende „die Idee eines bürgerlichen Theaters und der Begriff einer dramatischen Kunst bürgerlicher Observanz", die in Lessings *Dra-*

---

31 Armand Nivelle: Kunst- und Dichtungstheorien zwischen Aufklärung und Klassik. Berlin 1960, S. 85 und 135.
32 Reinhart Meyer: Hamburgische Dramaturgie und Emilia Galotti. Wiesbaden, Frankfurt a. M. 1973. Vgl. dazu die Rezension von Michael M. Metzger. In: Lessing Yearbook / Jahrbuch VIII (1976), S. 243–245.

maturgie schlüssig abgebildet sei.[33] Freilich könnten sich Zweifel erheben hinsichtlich der Schlüssigkeit des Ganzen angesichts der zahlreichen Unstimmigkeiten und unerledigten Fragen, deren Beantwortung Lessing oft dem Leser überläßt. So etwa im Kontext der weiträumigen *Essex*-Exkurse mit Blick auf die spanische Version dieses Stoffes, Antonio Coellos *Conde de Sex:* „Doch ich will dem Urteile meiner Leser nicht vorgreifen." So im 60. Stück. Und nichts vermag den Unterschied zwischen Anfang und Ende dieses historischen Prozesses deutlicher werden zu lassen als die Rolle des Lesers, seine mögliche Teilhabe am Fortgang eines Erkenntnisprozesses hier oder seinen Ausschluß dort.

Keiner der poetologischen Texte Gottscheds verrät auch nur einen Hinweis auf irgendeine Beteiligung des Lesers bei der Urteilsfindung in Sachen Schöne Künste und Wissenschaften. Wie anders bei Lessing! Wie immer er das Publikum in toto eingeschätzt haben mag – der 81. der *Briefe die Neueste Litteratur betreffend* läßt zunächst kaum auf ein günstiges Urteil schließen –, wird doch der Appell an den Leser, mitzudenken und sein kritisches Potential einzubringen in den Prozeß des Abwägens und Prüfens, aufs deutlichste akzentuiert. Nichts läßt den Abstand zu Gottsched so evident erscheinen wie der beziehungsreiche Hinweis auf den selbstdenkenden Leser am Ende des 95. Stücks. Ihm „erste Gründe" oder Prinzipien statt jener „fermenta cognitionis" zu bieten, hieße ihn gängeln, hieße schlußendlich den Prozeß einer „cognitio" verhindern. Daß in beiden Fällen Aufklärung intendiert wird, steht außer Zweifel. Nur: das eine Mal soll sie aus der Haltung eines gleichsam aufgeklärten literarisch-philosophischen Absolutismus herbeigeführt werden, aus dem Bewußtsein, daß allein der philosophisch umfassend gebildete Kunstrichter dazu legitimiert sei, den „bloßen Eigensinn" der Menschen zu korrigieren, um den Weg zur Einsicht in die Grundprinzipien der „unveränderlichen Natur der Dinge" zu weisen.[34] Das andere Mal, bei Lessing, aus der Überzeugung, daß der Rezipient, der „poetische Leser"[35] durchaus zur Teilhabe am kritischen Geschäft des Kunstrichters befähigt sei. Dieser Appell an den Leser, gewiß mehr als eine Floskel zum Zwecke des Gewinnenwollens, die Ansprache an ihn, sein Kritikvermögen zu aktivieren, durchzieht die Schriften Lessings. Im Rahmen einer der Be-

---

33 Kurt Wölfel: Moralische Anstalt. Zur Dramaturge von Gottsched bis Lessing. In: Deutsche Dramentheorien. Hg. von Reinhold Grimm. 2 Bde. Frankfurt a. M. 1971, Bd. 1, S. 45–122, Zit. S. 48.

34 Johann Christoph Gottsched: Versuch einer Critischen Dichtkunst Durchgehends mit den Exempeln unserer besten Dichter erläutert. 3. und vermehrte Aufl. Leipzig 1742 (Erstausgabe 1730). In: Johann Christoph Gottsched: Ausgewählte Werke. Hg. von Joachim Birke und Brigitte Birke. Bd. VI, 1–3. Berlin, New York 1973, S. 174.

35 So in den *Briefen die Neueste Litteratur betreffend* im Zusammenhang mit Anmerkungen zum *Messias.* In: PO 4, S. 67.

grifflichkeit Wolffs verpflichteten Poetik Gottscheds, in der die Erkenntnis des „nothwendigen Grundes" der „Natur der Dinge"[36] conditio sine qua non für jedes Kunsturteil war, hätte indes ein solcher dem „poetischen Leser" gewährter Spielraum die Geschlossenheit des Systems gefährdet.

Gottsched, um eine normativ-zeitlose Poetik bemüht, konnte aus guten Gründen Regeln setzen. Im Bestreben, Kunstproduktion und Kunstrezeption auf der Basis „vernünftig deutlicher Begriffe" neu zu begründen, hatte er im praktischen Teil seiner *Ersten Gründe der gesammten Weltweisheit* den „wahren aristotelischen Grundsatz von der Nachahmung der Natur" als den das „Wesen der wahren Poesie" konstituierenden Bestimmungsgrund herausgestellt, „weil sich alle übrige Regeln der Dichtkunst daraus herleiten ließen". Demgegenüber fielen für ihn alle subjektiven, weil zeitgebundenen Kunsturteile kaum ins Gewicht. „Grillen" nennt er diese, die tunlichst „vom Parnaß verbannet" werden sollten.[37]

Ein Bekenntnis zur Regel legte selbstredend auch Lessing ab, und Gottscheds Diktum über die Herleitung von „Regeln der Dichtkunst" aus der *Poetik* des Aristoteles, die Lessing selbst „Richtschnur" wurden, „unfehlbar" wie die „Elemente des Euklides" – so im 101. bis 104. Stück –, hätte er unterschreiben können. Indes, ganz so, wie nur das „böse Vergrößerungsglas" die „Farben" des Schmetterlings vom „Staub" zu unterscheiden helfe (390), vermag die Kritik das irrige Regelverständnis zum einen der jugendlich-stürmerischen, im Fahrwasser Edward Youngs daherkommenden Generation sowie zum andern die in der *Deutschen Bibliothek der schönen Wissenschaften* (1769) getroffenen Ausstellungen eines Christian Adolf Klotz in die Schranken zu weisen, wie es im 96. Stück heißt.[38] Und nur wenige Textseiten später, in der letzten, resümierenden Lieferung der *Dramaturgie* wird die Metapher vom bewaffneten Auge noch einmal

---

36 Gottsched: Versuch einer Critischen Dichtkunst (Anm. 34), S. 183 f. Daß sich Gottsched mit seinen Reformbemühungen an Christian Wolff orientierte, zeigt vor allem Joachim Birke: Christian Wolffs Metaphysik und die zeitgenössische Literatur- und Musiktheorie: Gottsched, Scheibe, Mizler. Berlin 1966 (Quellen und Forschungen zur Sprach- und Kulturgeschichte der germanischen Völker, N.F. 21).

37 Johann Christoph Gottsched: Erste Gründe der gesammten Weltweisheit. Praktischer Theil. 6. verbesserte Aufl. Leipzig 1736, Vorrede S. 24 f.

38 Vgl. dazu den Kommentar zum 96. Stück der *Hamburgischen Dramaturgie*, die Jean-Marie Valentin 2010 in einer Übersetzung vorlegte: Gotthold Ephraim Lessing: Dramaturgie de Hambourg. Traduction intégrale, augmentée des paralipomènes, d'une chronologie et de témoignages d'époque avec Introduction, notes et commentaire par Jean-Marie Valentin. Paris 2010, S. 508 f. Auf Edward Young als einen der Hauptadressaten in Sachen Genie-Schwärmer ging Ingrid Strohschneider-Kohrs bereits 1981 ein: Ingrid Strohschneider-Kohrs: Die Vorstellungen vom ‚unpoetischen Dichter' Lessing. In: Das Bild Lessings in der Geschichte. Hg. von Herbert G. Göpfert. Heidelberg 1981 (Wolfenbütteler Studien zur Aufklärung IX), S. 117–138.

aufgerufen – bedeutsam, weil „die Gläser der Kunst" (407) zum einen der eigenen, vermeintlich poetischen Schwäche die nötige „Kraft" zu geben vermögen, und weil zum andern erst das „Vergrößerungsglas" dem Auge die nötige Sehschärfe verleihe, um die Unebenheiten und Flecken des Tragödienkonzepts französischen Zuschnitts zu erkennen und klar zu benennen. An einem solchen, die Sehkraft stärkenden optischen Hilfsmittel fehle es nach seiner Einsicht den Hauptadressaten seiner Kritik, den Franzosen, und unter diesen vor allem Pierre Corneille, dessen Trauerspiel *Rodogune, Princesse des Parthes* (1647), aufgeführt immerhin in Anwesenheit „Sr. Königl. Majestät von Dänemark", er einer ausführlichen Prüfung unterzieht – immer gemessen an der „Grundlage der Dichtkunst" des Aristoteles. Dessen Prämissen sieht er in der für ein höfisches Publikum geschriebenen *Rodogune* als nicht eingehalten an. Deren Handlungsgefüge mit der „beständigen Durchkreuzung" der „Fäden von ganz verschiedenen Farben" – so im 30. Stück – sei eher das Produkt eines witzigen Kopfes als das eines genialen Meisters, den nur der „natürliche Gang" reize: „Das Genie können nur Begebenheiten beschäftigen, die ineinander gegründet sind, nur Ketten von Ursachen und Wirkungen." (138)

Regel und Genie: Keineswegs schließen sie einander aus. Im Gegenteil: Lessing betont ihren Wechselbezug – freilich immer unter der Voraussetzung einer angemessenen Auslegung und Anwendung der unumstößlichen poetologischen Vorgaben des Aristoteles. Das Vermögen, diese im Sinne der Wirkungslehre, wie sie Lessing insbesonders in den Kapiteln 6, 9 und 14 der *Poetik* ausgeführt fand, dichterisch umzusetzen in einem Akt, an dem Ratio und Intuition gleichermaßen beteiligt sein sollten, zeichne das Genie aus, das „die Probe aller Regel in sich" habe, wie es im 96. Stück heißt.[39] Das Lob der „griechischen Simplizität" wird nachgerade zum durchgängigen Topos dort, wo es gilt, das Verwickelte und gespreizt Erhabene, kurzum: das Unnatürliche der Tragödie eines Pierre Corneille tadelnd hervorzuheben. Hier, bei den Franzosen, das bloße Sich-Abfinden mit den Regeln; dort, bei den „Alten", das wirkliche Beobachten derselben und die natürliche Befolgung der einer Tragödie eigentümlichen Gesetzmäßigkeiten: „Die Einheit der Handlung war das erste dramatische Gesetz der Alten; die Einheit der Zeit und die Einheit des Ortes waren gleichsam nur Folgen aus jener, die sie schwerlich strenger beobachtet haben würden [...], wenn nicht die Verbindung des Chors dazu gekommen wäre." So im 46. Stück. Und nicht zuletzt die Textanalyse der *Rodogune*, des „Meisterstück[s] dieses großen Mannes" (135), zeige beispielhaft, daß der von Appianus Alexandrinus überlieferte historische Stoff sehr wohl die Quelle für eine alle Anforderungen erfüllende Tra-

---

39 Zum Verhältnis von Genie und Regel vgl. die Analyse von Monika Fick: Lessing-Handbuch (Anm. 6), S. 319 ff.

gödie hätte sein können. „Dieser dreifache Mord", so bemerkt Lessing im 30. Stück nach kurzer Synopse der geschichtlichen Ereignisse in den Syrischen Kriegen, „würde nur eine Handlung ausmachen, die ihren Anfang, ihr Mittel und ihr Ende in der nämlichen Leidenschaft der nämlichen Person hätte" (138). „Einfalt" – die des Genies ist gemeint! – mit Blick sowohl auf den Handlungsverlauf als auch auf die Darstellung der Charaktere und der sie auszeichnenden Leidenschaften ist für ihn d a s Erfordernis, d e r Wertmaßstab für die Güte einer Tragödie. An ihm gemessen mußte seine Einschätzung des „Meisterwerk[s]", das, unangesehen der ein oder anderen gelungenen Intrige, den Gattungsgesetzen im Sinne der „Alten" zuwiderlief, entschieden ablehnend sein. Es sind dies Gravamina, die er auch anläßlich seiner immerhin vierzehn Stücke (36 bis 50) umfassenden kritischen Prüfung einer Adaption des von Hyginus überlieferten Merope-Mythos durch Voltaire und Scipione Maffei ins Feld führt. Auch hier sieht er sich in der Bundesgenossenschaft mit den Griechen und vergleicht in einer seiner komparatistischen „Ausschweifungen" die modernen Darstellungen des Mythos mit dessen Urfassung, einem nicht überlieferten, im 14. Kapitel der *Poetik* des Aristoteles erwähnten *Cresphontes*, dessen „Gang und [...] Verwicklung" er in der 184. Fabel des Hyginus zu erkennen sicher ist. Und so resümiert er zu Beginn des 49. Stücks:

> Mit einem Worte; wo die Tadler des Euripides nichts als den Dichter zu sehen glauben, der sich aus Unvermögen, oder aus Gemächlichkeit, oder aus beiden Ursachen, seine Arbeit so leicht machte, als möglich; wo sie die dramatische Kunst in ihrer Wiege zu finden vermeinen: da glaube ich diese in ihrer Vollkommenheit zu sehen, und bewundere in jenen den Meister, der im Grunde ebenso regelmäßig ist, als sie ihn zu sein verlangen. (211)

So fehle es den „Neueren", in diesem Falle den Franzosen, eben an „Gläsern der Kunst", am optischen Hilfsmittel des „Vergrößerungsglases", um die durch und durch falsche Tendenz ihrer Tragödienkonzeption zu erkennen.

4 Voltaire als Widerpart und der Blick über den Rhein

Doch nicht der Philosoph Voltaire ist sein Widerpart, sondern es ist Voltaire als Verfasser fünfaktiger Verstragödien sowie drei- und fünfaktiger Kömödien. Zehn seiner Stücke gelangten an dreiundvierzig Abenden zur Aufführung: *Zayre, Alzire, Mahomet, Mérope* und *Sémiramis*, sodann Komödien wie *Das Caffeehaus, oder die Schottländerin* (*Le Café ou l'Ècossaise*), *Die Frau, welche Recht hat* (*La Femme qui a raison*), *Nanine, oder: das besiegte Vorurteil* (*Nanine, ou le préjuge vaincu*).[40] Lessings Kritik des dramatischen Schaffens Voltaires findet ihren Höhepunkt in der *Merope*-Besprechung. Beginnend mit dem 36. Stück, bietet ihm der Vergleich von dessen Dramatisierung des antiken Mythos mit der des Veroneser Gelehrten Scipione Maffei (1675–1755) die Gelegenheit, in einem nachgerade mikrologischen Verfahren Voltaire als Plagiator vorzuführen, um zu erweisen, daß dessen *Mérope* „im Grunde nichts als die *Merope* des Maffei" sei. So im 50. Stück.

Kaum haltbar wäre es indessen, vor dem Hintergrund dieser Attacke Lessing eine grundsätzliche Ablehnung aller französischen Dramatik nachzusagen. Marivaux, dessen „Kenntnis des menschlichen Herzens" er bereits 1754 in einer Berliner Rezension hervorgehoben hatte, und Philippe Néricault Destouches werden in der *Hamburgischen Dramaturgie* durchweg positiv aufgenommen.[41] Martin Bollacher hat auf die Differenzen und Friktionen zwischen dem deutschen und dem französischen Kulturverständnis und auf daraus resultierende „literarische Fremdheitskonstruktionen" insbesonders hinsichtlich der Rezensionen der fünfziger Jahre hingewiesen.[42] Es sind dies Grenzziehungen, die sich überall da zeigen, wo es um die Ebenbürtigkeit eines deutschen Kulturmusters mit einem vermeintlich höherrangigen französischen geht. So auch in der *Hamburgischen Dramaturgie*. So scheinen die Stücke 75 bis 83 geradezu für eine verinnerlichte Ablehnung des französischen Dramas zu sprechen, wenn er etwa im 80. Stück den „Verehrer[n] des französischen Theaters" zu verstehen gibt, daß ganz wie die Deutschen „auch die Franzosen noch kein Theater haben. Kein tragisches gewiß nicht! Denn auch die Eindrücke, welche die französische Tragödie macht, sind so flach, so kalt!" (332f.)

---

40 Zum Spielplan vgl. Monika Fick: Lessing-Handbuch (Anm. 6), S. 305 ff. Sie verweist dabei insbesonders auf die Arbeiten von Wolfgang Lukas: Anthropologie und Theodizee. Studien zum Moraldiskurs im deutschsprachigen Drama der Aufklärung (ca. 1730–1770). Göttingen 2005 sowie auf Peter Heßelmann: Gereinigtes Theater? Dramaturgie und Schaubühne im Spiegel deutschsprachiger Theaterperiodika des 18. Jahrhunderts (1750–1800). Frankfurt a. M. 2002 (Das Abendland N.F. 31). Auch an die Leistung John George Robertsons (Anm. 7) ist immer wieder zu erinnern.
41 Lessings Einstellung mit Blick auf die französische Literatur beschreibt u. a. Hugh Barr Nisbet in seiner Lessing-Biographie (Anm. 29). Besonders in den frühen Rezensionen vermag er keine „nationalistische Animosität" zu erkennen (ebd., S. 139). Zur Rezeption Marivaux' vgl. Jacques Lacant: Marivaux en Allemagne. Paris 1975; zu Destouches vgl. Jean-Marie Valentin: La réception de Destouches en Allemagne au XVIIIe siècle. Du comique décent au comique sérieux. In: Théâtre, Nation et Societé. Hg. von Roland Krebs und Jean-Marie Valentin. Nancy 1990, S. 73–90.
42 Martin Bollacher: Französische und deutsche Denkungsart: Zur Rezeption der französischen Literatur bei Lessing. In: Lessings Grenzen. Hg. von Ulrike Zeuch. Wiesbaden 2005 (Wolfenbütteler Forschungen 106), S. 47–64, Zit. S. 54.

Dabei ist nicht zu übersehen, daß sowohl die kritische Aufnahme von Pierre Corneilles Tragödientheorie im zweiten *Discours de la tragédie* (1660) als auch die Begegnung mit den heroisch-klassizistischen Mustern der französischen Hofkunst die Entfaltung von Lessings eigener dramaturgischer Position – zuvörderst einer Poetologie des Mitleids – zwar nicht erst ermöglicht, aber doch entschieden gefördert hat.

Daß Lessing intime Kenntnisse über das verfügte, was links des Rheins in Sachen Theatralia im Gespräch war, daß in diesem Zusammenhang sein Bemühen um den Transfer französischer Literatur an ein deutsches Publikum in Übersetzungen von Bedeutung war, wurde von der Forschung erkannt und dokumentiert.[43] Sowohl die *Beyträge zur Historie und Aufnahme des Theaters* (1750), beinhaltend Texte von Pierre Corneille, Voltaire und Antoine-François Riccoboni, als auch die *Theatralische Bibliothek* (1754–58) mit der für das Thema Schauspielkunst anregenden Dubos-Übersetzung im dritten Teil (*Des Abts du Bos Ausschweifung von den theatralischen Vorstellungen der Alten*), sodann die Tätigkeit als Übersetzer der Theaterstücke Diderots: *Le Fils naturel* (1757) und *Le Père de famille* (1758) sowie der sie begleitenden Texte *Entretiens sur le Fils naturel* und *De la Poésie dramatique* (1758). Schon diese Auswahl zeigt, daß die Begegnung und Auseinandersetzung Lessings mit dem französischen Kulturmuster deutliche Spuren hinterlassen hat.[44] Im Zeitalter eines bereits beachtlichen Informationsaustauschs waren es neben dem weiten belletristischen Bereich vor allem umfangreiche Kompendien, die ihm Einblick in das kulturelle Geschehen des Nachbarlands eröffneten, so etwa Zeitschriften wie das *Journal étranger* (Ausg. Dezember 1761) sowie das *Journal Encyclopédique* (Ausg. Juli 1761 und 1762) oder nicht zuletzt die *Histoire du Théâtre français depuis son origine jusqu' à present* (1721) der Brüder François und Claude Parfaict.

5 Die Kunst, „nach Gelegenheit [etwas] abzuborgen"

Glänzend verstand sich Lessing – um Harsdörffers Diktum wieder aufzunehmen – auf die Kunst, „nach Gelegenheit [etwas] abzuborgen". Und Gelegenheiten dazu boten sich immer wieder. Nicht nur in den frühen Rezensionen, wo sich das selbständige Urteil oft als „fremder Federschmuck" entpuppt.[45] Auch

---

43 Dazu beispielsweise Jutta Golawski-Braungart: Lessing und Frankreich. In: Wolfenbütteler Vortragsmanuskripte. Hg. von der Lessing-Akademie Wolfenbüttel. Wolfenbüttel 2010, S. 51–71.
44 Dazu Hugh Barr Nisbet: Lessing. Eine Biographie (Anm. 29), S. 357 ff.
45 Zu Lessings Abschreibe- und Paraphrasierungskunst vgl. Karl S. Guthke: Lessings Rezensionen. Besuch in einem Kartenhaus. In: Jahrbuch des Freien Deutschen Hochstifts 1993, S. 1–59, Zit. S. 29.

in der *Hamburgischen Dramaturgie* kann man sie aufspüren, die wörtlichen Übernahmen sowie die noch häufigeren Paraphrasen. So beispielsweise im 17. Stück über die Präsentation von Jean-François Regnards Komödie *Démocrite* (1700), wo Lessing selbst eine seiner wichtigsten Quellen in einer Fußnote nennt, den 14. Band (1748) der *Histoire du Théâtre français* der Brüder Claude und François Parfaict (15 Bde., 1745–49). Und immer wieder Paraphrasen. Dieses Mal ist es das Intrigenspiel in Marc Antoine Le Grands Komödie *Der sehende Blinde* – nach der Verskomödie *L'Aveugle clairvoyant* von Augustin David de Brosse –, zu dem ihn ein Text im siebten Band der *Histoire* der Brüder Claude und François Parfaict anregte.[46] Im 33. Stück, anläßlich der Aufführung von Charles-Simon Favarts *Soliman der Zweite* (*Soliman Second ou les Trois Sultanes*, 1760) am 3. Juli 1767 – hier ist die Umwandlung von Marmontels *Contes moreaux* (1765, bzw. Leipzig 1766) in die Verskomödie Favarts für Lessing von besonderem Interesse: In das 33. Stück also integriert er den Textausschnitt aus der Januar-Nummer 1762 des *Journal Encyclopédique*. Die Reihe der Beispiele ließe sich verlängern.

Doch nicht nur der Transfer aus der genannten französischen Publizistik ist bemerkenswert, sondern auch der aus dem gesamten Umkreis des ästhetisch-poetologischen Diskurses im Nachbarland: Hédelin d'Aubignac, Marmontel, allen voran Voltaire, sein ausgesuchter Widerpart in Sachen Tragödie. Was sich in dessen „Schriften hier und da" wie „Schikane" ausnehme, sei Spiel, sei „nichts als Laune" (114). So im 24. Stück, in dem mit Blick auf die Tragödie *Le Comte d'Essex* (1678) des jüngeren Corneille – aufgeführt am 4. Juni 1767 – die Transformation historischer Zeugnisse in die Form einer Verstragödie thematisiert wird, fokussiert auf die Protagonistin, Königin Elisabeth I. Einsetzend in der Mitte des 22. Stücks, weiten sich hier die folgenden Lieferungen zu einer veritablen Agglomeration von Textübernahmen aus, die er erst in der 25. Lieferung ausklingen läßt mit der „allgemeinen Anmerkung" (119) zu Fragen schauspielerisch glaubhafter Darstellung im allgemeinen und ihrer Anwendung auf das Spiel einer Eleonore Luise Löwen in der Rolle der Königin im besonderen. Teils wörtlich, teils stark paraphrasierend führt er hinsichtlich der geschichtlichen Überlieferung Textpassagen aus der mehrbändigen *History of England* (1754–62*)* des Ökonomen und Historikers David Hume (1711–1776) ins Feld und bringt in dichter Folge Voltaires *Commentaires* zum *Théâtre de Pierre Corneille* (Paris 1764) in seine Überlegungen ein.

Zeichnet sich Lessings Kritik an seinem Kontrahenten Voltaire, so im Zuge der *Merope*-Kapitel, durch Polemik aus, die gelegentlich dem Pasquill nahe-

---

46 Dazu ausführlich Jean-Marie Valentin (Anm. 38) in seinem Kommentar zur Übersetzung, bes. S. 400 f. und 488 f. Dort auch die französischen Textvorlagen.

kommt, so vernimmt man in der Folge seiner *Essex*-Rezension, beginnend in der Mitte des 22. Stücks, endend mit dem 25. Stück, ganz andere Töne. Es klingt versöhnlich, wenn er im 24. Stück Voltaires Bedeutung als „tragischer Dichter" – natürlich nur im Vergleich mit dem jüngeren Corneille! – hervorkehrt, wenn er dessen Urteil über Intrige und Stil der *Essex*-Tragödie des Jüngeren beipflichtet: „Er bestätiget dieses allgemeine Urteil durch verschiedene einzelne Anmerkungen, die ebenso richtig als scharfsinnig sind und deren man sich vielleicht, bei einer weiteren Vorstellung, mit Vergnügen erinnern dürfte." (116) An keiner Stelle auch nur der Versuch, Voltaire – wie an anderen Stellen – argumentativ in die Parade zu fahren. Im Gegenteil: Er nimmt die Ausstellungen seines Kontrahenten auf, um seine eigene Position gleichsam zu salvieren. Auch wenn wörtliche Übernahmen nicht immer nachweisbar sind, so scheint doch auch an der ein oder anderen Stelle etwas von dem erwähnten „fremden Federschmuck" durch. So, wenn beispielsweise in der Kritik an Pierre Corneilles *Rodogune* anläßlich der Aufführung am 1. Juli 1767 Lessing die „Freveltaten" der Königin Cleopatra als wider die „Natur" einer Frau ausgeübt bezeichnet, da sie „mit nichts als mit macchiavellischen Maximen" um sich werfe (139). Ein „Echo" hier auf Voltaire, der die Tiraden einer Machtlüsternen „dans le goût de Machiavell" in seinen *Commentaires* als Verletzung des Aptums rügt.[47]

Spiel und „Laune", die Lessing – durchaus mit dem Unterton von Sympathie – Voltaire attestiert: Damit beschreibt er e i n e , indes wichtige Seite seines eigenen kritischen Vorgehens. „Laune", der er ja im 93. Stück eine ausgiebige Fußnote einräumt, schwingt mit im Disput mit seinem Kontrahenten. „Laune" und Lust am Spiel! Im immer wieder zitierten „Sprüchelchen" im 70. Stück verleiht Lessing seiner Einstellung beredten Ausdruck. Der „kritische Schriftsteller [...] suche sich nur erst jemanden, mit dem er streiten kann: so kömmt er nach und nach in die Materie, und das übrige findet sich" (297). Auch hier ist „Laune" im Spiel. Sie macht die „Methode" aus, die dem einen oder andern „etwan mehr mutwillig, als gründlich" erscheinen mag, und die doch abgesichert ist durch die Autorität des Aristoteles. Den passionierten Spieler Lessing, so könnte man sagen, reizte nicht nur das Spiel am Pharaotisch, sondern ebenso der spielerische Streit mit dem literarischen Gegner, und das nicht nur aber doch vorzüglich mit den „französischen Skribenten" (297). Erst in der Auseinandersetzung mit diesen seinen Antipoden Voltaire und Corneille, gleichzeitig aber auch im Zusammenspiel mit seinem Bundesgenossen Diderot, vermag er die Klärung seines eigenen dramentheoretischen Standorts voranzutreiben. Und nicht zuletzt zeigen Monika Ficks ausführliche Forschungsberichte aufs eindrücklichs-

---

47 So John George Robertson: Lessing's Dramatic Theory (Anm. 7), S. 169, Fußnote 1.

te, daß dieser sich nur aus dem imaginären Gespräch im Rahmen des weitverzweigten europäischen Diskurses ästhetisch-poetologischer Fragen ermitteln läßt.

6 Teilnehmer an einer imaginären Gesprächsrunde: Mendelssohn und Nicolai

Genannt werden sie, sowohl die verstorbenen als auch die noch lebenden Teilnehmer an dieser Runde, oder auch nicht, wie Friedrich Nicolai. Dessen und Mendelssohns Briefwechsel mit Lessing in den Jahren 1756/57, ursprünglich nicht für die Öffentlichkeit, sondern eher als private Meinungsäußerungen zum Zweck der Klärung einiger wirkungsästhetischer Probleme verstanden – Lessing spricht hier von einer „Menge unordentlicher Gedanken über das bürgerliche Trauerspiel".[48] Dieser Briefwechsel also, in dessen Fortgang sich Nicolai weitgehend zurückzieht, um das Feld Mendelssohn zu überlassen, fand in der Lessing-Forschung rege Beachtung.

Robert Petsch legte 1910 erstmals eine Ausgabe der zwischen Leipzig und Berlin geführten Korrespondenz vor.[49] Wenn Petsch damals Nicolais Beitrag „Halbheit" bescheinigte und ihn als eine „wohlgemeinte, aber ziemlich unselbständige Abhandlung" bezeichnete, so konnte ein solcher Richtspruch nicht folgenlos bleiben. Nicolai war damit zur literarischen Randerscheinung erklärt worden. Erst Peter Michelsen gelang es über ein halbes Jahrhundert später, ihn vom Odium der Bedeutungslosigkeit zu befreien, indem er die Überwindung des durch die Wolff'sche Schule geprägten Moralismus Gottscheds als das eigentlich Substantielle dieser Abhandlung herausstellte.[50] Und vollends der neueren Forschung gelang es, den Kern seines Tragödienmodells, Nicolais durchaus neuen Ansatz freizulegen, indem sie die *Abhandlung vom Trauerspiele* (1757) aus dem Schatten des Trauerspielbriefwechsels herauszulösen vermoch-

---

48 G. E. Lessing, Moses Mendelssohn, Friedrich Nicolai. Briefwechsel über das Trauerspiel. Hg. und kommentiert von Jochen Schulte-Sasse. München 1972, S. 45 (Brief vom 20. Juli 1756).
49 Lessings Briefwechsel mit Mendelssohn und Nicolai über das Trauerspiel. Nebst verwandten Schriften Nicolais und Mendelssohns. Hg. und erläutert von Robert Petsch. Leipzig 1910 (Philosophische Bibliothek 12), Einleitung S. XLVI.
50 Peter Michelsen: Die Erregung des Mitleids durch die Tragödie. Zu Lessings Ansichten über das Trauerspiel im Briefwechsel mit Mendelssohn und Nicolai. In: Deutsche Vierteljahrsschrift für Literaturwissenschaft und Geistesgeschichte 40 (1966), S. 548–566, Zit. S. 553. Nochmals mit minimalen Änderungen sowie einem Postskriptum in: Peter Michelsen: Der unruhige Bürger. Studien zu Lessing und zur Literatur des achtzehnten Jahrhunderts. Würzburg 1990, S. 107–136.

te.[51] Allerdings sind es Mißverständnisse, ebenso banal wie durchschlagend, die eine Klärung des Verhältnisses der von Nicolai und Lessing favorisierten Tragödienmodelle zueinander erschwerten.[52] Die Drucklegung der *Abhandlung vom Trauerspiele* für den ersten Band der *Bibliothek der schönen Wissenschaften und der freyen Künste* (Leipzig 1757) hatte sich so weit verzögert, daß Lessing die Vorstellungen Nicolais zunächst nur im Worlaut des Briefes vom 31. August 1756, nicht jedoch in der endgültigen, differenzierteren Version der *Abhandlung* zur Kenntnis nehmen konnte.

In entschiedener Abkehr vom tradierten rhetorischen Konzept der Übertragung vorgestellter Leidenschaften auf den Zuschauer – gleichsam vom Sender auf den Empfänger – trifft Nicolai in der *Abhandlung vom Trauerspiele* die Unterscheidung zwischen „scheinbaren", auf der Bühne lediglich nachgeahmten Leidenschaften und der den Zuschauer wirklich affizierenden „Rührung".[53] Und indem er, ausgehend von der im 18. Jahrhundert maßgeblichen Übersetzung der *Poetik* des Aristoteles durch Michael Conrad Curtius (1753), Katharsis und Reinigung vorgestellter Leidenschaften ineins setzt, glaubt er, sich auf „Erfahrung" berufend, das vermeintlich aristotelische Tragödienmodell widerlegt zu haben. „Hauptsächlich", so gibt er dann im Brief vom 31. August 1756 zu verstehen, „habe ich den Satz zu widerlegen gesucht, den man dem Aristoteles so oft nachgesprochen hat, es sey der Zweck des Trauerspiels die Leidenschaften zu reinigen oder die Sitten zu bilden."[54] Damit werde, wie es in der *Abhandlung*, die, wie bemerkt, Lessing zunächst nicht zur Kenntnis nehmen konnte, heißt, der vermeintliche „Zweck des Trauerspiels, uns durch Schrecken und Mitleiden von den Fehlern der vorgestellten Leidenschaften zu reinigen", eben nicht erreicht.[55]

Bedenkt man Lessings Ansicht zum Thema, die er im Novemberbrief 1756 in die rhetorische Frage kleidet, ob der Zuhörer die dargestellten „Leidenschaften in der spielenden Person billigt", ob er sie „selbst *fühlt*" oder ob „ein anderer" sie fühle, so wird hier die Übereinstimmung mit Nicolai deutlich.[56] Kurzum: Beide vermögen die Einwirkung der auf der Bühne dargestellten Leidenschaften –

---

51 Erstveröffentlichung in: Bibliothek der Schönen Wissenschaften und der freyen Künste. Bd. 1, Stück 1. Leipzig 1757, S. 17–68.
52 So Thomas Martinec: Friedrich Nicolai im Trauerspieldisput von 1756/57. In: Friedrich Nicolai und die Berliner Aufklärung. Hg. von Rainer Falk und Alexander Košenina. Hannover 2008, S. 45–65, Zit. S. 58.
53 Lessing, Mendelssohn, Nicolai: Briefwechsel (Anm. 48), Abhandlung vom Trauerspiele, S. 15.
54 Ebd., S. 47, Nicolai an Lessing, 31. August 1756.
55 Ebd., Abhandlung vom Trauerspiele, S. 12.
56 Ebd., S. 54, Lessing an Nicolai, November 1757.

Zorn, Hass, Verliebtheit, Rache – auf den Zuschauer im Sinne einer Verbesserung oder Befreiung von ebendiesen Leidenschaften nicht zu erkennen. Soweit der Konsens. Doch es trennen sich ihre Wege, wenn Nicolai im Anschluß an Mendelssohn die „wirkliche Beförderung der Tugend" dem Bereich der „oberen Kräfte", d. h. der „Urteilskraft" zuweist,[57] Lessing hingegen das Mitleid als die einzig im Trauerspiel zu erregende Leidenschaft in die Diskussion einbringt als eine „Fähigkeit", alle „gesellschaftlichen Tugenden" zu befördern, wie es im erwähnten Novemberbrief heißt.[58] „Rührung", so Nicolai in der *Abhandlung*, ausgelöst von „scheinbar[en]" und „nachgeahmt[en]" Leidenschaften, bleibe, vom Zuschauer als „wirklich" erfahren, „jederzeit die lebhafteste Empfindung"[59] – freilich ohne den ethischen Impetus, den Lessing dem Mitleid zuspricht. Nicolai also keineswegs der unbedeutende Briefpartner, der im weiteren Verlauf der Korrespondenz das Feld Mendelssohn überläßt, sondern, wenn man seine *Abhandlung vom Trauerspiele* einbezieht in den Trauerspiel-Diskurs, ein bedeutender Anreger mit Blick auf die zehn Jahre später systematisch vorgetragenen Theorie des Mitleids in der *Hamburgischen Dramaturgie*.

7 „Das ganze analytische Handwerkszeug" – Chassiron, Gellert, Dryden, Plautus

Als ein wahrer Thesaurus mit Anregungen erweisen sich indes die teils von Lessing selbst, teils von ihm in Gemeinschaft mit Christlob Mylius herausgegebenen Beiträge zur Theatergeschichte, Dramaturgie und Schauspielkunst. Großzügig konzipiert, belegen die nur in einem Band mit vier „Stücken" erschienenen *Beyträge zur Historie und Aufnahme des Theaters* (1749/50) sowie die vier Stücke umfassende *Theatralische Bibliothek* (1754–58) die europäische Orientierung. Da kargt denn der zwanzigjährige Lessing in der „Vorrede" zu den *Beyträgen*, des ersten uns bekannten Theaterperiodikums, keineswegs mit hochtrabenden Versprechungen.[60] Richtet er einerseits die Aufmerksamkeit des Lesers

---

57 Ebd., S. 91, Mendelssohn und Nicolai an Lessing, Januar 1757.
58 Ebd., S. 55.
59 Ebd., Abhandlung vom Trauerspiele, S. 15. Zum Mitleidskonzept vor allem Hans-Jürgen Schings: Der mitleidigste Mensch ist der beste Mensch. Poetik des Mitleids von Lessing bis Büchner. München 1980 sowie Horst Steinmetz: Das deutsche Drama von Gottsched bis Lessing. Stuttgart 1987, bes. S. 83–88.
60 Zur Textsorte Theaterzeitschrift vgl. Wolfgang F. Bender: Theaterzeitschriften. In: Von Almanach bis Zeitung. Ein Handbuch der Medien in Deutschland 1700–1800. Hg. von Ernst Fischer, Wilhelm Haefs und York-Gothart Mix. München 1999, S. 346–355.

auf die „Baumaterialien", die ihm Gottscheds *Deutsche Schaubühne nach den Regeln und Exempeln der Alten* (1742–45) auf den ersten Blick zur Verfügung stellen mochten, so lenkt er gleichzeitig sein Interesse auf die englische, spanische, italienische und holländische Theaterlandschaft, deren Spieltraditionen Gottscheds Bemühungen um ein „regelmäßiges" Theater nur durchkreuzen konnten.[61] Kann auch in diesen Beiträgen von einer antifranzösischen Tendenz nicht die Rede sein – immerhin wird ja der Leser in Übersetzungen mit Corneilles *Trois Discours sur la poème dramatique* (1660) bekannt gemacht – so liest sich dann doch der folgende Satz wie ein Vorspann zur *Hamburgischen Dramaturgie*: „Das ist gewiß, wollte der Deutsche in der dramatischen Poesie seinem eigenen Naturelle folgen, so würde unsere Schaubühne mehr der englischen als der französischen gleichen."[62] Daß der Hinweis auf das englische Repertoire in concreto eher dürftig ausfällt, wurde von der Forschung hervorgehoben.[63]

Den Eindruck des Beiläufigen, den die beiden Theaterjournale zunächst hinterlassen haben mögen, mag dazu beigetragen haben, ihre Bedeutung sehr unterschiedlich einzuschätzen. Doch Wilfried Barner konnte mit Blick auf die Seneca-Abhandlung in der *Theatralischen Bibliothek* nachweisen, daß bereits 1754 „das ganze analytische Handwerkszeug der *Hamburgischen Dramaturgie*" zur Verfügung stand.[64] Nicht erst 1759, im siebzehnten der *Briefe die Neueste Litteratur betreffend*, erteilt Lessing der Theaterkonzeption Gottscheds in toto eine harsche Absage, sondern bereits 1754 entwirft er ein Komödienmodell, das mit dem Lasterschema der sächsischen Typenkomödie so gut wie nichts mehr gemein hat, wenn er im ersten Stück der *Theatralischen Bibliothek* Chassirons *Betrachtungen über das weinerlich Komische* (*Réflexions sur le Comique-larmoyant*, 1749) sowie Gellerts Leipziger Vorlesung *Abhandlung für das rührende Lustspiel* (*Pro comoedia commovente*, 1751) dem Leser zur Beurteilung vorlegt. Und obgleich Lessing vorgibt zu wissen, „auf welche Seite" bei seinen Lesern „die Wage den Ausschlag"[65] tue, vermeidet er doch einseitige Parteinahme und ist um ein integratives Komödienmodell bemüht, in dem das Lächerliche der Posse und das weinerlich Rührende des Lustspiels, von dem er glaubt, daß es der „Eigenliebe" der „Komödiengänger" Vorschub leiste, zusammenfinden. Es seien dies, so

---

61 Die „Vorreden" zu den genannten Zeitschriften in: PO 7, S. 25–32 (Beyträge) und S. 43–45 (Theatralische Bibliothek), Zit. S. 30.

62 Ebd., S. 29.

63 Beispielsweise von Hugh Barr Nisbet im Rahmen seiner Lessing-Biographie (Anm. 29).

64 Wilfried Barner: Produktive Rezeption. Lessing und die Tragödien Senecas. Mit einem Anhang: Lessings Frühschrift ‚Von den lateinischen Trauerspielen welche unter dem Namen des Seneca bekannt sind' (1754). München 1973, S. 24.

65 Abhandlungen von dem weinerlichen oder rührenden Lustspiele. In: PO 12, S. 117–159, Zit. S. 156.

Lessing im Resümee seiner Überlegungen, gleichsam die beiden „Hälften" die die „wahre Komödie" ausmachten, die in ihrer „Vermischung" von „Anständigkeit" und „Ungereimtheit" „ihrem Originale, dem menschlichen Leben, am nächsten" komme. Lachen einerseits, Rührung andererseits: „Die wahre Komödie will beides". So im Schlußwort.[66]

Daß für Lessing „die Wage den Ausschlag" zugunsten Gellerts tut, liegt auf der Hand. Kaum zu übersehen aber auch, daß Chassirons *Réflexions* die ein oder andere Anregung boten. Pierre Matthieu de Chassiron (1704–1767) war es, der die Vorstellung von einer „wahren Komödie" in die Diskussion einbrachte. Er, der sehr entschieden auf die Einhaltung der den dramatischen Gattungen eigenen Gesetze pochte, spricht für ein Komödienkonzept, das Lessing ja nicht ganz fremd sein konnte. Sowohl in der rationalen als auch in der emotionalen Ausstattung des Menschen, d. h. „sowohl in seinem Verstande als in seinem Herzen" liege der „Samen gewisser Ungereimtheiten und gewisser Fehler", die, zu einem „Bild" verdichtet, „welches zu dem unsrigen" werde, uns „zu heilsamen Entschließungen zu bewegen" vermögen.[67] Das entspricht zwar nicht zur Gänze der Komödien-Auffassung Lessings, mochte aber in der betont anthropologischen Akzentsetzung anregend wirken mit Blick beispielsweise auf das 28. Stück der *Hamburgischen Dramaturgie*, in dem ebenfalls die „Ungereimtheit", verstanden als „Kontrast von Mangel und Realität", als ein wesentliches Merkmal der Komödie hervorgehoben wird.[68]

Es gehört zur Schreibstrategie Lessings, Pro und Kontra, Kritik und Antikritik zu kontrastieren, nachgerade immaginäre Streitgesprächssituationen zu simulieren, selbstredend mit dem Ziel, am Ende der Zustimmung des Lesers sicher zu sein. So in den Chassiron- und Gellert-Abhandlungen, so auch in den plautinischen Studien, in den ihm im Anschluß an die Übertragung der *Captivi* (*Beyträge*, 2. Stück) der fingierte Brief eines Kritikers die Möglichkeit eröffnete, Plautus vom Vorwurf des Obszönen und Abgeschmackten seiner Scherze zu entlasten. In der Übereinstimmung von Stand und Redeweise der Personen – Parasiten, Knechte oder närrische Alte – vermag er das eigentlich „Körperliche" von dessen Komödien zu erkennen, worin er „den meisten neuern Dichtern vor[zu]ziehen" sei. Ein Plädoyer also im „Beschluß" der Kritik sowohl hinsichtlich der Dialogführung als auch der „mechanischen Einrichtung" der *Captivi*.[69] Gewiß argumentiert Lessing im Plautus-Beitrag noch im Sinne der Gottsched-

---

66 Ebd., S. 157 ff.
67 Ebd., S. 132.
68 Zur Konzeption der Komödien-Theorie Lessings vgl. Monika Fick: Lessing-Handbuch (Anm. 6), S. 64 ff.
69 Kritik über die ‚Gefangenen' des Plautus. „Beschluß". In: PO 12, Zit. S. 154.

Tradition, wenn er gut aufklärerisch „Bilden" und „Bessern" der „Sitten der Zuschauer" zur „Absicht des Lustspiels" erklärt. In den *Captivi* – den *Gefangenen* – sieht er indes „das erste Muster", in dem sich „erhabne Gesinnungen" und Scherze überzeugend ergänzen. Auch hier noch nicht das Modell der „wahren Komödie", aber doch „das schönste Stück, das jemals auf die Bühne gekommen ist". Plautus wird zum propädeutischen Modell, dem nachzukommen Lessing den „folgenden Dichtern" zur Aufgabe macht.[70]

Und noch einmal ist es die Inszenierung eines Streitgesprächs, die Lessing in das 4. Stück (1758) der *Theatralischen Bibliothek* aufnimmt. Die Form dieses auszugsweisen Dialogs *Von Johann Dryden und dessen dramatischen Werken* war freilich vorgegeben in Drydens Abhandlung *Of Dramatick Poesie, an Essay* (1668, Lessing benutzte die Ausgabe 1693). Im weitgefächerten Kontext des sogenannten Vorzugsstreits, der Querelles des Anciens et des Modernes, bringen die vier Teilnehmer der Runde so gut wie alle Merkmale des im 17. und 18. Jahrhunderts geführten Streits zur Sprache. Dort die Befürworter der Alten, deren Anweisungen – gemeint sind Aristoteles' *Poetik* und Horazens „vortrefflicher Kommentar" *De arte poetica* – die Franzosen und unter ihnen besonders Corneille beispielhaft zu befolgen wußten: „Nach den Alten sind, wegen Beobachtung dieser Regel[n], die Franzosen am meisten zu loben."[71] Hier, in entschiedener Position gegen die „Bewunderung der Alten" und ihre „knechtische Nachahmung", das Lob der „Vortrefflichkeiten der Neuern", deren vertiefte Kenntnis der „Ursachen und Wirkungen der Natur"[72] ihnen die Überwindung „eingeschränkte[r], furchtsame[r] Nachahmungen"[73] der physischen und psychischen Natur des Menschen erlaubten. Dort, bezogen auf den Regelkanon der Franzosen, die „Schönheiten einer Bildsäule";[74] hier, bezogen auf die „Launen" und die „Charaktere" des englischen Dramas, die Metaphorik der „Fixsterne" und der „Kreis der Planeten".[75] Am Ende, nach kurzem Exkurs über Francis Beaumont, John Fletcher und Benjamin Jonson, die Eloge auf Shakespeare. Verglichen mit Jonson, dem „korrekteren Dichter" war Shakespeare ein „größerer [sic!] Genie" und, verglichen mit Homer, der „Vater unsrer dramatischen Dichter".[76]

---

70 Ebd., S. 159 f. Zum Konzept der „wahren Komödie" neben Monika Fick (Anm. 6) besonders Agnes Kornbacher-Meyer: Komödientheorie und Komödienschaffen Gotthold Ephraim Lessings. Berlin 2003 (Schriften zur Literaturwissenschaft 21).

71 PO 12, S. 348 f.

72 Ebd., S. 351 ff.

73 Ebd., S. 355.

74 Ebd., S. 370.

75 Ebd., S. 371 f.

76 Ebd., S. 381.

Ein Import aus England also, verfaßt 1668, an den Lessing sowohl 1759 im wirkungsmächtigsten seiner *Briefe die Neueste Litteratur betreffend* als auch 1767 in der *Hamburgischen Dramaturgie* anknüpfen konnte. Man denke an das 15. Stück mit der Gegenüberstellung des die Liebe diktierenden „Kanzleistil[s]" in Voltaires *Zaire* mit Shakespeares *Othello*. Daß sich Lessing damit einreiht in eine europäische Rezeptionstradition, also keineswegs einzigartig dasteht, konnte Karl S. Guthke überzeugend nachweisen, indem er die Identität der Deutungsmotive, das Pro und Kontra der Einschätzung Shakespeares im englischen, französischen und deutschen Kontext dezidiert zu beschreiben wußte.[77] Kein Themenbereich in der Dryden-Abhandlung, der nicht neun Jahre später erneut aufgenommen wurde: Shakespeare, die Bedeutung des Mythos, die Frage der klassischen drei Einheiten und ihrer Auslegung, die Differenz von moralisch-fiktionaler und physikalischer Zeit, das Problem narrativer Einlagen im Dramenverlauf, die Freiheit des Dichters vor dem Richterstuhl der Geschichte! Der englische Import, so ist man geneigt zu sagen, eine Art Prolegomenon zu Lessings dramaturgischem opus magnum.

8 „Ein kritisches Register" zur „Kunst sowohl des Dichters, als des Schauspielers"

Über die Schwierigkeiten des Benennens spricht Lessing gegen Ende seiner *Dramaturgie*. Wie oft, wenn es um die Klärung von Begriffen geht, so auch hier, anläßlich der Erörterung von Form und Funktion von „Didaskalien", der Hinweis auf einen gelehrten Neulateiner, Isaac Casaubonus (1559–1614). Dieser habe die Didaskalien als eine Schrift verstanden, in der mitgeteilt werde, „ubi, quando quomodo et quo eventu fabula aliqua fuerit acta" (409) – d. h. wo, wann und mit welchem Erfolg ein Drama aufgeführt worden sei.[78] Doch „allzufremd" wäre ihm der Titel „Hamburgische Didaskalien" vorgekommen. Über die Herkunft der Bezeichnung „Dramaturgie" ist gerätselt worden. Robertsons Recherchen erweisen sich auch hier als gründlich und nicht überholt.[79] Lessings eigene Angaben aufgreifend, nennt er den päpstlichen Bibliothekar Lione Allacci (Allatius, 1586–1669), der 1666 eine *Dramaturgia osia catalogo di tutti li Drammi, Comedie, Tragedie* herausgebracht hatte. Lessing selbst macht gelehrte

---

77 Karl S. Guthke: Lessing, Shakespeare und die deutsche Verspätung. In: Nation und Gelehrtenrepublik (Anm. 26), S. 138–150.
78 Es handelt sich um Casaubonus' Bücher Animadversiones in Deipnosophistes libri XV. Lyon 1600, dort Buch VI, Kap. 7, S. 260 f.
79 John George Robertson: Lessing's Dramatic Theory (Anm. 7), S. 120 ff.

Werke namhaft, die er gekannt haben mußte: Antoine de Léris *Dictionaire portatif historique et littéraire des Théâtres* (Paris 1756),[80] dann die im 8. und 12. Stück erwähnte *Biblioteca teatrale italiana scelta e disposta* des Ottaviano Diodati (1717–1785), die in zwölf Bänden in Lucca 1762–1765 erschienen war. Daß Lessing hier nicht anknüpfen konnte, zeigt ein Blick in diese Kompendien. In ihnen geht es vor allem um die Ermittlung bibliographischer und theaterhistorischer Daten – so bei Léris – sowie um Textsammlungen bei Diodati. Und ebensowenig konnte sich Lessing an der deutschsprachigen Überlieferung orientieren. Gottscheds Zeitschriften, etwa die *Beyträge zur Critischen Historie der Deutschen Sprache, Poesie und Beredsamkeit* (1732–44), versammeln philologisch-historische Abhandlungen; seine Sammlung *Die Deutsche Schaubühne* in sechs Teilen (1741–45) stellt Texte bereit; sein *Nöthiger Vorrath zur Geschichte der deutschen Dramatischen Dichtkunst* (I: 1757, II: 1765) gibt Auskunft bibliographischer Art.

Einen Geistesverwandten sah Lessing in Johann Elias Schlegel (1718–1749). Gleich eingangs ruft er den Reformer des dänischen Theaters in Erinnerung, indem er dessen *Gedanken über das Theater und insonderheit das dänische* (1764) zitiert.[81] Sowohl diese Denkschrift als auch die von Lessing erwähnten *Gedanken zur Aufnahme des dänischen Theaters* (1764) rücken organisatorische und ästhetische Problembereiche ins Blickfeld, die so oder so auch in der *Hamburgischen Dramaturgie* anklingen oder in extenso diskutiert werden.[82] Und dennoch: Eine Dramaturgie im Sinne Lessings hatte Schlegel weder in der einen noch in der anderen seiner Schriften vorgelegt.

Selbstredend wird man der Intention Lessings kaum im Vergleich mit dem späteren Aufgabenbereich eines Dramaturgen gerecht werden. Dramaturgen des 19., erst recht des 20. Jahrhunderts hatten und haben anderen Anforderungen zu genügen. Ungewöhnlich 1767/68 schon die Union von interner literarisch-artistischer Beratertätigkeit und öffentlicher Kritik der Aufführungen der eigenen Bühne, honoriert von der Leitung ebendieser Bühne. Auch scheint ihm das dem heutigen Dramaturgen eigene Geschäft des Mitauswählens, des Beratens, des Einrichtens oder Bearbeitens von Stücken verwehrt gewesen zu sein.

---

80 Antoine de Léris' *Dictionaire* erschien in 2 Aufl. in Paris 1763 (Nachdruck Génève 1970).
81 Zu Johann Elias Schlegel vgl. Gerlinde Bretzigheimer: Johann Elias Schlegels poetische Theorie im Rahmen der Tradition. München 1986.
82 Beide Schriften erschienen erstmals in einer von Johann Heinrich Schlegel herausgegebenen fünfteiligen Ausgabe: Johann Elias Schlegels Werke. 5 Bde. Kopenhagen, Leipzig 1761–1771, Teil 3 (1764), S. 251–258 (Gedanken) und S. 261–298 (Aufnahme). Wiederabdruck u. a. in: Johann Elias Schlegel: Ausgewählte Werke. Hg. von Werner Schubert. Weimar 1963, S. 553–585.

Zwar spricht er in der „Ankündigung" von der „Wahl der Stücke"; daran teilge-
nommen haben dürfte er jedoch kaum. Konrad Ekhof (1720–1778) war es, der
nach Ausweis der Überlieferung einen guten Teil der praktischen Bühnenarbeit
übernommen hatte.[83] Die theoretische Unterweisung der Schauspieler hatte
sich Johann Friedrich Löwen zum Ziel gesetzt. Und dem Mann war kein durch-
greifender Erfolg beschieden. Wie dem auch sei: Lessing war kein Dramaturg
im modernen Verständnis.

Besinnen wir uns indessen auf sein Anliegen, wie er es in der „Ankündigung" zur Kenntnis gegeben hatte: „Diese Dramaturgie soll ein kritisches Register von allen aufzuführenden Stücken halten und jeden Schritt begleiten, den
die Kunst, sowohl des Dichters, als des Schauspielers, hier tun wird." (25)

Dies geschah nun keineswegs in der Form eines systematisch angelegten
Registers und ganz und gar nicht für den so essentiellen Theatralbereich Schauspielkunst, die er im 5. Stück der *Dramaturgie* ansiedelt „zwischen den bildenden Künster und der Poesie" (45). Und kaum eine Arbeit über dieses Werk, in
der diese Absicht Lessings nicht erwähnt wird. So ausgesprochen war diese bis
dahin indes nicht. Wohl hatte man der „Kunst des Dichters" gebührende Aufmerksamkeit geschenkt. Die dreißiger und vierziger Jahre hatten eine wahre
Springflut von programmatischem Schrifttum hervorgebracht: kritische Überlegungen, Anweisungen und Anmerkungen zum Geschäft des Dichters. Gedruckte und aufgeführte Dramen wurden besprochen. Der Literaturstreit zwischen
Leipzig und Zürich hatte die Gemüter erregt. Aber ein „kritisches Register", gar
im Ton der *Briefe die Neueste Litteratur betreffend* (1759/60) war bis dahin nicht
erschienen. Und die Darsteller der aufgeführten oder „aufzuführenden Stücke" – wo wäre ihrer gedacht worden? Sieht man ab von der pauschalen Er-
wähnung einzelner „Banden" auf Theaterzetteln und dem oft nur lokalen Be-
kanntheitsgrad ihrer Prinzipale – Koch, Schönemann, Ackermann, Doebbelin,
Friederike Karoline Neuber etc. sind gewiß eine Ausnahme –, so blieb doch die
persönliche Leistung der einzelnen „Acteurs" und „Actricen" oft im dunkeln.[84]

---

83 Vgl. dazu Conrad Ekhof. Ein Schauspieler des 18. Jahrhunderts. Im Auftrag der Deutschen
Akademie der Künste der DDR eingeleitet und hg. von Hugo Fetting. Berlin 1954.
84 Dazu Eike Pies: Prinzipale. Zur Genealogie des deutschsprachigen Berufstheaters. Ratingen
1973. Den Theaterzetteln und ihrer eminenten Bedeutung für die zukünftige Theaterhistorio-
graphie widmet sich eine Wiener Intiative: Matthias J. Pernerstorfer (Hg.): Theater – Zettel –
Sammlungen. Erschließung, Digitalisierung, Forschung. Wien 2012 (Don Juan Archiv Wien,
Bibliographica 1). Theaterzettel als eine lange vernachlässigte theaterhistorische Quelle, ihre
Erschließung und Digitalisierung sind Gegenstand zweier Studien; zum einen Hermann Korte:
Theaterzettel. Eine (noch kaum) wiederentdeckte Quelle der Theatergeschichte. In: Medien der
Theatergeschichte des 18. und 19. Jahrhunderts. Hg. von Hermann Korte, Hans-Joachim Jakob
und Bastian Dewenter. Heidelberg 2015 (Proszenium. Beiträge zur historischen Theaterpubli-

Einhellig ist das Bedauern darüber, daß Lessing die eingangs sich selbst gestellte Aufgabe, darstellerische und poetische Leistung gleichsam zu registrieren, mit ganz wenigen Ausnahmen nur bis zum 25. Stück durchgeführt hat, „was bedauerlich" sei, wie Joachim Müller seinerzeit resümierte, „da er sich feinsinnig in das Wesen der Schauspielkunst" eingefühlt habe.[85] Ob die Verärgerung der „Actrice" Sophie Hensel über eine wenig schmeichelhafte Kritik – Lessing hatte sie im 20. Stück in ihrer Rolle als Cenie in der gleichnamigen Komödie der Françoise de Graffigny mit einem „Riesen" verglichen, „der mit dem Gewehre eines Kadetts exercieret" –, ob also die Empfindlichkeit eines angesehenen Ensemblemitglieds Lessing bewogen haben mochte, zukünftig die darstellerische Leistung mit Schweigen zu übergehen, d. h. ein „Register" zu diesem Teilbereich der Bühnenkunst nicht weiterzuführen, bleibe dahingestellt.

Umso merkwürdiger mutet jedoch die Askese an, die sich – von wenigen Ausnahmen abgesehen – die Lessing-Forschung mit Blick auf dieses annähernd erste Viertel des gesamten Textes auferlegt hat. Wenigstens zeitweilig richtete sich das Interesse vorzüglich auf die Furcht-und-Mitleid-, respektive Katharsis-Diskussion. Wenig ausgeprägt also die Neigung, sich auf die im genannten Teil erörterten Implikationen von dichterischer und schauspielerischer Tätigkeit einzulassen. Erst zu Beginn der neunziger Jahre des 20. Jahrhunderts, u. a. mit dem Erscheinen einer differenzierten Darstellung zum Themenbereich Schauspielkunst und Anthropologie sowie eines sowohl ästhetische, organisatorische und historische Aspekte zusammenfassenden Bandes zur Schauspielkunst, schlußendlich zu Beginn unseres Jahrhunderts mit Monika Ficks umfangreichem Beitrag zur „Bühnenpraxis und Schauspielkunst" in ihrem Lessing-Handbuch zeichnete sich ein intensives Eingehen auf den Bereich Schauspielkunst ab.[86]

Ein „Register" der „aufzuführenden Stücke"? Mit aller gebührenden Zurückhaltung wird mit Blick insbesonders auf den ersten Band der *Hamburgi-*

---

kumsforschung 3), S. 93–125; sodann Matthias J. Pernerstorfer: Zur Dokumentation, Erschließung und Digitalisierung von Theaterzetteln. In: Ebd., S. 127–133.

85 Joachim Müller: Prinzipien einer realistischen Ästhetik in Lessings ‚Hamburgischer Dramaturgie'. In: Joachim Müller: Wirklichkeit und Klassik. Speyer, München 1957, S. 42–52.

86 Vgl. zu diesem Themenbereich u. a. Alexander Košenina: Anthropologie und Schauspielkunst. Studien zur ‚eloquentia corporis' im 18. Jahrhundert. Tübingen 1995 (Theatron. Studien zur Geschichte und Theorie der dramatischen Künste 11) ferner Wolfgang F. Bender (Hg.): Schauspielkunst im 18. Jahrhundert. Grundlagen, Praxis, Autoren. Stuttgart 1992; sodann Monika Fick: Lessing-Handbuch (Anm. 6), bes. S. 292–296 sowie Erika Fischer-Lichte: Semiotik des Theaters. Eine Einführung. Bd. 2: Vom ‚künstlichen' zum ‚natürlichen' Zeichen, Theater des Barock und der Aufklärung. 5 Aufl. Tübingen 2007, bes. S. 98–130. Des weiteren Erika Fischer-Lichte: Entwicklung einer neuen Schauspielkunst. In: Schauspielkunst im 18. Jahrhundert, S. 51–70.

schen Dramaturgie ein solches in Ansätzen erkennbar, führt doch der Hamburger Dramaturg den Leser durch ein Repertoire, das sich in seiner Konzeption nur unwesentlich von den Spielplänen anderer deutscher Bühnen unterscheidet. Es dominiert die Orientierung an Frankreich, wobei Voltaire eine Vorzugsstellung einnimmt. Französische Stücke sind das Vorbild für deutschsprachige Autoren wie Johann Elias Schlegel, die Gottschedin oder Cronegk. Hinzu kommen in einigen Fällen Übersetzungen aus dem Englischen, Italienischen oder Niederländischen. Alles in allem also ein durchaus gängiger Spielplan. Man ist geneigt, hier von einer Art Schauspielführer zu sprechen.[87]

Gewiß läßt sich aus der *Hamburgischen Dramaturgie* kein systematischer Entwurf einer Schauspieltheorie eruieren. Es bleibt, ganz der Schreibstratgie Lessings entsprechend, bei längeren oder kürzeren Annotationen zur Rollenpräsentation einiger prominenter Ensemblemitglieder. Insgesamt sechzehn Textstellen, verteilt auf die Stücke 1 bis 25, vermitteln dem Leser eine Anschauung der gestischen, mimischen und stimmlichen Darbietung der Spieler und Spielerinnen, immer bezogen auf die dramatische Textvorlage. Nicht unerwähnt bleibe, daß Lessing gelegentlich – so beispielsweise anläßlich einer Besprechung von Johann Elias Schlegels Komödie *Die stumme Schönheit* im 13. Stück – einen ausführlichen Regievorschlag einbringt, der ihm als der „Kunst des Dichters" angemessen erscheinen würde. Angemessenheit, d. h. in diesem Falle ein differenziertes Abgestimmtsein von Text und schauspielerischer Präsentation, bot ihm die Aufführung, die er am 5. Mai 1767 (13. Stück) Gelegenheit zu erleben hatte, indessen nicht. Im 16. Stück ist es dann die Rolle des Orosman in Voltaires fünfaktiger Verstragödie *Zaïre* (1733), die ihm Anlaß gibt, mit Blick auf die „Gradation" von Leidenschaften seine Vorstellung vom „stummen Spiel" des Darstellers – in diesem Falle war es Konrad Ekhof! – einzubringen.[88] Sehen

---

87 Sowohl Hugh Barr Nisbet: Lessing. Eine Biographie (Anm. 29), S. 485 f. als auch John George Robertson: Lessing's Dramatic Theory (Anm. 7), S. 49 f. schätzen den Spielplan als durchaus konventionell ein. Robertson sieht in ihm einen „Spiegel des *Status quo* der deutschen Theaterlandschaft". Einen Überblick bietet der Forschungsbericht von Monika Fick: Lessing-Handbuch (Anm. 6), S. 305 ff.

88 Lessings Überlegungen zur Schauspielkunst gründen auch auf der Beobachtung der Spielweise einzelner Darsteller. Dies ist m. E. in folgenden Stücken der Fall: Stück 1: Konrad Ekhof als Evander in *Olint und Sophronia* von Joh. Friedrich von Cronegk; Stück 4: Sophie Friederike Hensel als Clorinde in *Olint und Sophronia*; Stück 8: Eleonore Luise Dorothea Löwen als Mélanide im gleichnamigen Stück des Pierre Claude Nivelle de la Chaussée; Stück 8: Konrad Ekhof in *Julie, oder Wettstreit der Pflicht und der Liebe* von Franz von Heufeld; Stück 10: Cordelia Felbrich als Agnese in *Die neue Agnese* von Johann Friedrich Löwen; Stück 13: Sophie Friederike Dorothea Hensel als Sara in *Miß Sara Sampson* von Lessing; Stück 14: Johann Michael Boeck als Theophan in *Der Freigeist* von Lessing; Stück 17: Konrad Ekhof als Sidney im gleichnamigen Stück von Jean-Baptiste Louis Gresset; Stück 19: David Borchers als Antenor in *Zelmire* von

wir ab von der uns geläufigen Vorstellung eines Registers als eines Sach- und Personenverzeichnisses – etwa im Wissenschaftsbereich –, so zeichnet sich ein solches durchaus, wenn auch nur, wie bemerkt, ansatzweise ab. So führt er, beginnend mit dem 8. Stück, den 26. Mai 1767, dem „dritten Abend" der Vorstellungen, und ausklingend mit dem 29. Stück am 7. August 1767, den Leser durch das deutsch-französische Repertoire des Nationaltheaters. Marivaux, Destouches, Gresset, Thomas Corneille, Nivelle de la Chaussée, Françoise de Graffigny, Voltaire, Schlegel, Weiße, Gellert, Hippel, die Gottschedin, Lessing, um nur einige Autoren zu nennen. Bieten ihm einerseits insbesonders die Tragödien der Thomas und Pierre Corneille (*Essex* und *Rodogune*) und de Belloys (*Zelmire*) Anlaß zu weitausgreifenden dramaturgisch-poetologischen, nicht immer nur auf die konkrete Textvorlage bezogenen Ausführungen, so ist er andererseits im ein oder anderen Fall um eine gewisse Dichte seiner Besprechungen bemüht. Nimmt er einerseits die Vorstellung der Tragödie *Semiramis* (1748) im 10. Stück – sechster Abend, 29. April 1767 – zum Anlaß, um in äußerst geschickter Montage mit Voltaire-Texten (*Dissertation sur la Tragédie ancienne et moderne*) dessen Drama, verglichen mit Shakespeares *Hamlet*, als „sehr mittelmäßiges Stück" (69) abzuwerten,[89] so nimmt er andererseits beispielhaft im 13. und 14. Stück die Tendenz zur „Ausschweifung" zurück, verzichtet auf den Leser möglicherweise ermüdende komparatistische Vergleiche, faßt am Ende in den genannten Stücken sogar drei und sechs, oft nur wenige Zeilen umfassende Kurzberichte zusammen. Hier bahnt sich, so könnte man zurückhaltend sagen, so etwas wie ein „Register" an, in dem freilich ein Interesse an der Ausstattung der „aufzuführenden Stücke"– Lessing pflegt hier von „Verzierungen" (69) zu sprechen – nicht erkennbar ist. Nichtsdestoweniger bieten die im ersten Viertel der *Hamburgischen Dramaturgie* „registrierten" Stücke eine Fülle von längeren oder kürzeren Überlegungen sowohl hinsichtlich einer neuen, an der empirisch gegebenen Natur orientierten Schauspielkunst als auch hinsichtlich des Officiums der Schauspieler und Schauspielerinnen. Hier konnte dann Lessing den Leser teilnehmen lassen am europäischen Diskurs über eine sich vom Text emanzipierende „eloquentia corporis", wie er im Westen Europas geführt wurde. Was den eigentümlichen Reiz insbesonders der von Lessing ganz oder auszugsweise übersetzten Beiträge etwa eines Antoine-François Riccoboni (1707–1772) oder eines Pierre Rémond-de Sainte

---

Pierre Laurent Buirette de Belloy; Stück 20: Konrad Ekhof als Dorimond in *Cenie* der Françoise de Graffigny; Stück 20: Sophie Friederike Hensel als Cenie im gleichnamigen Stück; Stück 20: Eleonore Luise Dorothea Löwen als Orphise im gleichnamigen Stück; Stück 25: Eleonore Luise Dorothea Löwen als Elisabeth in *Der Graf von Essex* (‚*Le Comte d'Essex'*) von Thomas Corneille.

89 Auf rhetorisch geschickte Montagetechnik verweist auch Jean-Marie Valentin, vgl. Dramaturgie de Hambourg (Anm. 38), S. 385, Fußnote 13.

Albine (1699–1778) gerade in ihrer gegensätzlichen Konzeption für ihn ausgemacht haben mochte mit Blick auf sein dramaturgisches Hauptwerk, wird in einem anderen Kapitel zu erörtern sein.

II Die Wirkungsmacht eines „Denkmals"

1 Die Springflut der Nachahmungen

Wie kaum ein anderes Werk in der Medienlandschaft des 18. Jahrhunderts setzte die *Hamburgische Dramaturgie* eine wahre Springflut von Nachahmungen in Bewegung.[90] Richten wir den Blick auf die zahlreichen Adaptionen, wie sie in der Münsteraner Erhebung der Theaterperiodika des 18. Jahrhunderts verzeichnet sind, so lassen sich in inhaltlicher und formaler Hinsicht zahlreiche Übereinstimmungen mit Lessings Werk, ja wörtliche Anleihen verifizieren. Sowohl die Einzelregister als auch die Gesamtregister des genannten Projekts dokumentieren die Autorität des hamburgischen „Dramaturgisten".[91] Mindestens die ersten fünfundzwanzig, m. E. achtundzwanzig Stücke, die bei aller zeitlichen Differenz von Vorstellungsanlaß und Besprechungsdatum aufführungsbezogen bleiben – mindestens diese Lieferungen also erweisen sich mit Blick auf die Konzeption und den Aufbau vieler Periodika als musterbildend. Will sagen: Nennung des vorgestellten Dramas, in der Regel mit Gattungsbezeichnung, Angabe des Aufführungsdatums, Hinweise zur Person des Autors, gelegentlich auch des Übersetzers, zur Motiv- und Stoffverwendung im europäischen Kontext, zur schauspielerischen Darstellung, beispielhafte Textproben: In dieser oder ähnlicher Auswahl pflegen die Zeitschriftenbeiträger, oft Beiträger und Herausgeber in Personalunion, die Stückeinheiten ihrer Periodika zu präsentieren, versehen oft mit Überschriften wie „Brief", „Schreiben" (Josef v. Sonnenfels) oder „Sendschreiben" (*Dramaturgischer Briefwechsel über das Leipziger Theater*, 1779/80), auf diese Weise den Gedankenaustausch mit einem fiktiven Adressaten annoncierend.

Es ist das Prinzip der Dialogizität, der Versuch, den Leser in die eigene Argumentationsstrategie einzubeziehen, eine Strategie, mit der man nicht erst seit Lessings Dramaturgentätigkeit, sondern bereits seit den *Briefen die Neueste Litteratur betreffend* (1759 ff.) vertraut war. Der Topos von der „Veranlassung" des

---

90 In dieses Kapitel wurden einige wenige Textpassagen aus folgender Abhandlung des Verfassers übernommen: Wolfgang F. Bender: Ikonenbildung und Affirmation. Lessing in der Theaterpublizistik des 18. Jahrhunderts. In: Lessing Yearbook / Jahrbuch XXXIII (2001), S. 79–96.
91 Vgl. Wolfgang F. Bender, Siegfried Bushuven, Michael Huesmann: Theaterperiodika des 18. Jahrhunderts. Bibliographie und inhaltliche Erschließung deutschsprachiger Theaterzeitschriften, Theaterkalender und Theatertaschenbücher. 3 Teile in 8 Bdn. unter Mitarbeit von Anke Biendarra, Christoph Bruckmann, Volker Corsten, Hans-Joachim Jakob und Christiane Sasse. München, Berlin, London 1994–2005.

https://doi.org/10.1515/9783110610291-002

eigenen Werks durch Freunde oder die „guten Absichten" Gleichgesinnter, mit dem Lessing seine „Ankündigung" eröffnet, wird zum obligatorischen Bestandteil der „Vorworte", „Vorreden" oder „Vorerinnerungen" der meisten Theaterzeitschriften, wobei für unseren Zusammenhang die häufige Verknüpfung des tradierten Topos mit dem der Bescheidenheit, dem Zweifel an der Dignität des eigenen Vorhabens angesichts der bewundernswerten Leistung des Hamburger Dramaturgen zu denken gibt.

Vor dessen „Richterstuhl" sieht sich der Herausgeber des genannten *Dramaturgischen Briefwechsels*, Friedrich Wilhelm von Schütz (1756–1834) zitiert, wenn er mit Blick auf die vermeintliche Nähe seines Periodikums zur *Hamburgischen Dramaturgie* in einer „Vorerinnerung" dem Leser zu verstehen gibt, daß er seinem *Briefwechsel* zwar einen „so viel versprechenden Titel gegeben" habe, daß er es aber nicht wagen wolle, „solchen der Dramaturgie eines Leßings an die Seite zu stellen".[92] Und doch sieht er seinen *Briefwechsel* nach „Leßingischen Grundsätzen gebildet" an. Indes läßt die Lektüre der neun „Sendschreiben" sehr bald erkennen, daß der erwartete Dialog mit dem Leser an keiner Stelle zustandekommt. Mag sich auch der Lessing'sche Dialog gelegentlich in weitausholenden „Ausschweifungen" verlieren, so bleibt doch das Dialogische als das ihm eigene Kommunikationskonzept auch in der Rezensionsfolge – wenigstens in den Stücken 1 bis 22 – der *Hamburgischen Dramaturgie* immer noch erkennbar.[93] Nicht so in den meisten der seit Beginn der siebziger Jahre erschienenen Periodika –, auch da nicht, wo mit der Anredeformel „Mein Herr" oder „Mein Freund" das Gespräch mit dem Leser eröffnet zu werden scheint. Selbst Johann Friedrich Schinks vierbändige *Dramaturgische Fragmente* (1781/82), in ihrem sprachlichen Duktus und reichen Bildgebrauch Lessing durchaus nahestehend, bleiben, obschon als „Forum" ausgegeben, monologisch.

Soviel wenigstens kann gesagt werden: Lessings dramaturgisches Hauptwerk kann in seiner Wirkmächtigkeit kaum hoch genug eingeschätzt werden. Dies gilt zum mindesten für den Zeitraum von den frühen siebziger Jahren des 18. Jahrhunderts bis zur darauf folgenden Jahrhundertwende. Die polemische, gewiß nicht immer nur an der Sache orientierte Argumentationsweise des Hamburger Dramaturgen und sein theaterkritisches Instrumentarium – sie prägen das Bild der Theaterjournalistik im genannten Zeitraum ganz entscheidend. Insofern kann von einer „Folgenlosigkeit Lessings", die Peter Demetz seinerzeit

---

[92] Dramaturgischer Briefwechsel über das Leipziger Theater im Sommer 1779. Hg. von F[riedrich] W[ilhelm] v. S[chütz]. Frankfurt, Leipzig 1779 [1780], „Vorerinnerung".
[93] Vgl. dazu Beatrice Wehrli: Kommunikative Wahrheitsfindung. Zur Funktion der Sprache in Lessings Dramen. Tübingen 1983 (Hermaea 87).

nachgewiesen zu haben glaubte, für das weite Feld der Theaterpublizistik kaum die Rede sein.[94] Immer wieder, wenn auch gelegentlich etwas bemüht wirkend, der Versuch, den spezifisch Lessing'schen Ton zu treffen. So etwa in der Berliner *Litteratur- und Theater-Zeitung* (1783), wenn der Herausgeber, Christian August von Bertram (1751–1830), bemerkt:

> Wir haben einige vortreffliche Schauspieler; wir haben eine beträchtliche Anzahl leidlich guter Schauspieler [...]; aber: [...] Ist unser Theater das, was es seyn sollte, und was das Theater der Franzosen, Britten, Italiener und Spanier ist, ein Spiegel der Nation?

Und sodann, unmittelbar danach, der Hinweis auf den vorbildlichen Text; in diesem Fall die Adaption an das 80. Stück der *Hamburgischen Dramaturgie*, wenn es heißt:

> Lessing, da er in der Hamburgischen Dramaturgie davon spricht, daß wir noch kein Theater haben, sagt uns zum Trost: die Franzosen hätten zwar ein komisches, aber kein tragisches Theater.[95]

Lessing avanciert zum Gewährsmann, nachgerade zur Autorität, dessen Sprachgestus man nachzueifern sucht, dessen dramenbezogene Kriterien man als richtungsweisend erachtet. Und kaum je eine Kritik an den „lessingischen Grundsätzen", wie sie etwa der pfälzische Aufklärer Anton von Klein (1746–1810), seinerzeit bekannt geworden durch eine heftige *Emilia*-Debatte mit Johann Friedrich Schink, zu Beginn der achtziger Jahre zu äußern gewagt hatte. Man wisse nicht, so 1782 eine derbe Abfuhr in einem *Theatralischen Quodlibet für Schauspieler und Schauspielliebhaber*, „was man sagen soll, daß solche Embrionen von Kunstrichtern die Bildsäulen großer Männer mit Koth besprizzen".[96]

---

94 Peter Demetz: Die Folgenlosigkeit Lessings. In: Merkur 25, Heft 8 (1971), S. 737–741.

95 Litteratur- und Theater-Zeitung. Hg. von Christian August von Bertram. Berlin 1778–1784. Nachdruck: Hg. von Reinhart Meyer (Das deutsche Theater des 18. Jahrhunderts. Reihe 3: Theaterzeitschriften). München 1981, Zit. in Nr. XXIII (1783), S. 342.

96 Theatralisches Quodlibet für Schauspieler und Schauspielliebhaber, gesammlet und herausgegeben von Georg [richtig: Gottlieb] Friedrich Lorenz. Warschau 1782 (resp. Frankfurt und Leipzig 1785), S. 264. Näheres zur Auseinandersetzung Anton v. Kleins mit Johann Friedrich Schink bei Albert Meier: Die Interessantheit der Könige. Der Streit um ,Emilia Galotti' zwischen Anton von Klein, Johann Friedrich Schink und Cornelius Ayrenhoff. In: Streitkultur. Strategien des Überzeugens im Werk Lessings. Hg. von Wolfram Mauser und Günter Saße. Tübingen 1993, S. 363–372; ferner Jean Marie Valentin: Tragédie héroique – tragédie bourgeoise. Anton von Klein (1746–1810) et sa critique de Lessing. In: Germanistik aus interkultureller Perspektive. Articles réunis et publiées par Adrien Finck et Gertrud Gréciano en hommage à Gonthier-Louis Fink. Strasbourg 1988 (Collection Recherches Germaniques 1), S. 77–92.

2 Ikonenbildung und Paradigmenwechsel: Johann Friedrich Schink

Das war 1782, also nur ein Jahr nach dem Tod des verehrten Mannes, dessen Andenken Züge von Verklärung annahmen. Neben Johann Jakob Engel (1741–1802), dem Direktor des Kgl. Schauspiels in Berlin, war es vor allem Johann Friedrich Schink (1755–1835), der nachgerade literarische Denkmalpflege betrieb. Der von beiden Verehrte gleichsam in einem Tempel von „Bildsäulen", im imaginären Kreis genialer Köpfe, die unter sich zu wissen, die Nation eigentlich nicht verdiene:

> Wahrlich, Teutschland ist seiner Genies nicht wert, nicht wert Lessing gezeugt zu haben; ihn, dem noch keiner gleich war unter Teutschlands Schriftstellern.[97]

So leitet Schink seine *Emilia*-Besprechung im zweiten Band der *Dramaturgischen Fragmente* ein. Die Liste solcher Textbeispiele ließe sich unschwer verlängern. In ihrem Aussagemodus deutlichen Sinns dem genus demonstrativum angenähert, verlassen sie den von Lessing selbst aufgegebenen Weg kritischen Unterscheidens, um den „Unerreichten" in feiernder Ansprache zu ehren. Die Kritik – die Kritik „unsers Lessing", so Friedrich Ludwig Reischel – dient nicht selten der Substitution, fast immer der Affirmation der eigenen Position sowohl mit Blick auf die Stückanalysen als auch auf die schauspielerische Leistung.[98]

---

97 Johann Friedrich Schink: Dramaturgische Fragmente. Zweyter Band. Dem Hrn. Legationssecretair Gotter zu Gotha gewidmet. Erstes Stück: Emilia Galotti. Trauerspiel in fünf Aufzügen. Graz 1781, S. 358–384, Zit. S. 359. Johann Friedrich Schink (1755–1835) war nach einem Theologiestudium in Halle, Theaterdichter in Hannover, in den achtziger Jahren in Wien und Graz tätig. Friedrich Ludwig Schröder berief ihn 1789 als Dramaturg nach Hamburg. Eine von ihm erwünschte Berufung an das Hof- und Nationaltheater in Berlin wurde ihm nicht erfüllt. Weitergehende Informationen in Peter Heßelmann: Gereinigtes Theater? (Anm. 40), S. 86 f. Zu Schink liegt eine umfassende Studie vor von Hans-Joachim Jakob: Der kurze Weg von der Theaterkritik zur Philologie. Johann Friedrich Schinks ,Dramaturgische Fragmente' (1781–1782). In: Medien der Theatergeschichte des 18. und 19. Jahrhunderts (Anm. 84), S. 171–192.
98 Dramatischer Briefwechsel das Münchener Theater betreffend. Hg. von Friedrich Ludwig Reischel. München 1797/98, S. 18. Reischel beispielsweise verzichtet anläßlich einer Aufführungsbesprechung von Peter v. Winters Oper *Das unterbrochene Opferfest* (1796) auf jegliche eigene Kritik und begnügt sich mit der Wiedergabe einer Textpassage Lessings zur Bühnenmusik des Bach-Schülers Johann Friedrich Agricola (1720–1774) zu Voltaires *Sémiramis* im 27. Stück der *Hamburgischen Dramaturgie*.

Joh. Fried. Schink.

Abb. 2: Johann Friedrich Schink. Blatt in Punktiermanier von Ludwig Gottlieb Nauwerck.

Schink, einer der einflußreichsten Dramaturgen und Kritiker der nachlessing'-schen Ära, war es denn auch, der bereits 1781 einen bemerkenswerten Paradig-menwandel in der expandierenden Theaterpublizistik registrierte. Angesichts der Tendenz zahlreicher Autoren, sich Lessings kritisches Instrumentarium zu-eigen zu machen, fragt er:

> Wo ist die dramaturgische Schrift, die sich mit dem Forschergeiste, mit dem Scharfsinn, mit dem Durchschauen der Materie, von der die Rede ist, in seiner *Hamburgischen Dramaturgie* messen dürfte?

So in einer „dramatischen Broschüre" über „Teutschlands Theaterwesen und Kunstrichterei".[99] Möglicherweise hier eine Anspielung auf das 96. Stück, in dem Lessing auf den funktionalen Zusammenhang von „Raisonnement" und „Erfindung" hinweist. Wie dem auch sei: Schink markiert exakt den Punkt, an dem sich Lessings Periodikum von den meisten in seinem Fahrwasser daherkommenden Theaterjournalen unterscheidet. Es ist sein „Forschergeist", sein *ingenium acre*, d. h. das scharfsinnige Erfassen der Dinge, wie wir es aus der Tradition des 16., 17. und 18. Jahrhunderts kennen, vorzüglich die Dialektik von philologischem Detail und wirkungsästhetischer Überlegung, die ausgeprägte Neigung zur philologischen Distinktion, die Lessing dem Leser beispielsweise im extensiven Vergleich von Voltaires und Scipione Maffeis *Merope*-Versionen zur Lektüre aufgibt.

Ungeachtet der Tendenz, seiner Diktion nahezukommen, trotz des zuweilen tiefen Griffs in den Thesaurus seiner Bildsprache – „Forschergeist" tritt merklich in den Hintergrund und selten wird die Brisanz seiner Argumentationsstrategie erreicht. Um es pointiert zu sagen: Der aufklärend-emanzipatorische Impetus im Sinne des Hamburger Dramaturgen nimmt spürbar ab. Längst hatte man nicht mehr wie in der „Ankündigung" der *Hamburgischen Dramaturgie* die „Kenner" der Nation angesprochen, sondern eher eine breitere, an nützlicher Information interessierte Leserschaft. Deren Interesse an „schnurrig[en]" Geschichten, an „skandalöse[n] Anekdoten von Schauspielern und besonders Schauspielerinnen" zu bedienen, wie es im 50. Stück heißt, war indes nicht die Absicht Lessings. Seine „Blätter" werden am Ende anders gelesen, als er sie selbst – nach Ausweis jenes „Nachspiels" im 101. bis 104. Stück – zu lesen gewünscht hatte.

Des Dichters „Werk bleibt da und kann uns immer wieder vor Augen gelegt werden. Aber die Kunst des Schauspielers ist in ihren Werken transitorisch. Sein Gutes und Schlimmes rauschet gleich schnell vorbei." So in der „Ankündigung" der *Dramaturgie*, und bekannt ist das Bedauern über das Verstummen der in Aussicht genommenen Kritik der theatralen Aufführungspraxis nach dem 25. Stück. Dennoch: Die dem „Werk" des Schauspielers gewidmeten Textpartien, die Überlegungen zur in Aktion umgesetzten „Modifikationen der Seele" – so im 3. Stück – zum Verhältnis von aufgetragener Rolle und Erscheinungsbild des „Acteurs" oder der „Actrice", vor allem die wenn auch oft nur in Ansätzen

---

99 Johann Friedrich Schink: Dramaturgische Fragmente. Vierter Band. Erstes Stück. Graz 1782, S. 965–998, Zit. S. 989.

ausgeführten Rollenportraits eines Konrad Ekhof im 17. Stück in Jean-Baptiste Gressets Lustspiel *Sidney* (1745) – „welcher Reichtum von malenden Gesten" – einer Sophie Friederike Hensel in der Rolle der sterbenden Sara im 13. Stück, eines David Borchers als Antenor in de Belloys *Zelmire* (1762), nicht zuletzt das Portrait einer Eleonore Luise Dorothea Löwen als Mélanide in der gleichnamigen Komödie (1741) des Pierre Claude Nivelle de la Chaussée im 8. Stück: Die Wirkung solcher Beispiele auf die Autoren der Theaterpublizistik insbesonders der Ära nach Lessing war bedeutend. Dessen Beiträge zu einer deskriptiven Würdigung individueller schauspielerischer Leistung wurden von einer expandierenden, eine breite Leserschaft bedienenden Theaterpublizistik aufgenommen und weiterentwickelt.

3 „Ware für das Publikum"

Aber auch hier ein Paradigmenwechsel: Weg von extensiven Stückanalysen hin zum Rollenportrait. Johann Friedrich Schink (1755–1835), dem es, wie er in den *Dramaturgischen Fragmenten* betont, fernlag, ein „eigentliches System der Kunst" zu entwerfen, definiert seinen Aufgabenbereich kurz und bündig so: „Kommentar über Werk des Schauspielers, und Dichters. Untersuchung was Dichter und Schauspieler getan haben, oder hätten tun sollen", um gleichzeitig auf seine „Beobachtungen" zur theatralen Transformation zu verweisen, die er „abstrahiert" und „gesammelt" habe „für Dichter und Schauspieler, die sie nuzzen wollen".[100]

Überwiegen auch in den meisten Einzelbeiträgen seiner *Dramaturgischen Fragmente* noch die Textanalysen, in denen er poetologische Grundpositionen Lessings aufnimmt und weiterführt – zu verweisen wäre etwa auf seine vehemente Ablehnung des französischen Tragödienkonzepts, eines „Miniaturbildchens", verglichen mit einem „Freskogemälde" Shakespeares;[101] zu verweisen wäre auf seinen von Lessing angeregten Exkurs über die Interessantheit der Könige –, so findet die Dramenanalyse nunmehr ihre deutliche Ergänzung in Rollenanalysen. So beispielsweise in der „Zergliederung der Karaktere der

---

100 Johann Friedrich Schink: Dramaturgische Fragmente. Erster Band. Dem Herrn Professor Engel zu Berlin gewidmet. Graz 1781, „Ankündigung", Bl. A3v und Bl. 4v [S. 3–12 unpaginiert]. Die Schink eigene Orthographie wird im Folgenden nicht modernisiert. Zu Schinks Biographie vgl. Peter Heßelmann (Anm. 40).
101 Ebd., Erster Band. Zweites Stück, S. 205. Dort heißt es weiter: „Denn des Engländers Arbeit verhält sich zur Arbeit des Franzosen gerade wie ein Gemälde von Michel Angelo zu der Malerei des ehrlichen Schlukkers, der Türen anstreicht."

Eugenie und des Barons Hartlei für den Schauspieler" in Beaumarchais Trauerspiel *Eugénie* (1767).[102]

„Für den Schauspieler"! „D e r ", so Schink in der „Einleitung" zum ersten Band der *Dramaturgischen Fragmente*, könne ja „sich selbst nicht sehen". Er könne „seinen Karakter im Ganzen mit vieler Warheit gespielt haben, aber durch einen einzigen Absprung, durch einen einzigen Ausschritt [...] der Sache entweder zu viel, oder zu wenig getan haben". Zur „Sache" äußert sich Schink in eben dieser „Einleitung", wenn er schreibt:

> Drama ist Abbildung des menschlichen Lebens und Schauspielkunst Darstellung menschlicher Leidenschaft und Torheit. Jede Sünde des Dichters und des Schauspielers wider diesen Entzwek, ist eine Mishandlung der Kunst.[103]

Ein Abdriften von der so beschriebenen „Sache" käme dann einem Verfehlen des eigentlichen „Entzweks" der Schauspielkunst, der Darstellung des ganzen Menschen gleich. Schink, ganz so wie Lessing Zeitgenosse einer an Ansehen gewinnenden Anthropologie – „Erfahrungsseelenkunde" –, verleiht seinem Anliegen Ausdruck in Worten, die durchaus an Friedrich Schillers „Vorrede zur ersten Auflage" seines Schauspiels *Die Räuber* erinnern: die Entdeckung eines „ganzen innern Räderwerks",[104] wenn er in der „Einleitung" zu den *Dramaturgischen Fragmenten* mit Blick auf die Metapher vom „Buch der Welt" schreibt:

> Das studire der Dichter und Schauspieler, beobachte Menschen und menschliches Herz; studire sie vom Tron bis zur Hütte; verfolge sie bis in ihre geheimsten Falten.[105]

Das war 1781, im Erscheinungsjahr von Schillers „Vorrede" zu den *Räubern*. Nur ein Jahr nach dem Erscheinen der *Dramaturgischen Fragmente* von 1781/82 bahnt sich offensichtlich ein Interessenwandel an. Deutlich ablesbar beispielsweise 1783 in der *Grazer Theaterchronik*, die auf dem Titelblatt den Vermerk „Es fällt kein Meister vom Himmel! Aus den Archiven der Erfahrung" trägt. Nennt Schink in einem Vorspann „An das Grazer Publikum" seine *Fragmente* „filosofische Kommentare des Dichters und Künstlers", in denen es um die „Enthüllung der eleusischen Geheimnisse der theatralischen Kunst" gehe, so gibt er sich 1783 in seiner Publikumsansprache sehr viel bescheidener. Kein Werk hier für den „scharfsinnigen Denker", sondern eher „flüchtige Bemerkungen über die

---

102 Ebd., S. 115–136.
103 Ebd., Erster Band. Erstes Stück, „Einleitung", S. 16.
104 Friedrich Schiller: Die Räuber, „Vorrede zur ersten Auflage". In: Schillers Werke. Nationalausgabe. Bd. 3. Hg. von Herbert Stubenrauch. Weimar 1953, S. 5 f.
105 Schink: Dramaturgische Fragmente (Anm. 100), Erster Band. Erstes Stück, „Einleitung" S. 20.

Kunst". Kurz und gut: „nur ein simples Handbuch für Anfänger und Dilettanten
[...] Ware für den Ort".[106]

„Ware" für ein Publikum, das „gegen Fehler des Unvermögens" der Darsteller um „gütige Nachsicht" gebeten wird.[107] Und doch geht der Herausgeber und Beiträger gelegentlich streng ins Gericht sowohl mit einigen Autoren der besprochenen Stücke als auch mit den Schauspielern und Schauspielerinnen. Nicht zuletzt gewährt der ein oder andere Beitrag auch Einblick in das Verhalten eines der Geschmacksbildung und Versittlichung bedürftigen Publikums. So in der Kritik zur Aufführung von Goethes Trauerspiel *Clavigo* (1774), in der die Trias Textexegese, darstellerische Leistung und Reaktion des Publikums gleichermaßen ins Blickfeld gerückt wird. Das „Stück von Göthens Meisterhand" sei „voller grosser, vortreflicher Züge, die das herrliche Genie seines Verfassers ins Auge blizzen; es ist voll starker, grosser Situazionen, die die Seele treffen und unser Herz auf das tiefste erschüttern; es ist voll glänzender Spuren tiefer Menschenkenntnis". Schink führt sowohl die Dialogführung als auch die Qualität der Charakterzeichnung der Protagonisten rühmend ins Feld und gibt am Ende Folgendes zu bedenken:

> Aber mit allen diesen starken, äuserst frappanten Karakteren, Auftritten und Situazionen, ist Clavigo doch nur ein Stük für den Kenner, nur ein Stük für die kleine Zal Auserwälter, die Narung für Herz und Geist im Trauerspiel suchen. [...] Es ist schlechterdings kein Stük für Jedermanns Geschmak, kein Stük für den Haufen.

Und wie das Publikum auf das Trauerspiel reagierte, der „Haufen", der „hier Volksspektakel und tragische Volks Frazze erwartete", ist dem einläßlichen Monitum des Theatermanns Schink zu entnehmen:

> Troz dem Wink auf dem Anschlagzettel, daß Clavigo kein Trauerspiel der lermschlagenden und schreienden Gattung sey; daß wahre, feine, gesittete menschliche Natur überall darin rede, fanden sich doch noch Zuschauer genug im Schauspielhause, die etwas ganz anderes in diesem Trauerspiel erwarteten, und nicht sehr zufrieden waren, daß sie es nicht so fanden, wie sie glaubten. Ich schliesse das aus dem unbeschreiblichen Geräusch und Getöse, das fast wärend der ganzen Vorstellung dieses Trauerspiels im Schauspielhause herschte, so herschte: daß man kaum die Schauspieler vernehmen konnte; und das nicht eher aufhörte, als bis Beaumarchais [gemeint ist der Darsteller dieser Rolle; d. Vf.] wütete, und Geschrei auf dem Teater ertönte.[108]

---

106 Johann Friedrich Schink: Grazer Theaterchronik. Erstes Heft. Graz 1783, „An das Grazer Publikum" (unpaginiert).

107 Ebd.

108 Die vorhergehenden Zitate in Schink: Grazer Theaterchronik (Anm. 106), S. 69–74. Zur Erforschung des Theaterpublikums liegt eine aspektenreiche Darstellung vor in: „Das Theater glich einem Irrenhause". Das Publikum im Theater des 18. und 19. Jahrhunderts. Hg. von Her-

So reagierte das Grazer Publikum, vergleichbar wohl kaum mit dem eines „Hof- und Nationaltheaters" in der Kaiserstadt Wien – institutionalisiert 1776 durch Kaiser Joseph II. – vergleichbar wohl eher mit einem anspruchsloses Amüsement goutierenden Publikum der Wiener Vorstadtbühnen.[109]

Verzichtet Lessing in der *Hamburgischen Dramaturgie* – ungeachtet der genannten Portraitskizzen zu Auftritten eines Ekhof, einer Löwen und einer Hensel – auf großangelegte Rollenbeschreibungen, wie sie seit Johann Friedrich Schink Eingang in die Theaterpublizistik finden sollten, so enthält er sich auch jeder allzusehr ins Konkrete schweifenden Ausführung über die Reaktion von Galerie und Parterre auf die Darbietung der von ihm rezensierten Stücke. Desungeachtet läßt seine Einschätzung des Publikums an Klarheit nichts zu wünschen übrig. Im 80. Stück, in dem er seiner Enttäuschung über die Nicht-Existenz eines dem griechisch-römischen Vorbild adäquaten zeitgenössischen Theaters Ausdruck verleiht, kontrastiert er die „außerordentliche Empfindungen" und Begeisterung stimulierende Wirkung des Vorbilds mit den „schwache[n] Eindrücke[n]" und der Kälte der Neueren – sowohl der Deutschen als auch der Franzosen – auf die Zuschauer seiner Zeit, um gleichzeitg ebendiese Zuschauer für den deplorablen Zustand der Bühne mit in Haftung zu nehmen. Diese nämlich hielten den Besuch des Theaters „selten der Zeit und des Geldes wert". Und er fährt fort:

> Wir gehen, fast alle, fast immer, aus Neugierde, aus Mode, aus Langeweile, aus Gesellschaft, aus Begierde zu begaffen und begafft zu werden, ins Theater: und nur wenige, und diese wenige nur sparsam, aus anderer Absicht. (332)

Finden sich in den frühen, von Lessing selbst sowie in den von ihm in Gemeinschaft mit Christlob Mylius herausgegebenen Theaterzeitschriften der Jahre 1750 (*Beyträge zur Historie und Aufnahme des Theaters*) und 1754–58 (*Theatralische Bibliothek*) keine nennenswerten, unangemessenes Gebaren der Zuschauer tadelnde Hinweise, so benennt er hier kurz und bündig genau die Verhaltensweisen, die die Bemühungen der Theaterreformer um eine ethischen und ästhetischen Anforderungen genügende Bühnenkultur immer wieder ins Leere laufen ließen. Einem weniger auf Sitte denn auf sinnliches Vergnügen fokussierten Publikum war nicht mit jounalistischen Beiträgen und schon gar nicht mit obrigkeitlichen Maßnahmen einer Theaterpolizei beizukommen. Und gewiß gab es Ausnahmen. So gesteht der Augenzeuge einer Aufführung in Leipzig 1783

---

mann Korte und Hans-Joachim Jakob. Heidelberg 2012 (Proszenium. Beiträge zur historischen Theaterpublikumsforschung 1). Dort weiterführende Forschungsbeiträge.

109 Zum Publikumsverhalten in Wien die Studie von Hans-Joachim Jakob: „Wien, Wien, nur du allein". Theaterdiskurs und Publikumsverhalten in Reiseberichten und Stadtbeschreibungen von Wien aus dem josephinischen Jahrzehnt (1780–1790). In: „Das Theater glich einem Irrenhause" (Anm. 108), S. 95–114.

in Christian August von Bertrams *Theaterjournal,* daß er das „Hamburgische, Gothaische, Berlinische und Dresdensche" Publikum „in Absicht des Geschmackes, auch der Stille und Aufmerksamkeit" für das beste halte.[110] Das mag eine Momentaufnahme gewesen sein; denn es überwiegt die Klage über ein undiszipliniertes, gegen aufklärerische Tendenzen sich sperrendes Publikum.

Wie bereits erwähnt: Seit den frühen achtziger Jahren zeichnet sich ein Paradigmenwechsel ab, indem die Dramenanalyse – nachgerade das Kernstück der genannten Trias bei Lessing – zwar keineswegs aus dem Blickfeld der Rezensenten verschwindet und doch gleichzeitig in der Rolleninterpretation eine bedeutende Ergänzung erfährt. Und dies gilt zuvörderst für Johann Friedrich Schink, den gewiß bedeutendsten Rollenanalytiker seiner Zeit. Im Konsens mit August Wilhelm Ifflands Resümee in den *Fragmenten über Menschendarstellung* (1785), „daß Menschenkunde, der Inbegriff menschenbildender Darstellung worden [sic]" sei,[111] ist auch für ihn „feinste Kenntnis menschlicher Natur und Leidenschaft" die Voraussetzung für eine überzeugende, im Idealfall die „Erleuchtesten" berührende Rollenpräsentation. Und das Interesse an der Darstellung dominiert im ein oder anderen Fall. So erwähnt ein Beiträger im *Königsbergischen Theaterjournal* im Mai 1782 anläßlich einer Aufführung des Trauerspiels *Emilia Galotti* wie en passant „die Reinheit des Ausdrucks" sowie „die gefeilte Sprache, so sich ein verewigter Lessing zu machen wußte", um sodann zu einer ausführlichen Szenenbeschreibung anzusetzen.[112] Recht bildkräftig bringt fünf Jahre später Aloys Wilhelm Schreiber (1761–1841) mit Blick auf eine Aufführung der *Emilia Galotti* in Frankfurt am Main seine Abneigung gegenüber vorwiegend textzentrierter Kritik zum Ausdruck. Im zweiten Quartal seiner *Dramaturgischen Blätter* von 1788 – der „Frau Räthin Goethe" dediziert – meint er: „Sich in eine Analise dieses Trauerspiels einlassen, hiesse einen Wassertropfen in einen schweppenden Eimer schütten." Und er erklärt weiter, er werde statt dessen „das Stük selbst nicht anders als in Beziehung auf das Spiel dieses Abends berühren".[113]

---

110 Christian August von Bertram: Litteratur- und Theater-Zeitung (vgl. Anm. 95). Jahrgang 2, Teil 4. Berlin 1779, S. 739 f.

111 August Wilhelm Iffland: Briefe über die Schauspielkunst (1781/82). Zit. nach einer Neuedition: August Wilhelm Iffland: Beiträge zur Schauspielkunst. Mit einem Nachwort hg. von Alexander Košenina. Hannover 2009 (Theatertexte 20), S. 35.

112 Königsbergisches Theaterjournal fürs Jahr 1782. Hg. von Friedrich Samuel Mohr. Königsberg 1782, 18. Stück: Mai 1782, S. 273–276, Zit. S. 273.

113 Dramaturgische Blätter. Hg. von Aloys Wilhelm Schreiber. Zweites Quartal. Frankfurt am Main 1788, S. 37–44, Zit. S. 37. Schreiber, von 1805 bis 1813 Professor für Geschichte und Ästhetik in Heidelberg, betätigte sich auch als Schriftsteller (u. a. Reiseliteratur, Dramatik und Lyrik). Vgl. dazu Peter Heßelmann: Gereinigtes Theater? (Anm. 40), S. 61.

Stücke „in Beziehung" auf die schauspielerische Aktion betrachten: Das findet seine Vollendung in großangelegten Rollenbeschreibungen, in Figurenentwürfen und Figurenportraits, die schlußendlich auch wie Anweisungen zur werkgemäßen Rollendarstellung zu lesen sind. Und nicht nur das; denn die nicht selten seitenlangen Beschreibungen von Szenensequenzen, von Gestus, Mimik, Stimme und Kostüm der „Acteurs" und „Actricen" sind als Versuche zu verstehen, die der Schauspielkunst eigene Transitorik gleichsam außer Kraft zu setzen, dem Vorüberrauschen der Aktion, von der Lessing in der „Ankündigung" zur *Hamburgischen Dramaturgie* spricht, Dauer zu verleihen, um den Leser teilnehmen zu lassen an der Dynamik des Bühnengeschehens.

Ohne an dieser Stelle ein erst jüngst in den Blick genommenes Forschungsfeld eröffnen zu wollen, sei hier auch daran erinnert, daß im späteren 18. Jahrhundert das Bemühen auch um eine bildliche Fixierung von Bühnenereignissen in Einzelblättern und Kupferstichfolgen breiten Raum einzunehmen begann, um der Leserschaft Bühnenbilder und – in einer Art Daumenkino – ganze Szenenfolgen vor Augen zu führen. „Illustration als Theaterersatz" für den „Zuschauer im Lesen", wie es Košenina im Anschluß an Wolfgang Baumgart treffend formuliert.[114] Nicht weniger als vierzehn ausführliche, „Mienenspiel", „Geberde", Stimme, Maske und Kostüm gleichermassen berücksichtigende Beschreibungen widmet der Altphilologe, Archäologe und Journalist Karl August Böttiger (1760–1835) dem Spiel August Wilhelm Ifflands anläßlich seines Gastspiels auf dem Weimarischen Hoftheater 1797, um, wie er im „Vorbericht" schreibt, „einer so schnell verwelkenden Genusblüthe einige Gerechtigkeit widerfahren zu lassen, und so viel davon aufzubewahren, als dem todten Buchstaben möglich ist".[115]

---

114 Zu den schriftlichen Aufführungsanalysen (Schink, Böttiger u. a.) sowie zum Thema einer graphischen Dramaturgie vgl. die ein neues Feld eröffnenden Arbeiten von Alexander Košenina: Entstehung einer neuen Theaterhermeneutik aus Rollenanalysen und Schauspielerportraits im 18. Jahrhundert. In: Aufführungsdiskurse im 18. Jahrhundert. Bühnenästhetik, Theaterkritik und Öffentlichkeit. Hg. von Yoshio Tomishige und Soichiro Itoda. München 2011 (Schriftenreihe der Meiji-University, Institute of Human Studies), S. 41–74; ferner Alexander Košenina: Bühnen-Bilder. Von den Grenzen der Malerei und Dramaturgie bei Lessing. In: Lessings Hamburgische Dramaturgie im Kontext des europäischen Theaters. Beiträge der internationalen Konferenz 7.–9. November 2012, Herzog August Bibliothek Wolfenbüttel. Hg. von Monika Fick. Göttingen 2014 (Lessing Yearbook / Jahrbuch XLI [2014]), S. 161–174. Die beiden Zitate aus Wolfgang Baumgart: Der Leser als Zuschauer. Zu Chodowieckis Stichen zur ‚Minna von Barnhelm'. In: Buchillustration im 18. Jahrhundert. Colloquium der Arbeitsstelle 18. Jahrhundert, Gesamthochschule Wuppertal, Universität Münster, Düsseldorf vom 3. bis 5. Oktober 1978. Heidelberg 1980 (Beiträge zur Geschichte der Literatur und Kunst des 18. Jahrhunderts 4), S. 13–25.
115 Karl August Böttiger: Entwickelung des Ifflandischen Spiels in vierzehn Darstellungen auf dem Weimarischen Hoftheater im Aprillmonath 1796 [Motto: „Was haben die Menschen doch Süsses Ohne die Grazien?" Theokrit], Leipzig 1796, „Vorbericht", S. IX.

Gleichzeitig verweist er auf die Tradition der Franzosen und Engländer, „ihre grossen Schauspieler in einzelnen sehr interessanten Situationen abgebildet und durch Kupferstiche vervielfältigt" zu haben: „Le Kain als Orosman, Garrick als Richard III. befindet sich in jeder namhaften Kupferstichsammlung."[116]

Zeichnen sich Johann Jacob Engels *Ideen zu einer Mimik* (1785/86) insbesondersin ihrem ersten Teil durch zahlreiche, seine Dramenanalysen begleitende Bildbeigaben aus, gleichsam durch eine von Johann Wilhelm Meil (1733–1805) in Kupfern gestochene Ikonographie der Affekte, so verzichtet Böttiger auf jegliche Illustration. Lessing indes, der – wie an anderer Stelle zu zeigen sein wird – der psychophysischen Wechselwirkung mit Blick auf die schauspielerische Darstellung bedeutendes Interesse entgegengebracht hatte, bringt ein solches Interesse an der „Ausdeutung von Bildern im Verbund mit Dramentexten", einer „durchaus populären Angelegenheit"[117] in der *Hamburgischen Dramaturgie* nicht entgegen.

Ihre Wirkmächtigkeit im Bereich einer expandierenden, den Theateralltag begleitenden und kommentierenden Publizistik, ist hoch zu veranschlagen, auch wenn sich Lessings Überlegungen auf diesem Feld in eine Richtung bewegten, die er mit einiger Gewißheit als falsche Tendenz bezeichnet hätte. Seine *Dramaturgie* wird zum „Handbuch", zur „nützlichen" Spielanleitung:

> Sehr nützlich würde es seyn, wenn jeder angehende Schauspieler, der sich über das Mittelmäßige zu erheben gedenkt, Lessings Dramaturgie und Engels Mimik, verbunden mit Eckhofs Nachlaß sein Handbuch seyn ließe.[118]

So wie hier, im *Neuen Theater-Journal für Deutschland* von 1789, hatte es der Verfasser der „fermenta cognitionis" denn doch nicht gemeint.

---

116 Ebd., S. VII.
117 Alexander Košenina. In: Lessing Yearbook / Jahrbuch XLI (Anm. 114), S. 171.
118 Neues Theater-Journal für Deutschland. Hg. von Wilhelm Bube. Zweytes Heft. Leipzig 1789, S. 35.

III „Bleibendes Denkmal" einer „mißglückten Entreprise"

1 Das Hamburgische Theater: die Anfänge – wechselnde Prinzipalschaften

Von den Chronisten des hamburgischen Bühnenwesens wurde die Gründung eines Nationaltheaters, der „Hamburgischen Entreprise", im Zusammenhang mit der *Hamburgischen Dramaturgie* gesehen. Friedrich Ludwig Schmidt, dem wir eine ausgewogene frühe Darstellung der sogenannten „Entreprise" verdanken, merkte 1810 an, daß die sechziger Jahre des 18. Jahrhunderts, „jene Epoche des Hamburgischen Theaters [...], die die Erwartung von ganz Deutschland erregte", vorzüglich „durch Lessings Dramaturgie dem Kunstfreunde merkwürdig" geblieben sei.[119] Lessings dramaturgisches opus magnum wäre mithin das einzig Bemerkenswerte in der Erinnerung der „Kunstfreunde" an jene kurzlebige Unternehmung, die erst nach ihrem Scheitern als Nationaltheater bezeichnet wurde.[120] Lessing habe seine „Idee, den Künstlern nützlich zu werden", aufgeben müssen, schreibt Johann Friedrich Schütze, um gleichzeitig den Einmaligkeitscharakter des Lessing'schen Beitrags zu betonen: „Seine Dramaturgie ist ein bleibendes, das einzige große Denkmal einer mißglückten Entreprise."[121] Vieles spricht zunächst für diese Einschätzung. Indes gilt es zu bedenken, daß zwar am 3. März 1769 das Hamburger Nationaltheater organisatorisch sein Ende fand, daß aber mit Blick auf sein Ensemble die Fäden von Hamburg weiterreichen nach Weimar, Gotha und Mannheim. Ein Teil der Seylerschen Truppe wurde auf

---

119 Friedrich Ludwig Schmidt: Geschichte des Hamburgischen Theaters. In: Almanach fürs Theater. Hamburg 1809 und 1810, Zit. in Jahrgang 1810 (Fortsetzung), S. 1.
120 Diese Bezeichnung bürgerte sich wohl erst unter dem Einfluß des 101.–104. Stücks der *Hamburgischen Dramaturgie* ein, in dem Lessing den Versuch der Gründung eines „Nationaltheaters" ironisch einen „gutherzigen Einfall" (410) nennt. Angesichts neuerer Forschungsergebnisse wird im Folgenden der Terminus Nationaltheater lediglich hilfsweise im Text erscheinen. Nach Reinhart Meyer waren „Nationaltheater" zunächst Hoftheater: „dem offiziellen Namen nach und so auch in den Akten und Reskripten". Vgl. dazu Reinhart Meyer: Die Idee eines deutschen ‚Nationaltheaters'. In: Deutschsprachiges Theater in Prag. Begegnungen der Sprachen und Kulturen. Hg. von Alena Jakubcová, Jitka Ludová, Václav Maidl. Prag 2001, S. 15–30. Zum Begriff ‚Dramaturgie' sowie zum Berufsbild des Dramaturgen vgl. die entsprechenden Artikel von Mario Rauter und Monika Sandhak in: Theaterlexikon I. Hg. von Manfred Brauneck und Gérard Schneilin unter Mitarbeit von Wolfgang Beck. 5. vollständig überarbeitete Neuausgabe. Hamburg 2007, S. 313–316 sowie S. 316–321.
121 Johann Friedrich Schütze: Hamburgische Theater-Geschichte. Hamburg 1794, S. 340.

https://doi.org/10.1515/9783110610291-003

Empfehlung des Gothaischen Legationssekretärs Friedrich Wilhelm von Gotter im September 1771 an den Hof der Herzogin Anna Amalia nach Weimar berufen, dann, nach dem Schloßbrand vom 6. Mai 1774, im Juni 1774 an den Hof Herzog Ernsts II. nach Gotha. Abel Seylers Kontrakt mit dem Hof lief im September 1775 aus. Er nahm ein Engagement am Dresdner Hoftheater an, wechselte später nach Mannheim, während die meisten seiner „Acteurs" – u. a. Konrad Ekhof, Susanne Mecour, geschätzte Darstellerin der Franziska in *Minna von Barnhelm*, und Johann Michael Boeck, in Mannheim der erste Karl Moor – am 2. Oktober 1775 das neue Herzogliche Hoftheater in Gotha eröffneten. Finanzielle Schwierigkeiten führten im Frühjahr 1779 zur Auflösung dieses so hoffnungsvoll begonnenen Bühnenunternehmens.[122] Die angesehensten Mitglieder des von Ekhof betreuten Ensembles, Heinrich Beck, David Beil, Johann Michael Boeck und August Wilhelm Iffland – er war erst später zur Truppe gestoßen – wechselten an das Mannheimer Hof- und Nationaltheater.

Ganz ähnlich verhielt es sich mit den Anfängen der „Hamburgischen Entreprise".[123] Organisatorisch betrachtet, gilt der 22. April 1767 als der eigentliche Stichtag, der Tag, an dem „das Theater [...] mit dem Trauerspiele *Olint und Sophronia* glücklich eröffnet worden". So Lessing zu Beginn des ersten Stücks der *Dramaturgie*. Berücksichtigt man, daß während der Advent- und Fastenzeit grundsätzlich Spielverbot herrschte – nicht nur in Hamburg –, so gliedert sich nach Ausweis der erhaltenen Theaterzettel die gesamte Spielzeit der „Entreprise" in vier Spielperioden. Vom 22. April 1767 bis zum 4. Dezember desselben Jahres spielte man in Hamburg; vom 28. Dezember 1767 bis zum 6. Mai 1768 trat man in Hannover auf, anschließend vom 13. Mai bis zum 25. November 1768 erneut in Hamburg und wiederum in Hannover vom 2. Dezember 1768 bis zum 3. März 1769.[124] Zieht man auch nur die wichtigsten Dokumente zur

---

122 Über das Herzogliche Hoftheater, vor allem mit Blick auf seine für den Berufsstand der Schauspieler und Schauspielerinnen wichtigen Reformversuche unterrichtet Rudolf Schlösser: Vom Hamburger Nationaltheater zur Gothaer Hofbühne, 1767–1779. Hamburg, Leipzig 1895 (Theatergeschichtliche Forschungen 13). Zur Institution des Hoftheaters vgl. u. a. Ute Daniel: Hoftheater. Zur Geschichte des Theaters und der Höfe im 18. und 19. Jahrhundert. Stuttgart 1995; ferner Norbert Oellers: Hof-, Stadt- und Nationaltheater. In: Deutsche Literatur. Eine Sozialgeschichte. Hg. von Horst Albert Glaser. Bd. 5: Zwischen Revolution und Restauration: Klassik, Romantik. 1786–1815. Reinbek bei Hamburg 1980, S. 255–275.
123 Zur Entstehung der „Entreprise" in einer republikanisch verfaßten Hansestadt vgl. John A. McCarthy: Lessing and the Project of a National Theater in Hamburg: „Ein Supplement der Gesetze". In: Patriotism, Cosmopolitanism, and National Culture. Public Culture in Hamburg 1700–1933. Ed. by Peter Uwe Hohendahl. Amsterdam, New York 2003 (Internationale Forschungen zur Allgemeinen und Vergleichenden Literaturwissenschaft 69), S. 71–90.
124 Abdruck der Theaterzettel bei Richard Thiele: Die Theaterzettel der sogenannten Hamburgischen Entreprise (1767–1769). Beiträge zur deutschen Litteratur- und Theatergeschichte. Er-

Hamburgischen Theatergeschichte heran, so ergibt sich für die zweite Hälfte des 18. Jahrhunderts ein durchaus verwirrendes Bild, das gekennzeichnet ist von privater und öffentlicher Ranküne, von Skandalen, hervorgerufen durch Eifersüchteleien unter den Schauspielern beiderlei Geschlechts, permanente Finanznöte, wechselnde Prinzipalschaften oder obrigkeitliche Eingriffe. So ist die hamburgische „Entreprise" zu sehen als wenn auch nicht folgenloser, so doch kurzlebiger Versuch, dem deutschen Theater neben dem französischen und der italienischen Oper zur „Aufnahme", d. h. zu Rang und Ansehen zu verhelfen. Sie ist nicht zuletzt einer von mehreren Anläufen mit dem Ziel, eine stehende Bühne zu etablieren. Über die genannten Eckdaten hinaus – 22. April 1767 und 3. März 1769 – ist hier an die Arbeit zu erinnern, die die Vorgänger des Konsortiums von 1767 geleistet hatten: Johann Friedrich Schönemann, Heinrich Gottfried Koch und Konrad Ernst Ackermann, nicht zuletzt an dessen Gattin Sophie Charlotte.

Am 27. Juni 1741 hatte Schönemann in Hamburg seine „Deutsche Schaubühne", deren Ensemble u. a. Ackermann, Friedrich Ludwig Schröder, Konrad Ekhof und Schönemanns Gattin angehörten, mit Pierre Corneilles Tragikomödie *Le Cid* (Urauff. 1636) eröffnet. Was vorher und nachher mit schöner Regelmäßigkeit den künstlerischen und finanziellen Ruin so mancher Truppe beförderte, sollte auch hier eintreten: Streit über Gagenerhöhungen und Rollenbesetzungen veranlaßten Schönemann bereits im März 1742, Hamburg zu verlassen. Christian Heinrich Schmid, Professor für die „litteras elegantiores" zunächst in Erfurt, dann in Gießen, der nach Goethes Urteil „in dem deutschen Literaturwesen zwar eine sehr untergeordnete, aber doch eine Rolle spielte",[125] teilt in seiner für den Einblick in den historischen Ablauf wichtigen *Chronologie des deutschen Theater* Folgendes mit: „Im Jahr 1742 ereignete sich eine fürchterliche Spaltung unter der Schönemannischen Gesellschaft, die aus einer sehr gewöhnlichen Quelle, aus Rollenneid entsprang. Madam Schröder nemlich hatte sich die Henriette im poetischen Dorfjunker [des Philippe Néricault Destouches: *La Fausse Agnès ou le Poète campagnard* in der Übersetzung der Luise Victorie Adelgunde Gottsched; d. Vf.] anmaßen wollen, welche der Demoisell Spiegelberg [der spä-

---

furt 1895, S. 18–78. Noch detaillierter ist die Darstellung von Rudolf Schlösser (Anm. 122), S. 81–101. Die Originale der Theaterzettel sind erhalten, und zwar in der Forschungsbibliothek Gotha, Schloß Friedenstein (ehem. Landesbibliotherk Gotha, vormals Herzogliche Bibliothek Gotha). Sie stammen mit hoher Wahrscheinlichkeit aus dem Nachlaß Konrad Ekhofs (gest. 1778 in Gotha) und tragen die Signatur Poes. 4°.2176/1–13.

125 Johann Wolfgang von Goethe: Aus meinem Leben. Dichtung und Wahrheit. In: Goethes Werke. Hg. von Erich Trunz. 2 Aufl. Hamburg 1957, Bd. 9, S. 547.

teren Gattin Ekhofs; d. Vf.] zugetheilt ward. Aus Misvergnügen gieng sie nicht allein ab, sondern stiftete zu Hamburg eine eigene Truppe."[126] Das im nüchternen Stil einer Chronik mitgeteilte Ereignis steht exemplarisch für die Bühnenrealität des 18. Jahrhunderts. Fünfundzwanzig Jahre später sollte sich das Spiel wiederholen; die Akteure von 1742 hatten dann allerdings die Rolle der Betroffenen zu übernehmen. Noch vier Mal, 1747, 1753, 1757 und nochmals 1757 versuchte Schönemann in Hamburg Fuß zu fassen, dann resignierte er endgültig.[127] Doch auch der Schröder-Ackermann'schen Truppe sollte kein bleibender Erfolg in Hamburg vergönnt sein. Die im März 1742 begonnene Spielzeit endete zunächst im März 1743. Ein Jahr später erwies sich der italienische Opernprinzipal Pietro Mingotti (um 1702–1759) als der erfolgreichere Unternehmer und zwang Sophie Schröder zur Aufgabe der Truppe. Es folgten die Wanderjahre Schröders und Ackermanns durch preußische Lande, sächsisches Territorium, durch das Elsaß und die Schweiz. Berthold Litzmanns große Monographie über Friedrich Ludwig Schröder liest sich auch heute noch wie ein Abenteuerroman.[128]

Am 2. Dezember 1757 hatte die Truppe Schönemanns mit Johann Elias Schlegels Trauerspiel *Hermann* (1743) ihr Abschiedsdebüt gegeben, und zwar im Komödienhaus am Dragonerstall; das 1677 erbaute Opernhaus war schon 1752 wegen Baufälligkeit geschlossen worden. Es war dann Gottfried Heinrich Koch, der während der Unruhe des Siebenjährigen Kriegs Leipzig verlassen hatte, um sich von 1758 bis 1763 in Hamburg niederzulassen. Nachdem er Ackermann den Dragonerstall mietweise überlassen hatte, um selbst wieder nach Leipzig zurückzukehren, eröffnete dieser am 6. September 1764 das Haus mit Schlegels Trauerspiel *Canut* (1747) sowie mit dem Ballett *Die Heuernte* des Ballettmeisters Joseph Curioni. Zu einer Verlängerung des Kontrakts war Koch indes nicht bereit, so daß Ackermann am 7. November 1764 seine Tätigkeit einstellen mußte. Es kam zu jenem kostenaufwendigen Neubau auf dem Platz des alten, „der Niederreißung nun völlig würdigen Operhauses",[129] der offenbar nicht alle Zeitgenossen zu überzeugen vermochte. Jedenfalls klingt die Kritik am Exterieur im Bericht Schützes deutlich an:

---

126 Christian Heinrich Schmid: Chronologie des deutschen Theaters. Neu hg. von Paul Legband. Berlin 1902 (Schriften der Gesellschaft für Theatergeschichte 1), S. 66.

127 Über Schönemann immer noch zuverlässig Hans Devrient: Johann Friedrich Schönemann und seine Schauspielergesellschaft. Ein Beitrag zur Theatergeschichte des 18. Jahrhunderts. Hamburg, Leipzig 1895 (Theatergeschichtliche Forschungen XI).

128 Berthold Litzmann: Friedrich Ludwig Schröder. Ein Beitrag zur deutschen Litteratur- und Theatergeschichte. 2 Teile. Hamburg, Leipzig 1890–1894.

129 Johann Friedrich Schütze: Hamburgische Theater-Geschichte (Anm. 121), S. 322, Fußnote 3.

Ein Hamburger Baumeister, David Fischer, erbaute auf Ackermanns Kosten ein nicht prächtiges, aber für das Bedürfniß hinlänglich ansehnliches Gebäude, welches auf jenem Hinterplatze an der Ostseite des Gänsemarkts sich erhob, zu welchem vom Gänsemarkt hinein und heraus zwei schmale mit Buden an beiden Seiten besetzte Höfe führen, und welches bis auf diesen Tag keine vortheilhafte Aussenseite zeigt. Auch waren die Zugänge, welche durch den Haupteingang zu den besonderen Sitzplätzen führten, zu enge und unbequem angelegt.[130]

Ständerwerk das Ganze bis hinauf zum Dachstuhl. Eine Konrad Ekhof zugeschriebene Baubeschreibung lautet auszugsweise so:

Die Breite desselben [d. h. des Theaters] ist 59 Fuß, und die Länge eigentlich 110 Fuß nebst einem Angebäude, 21 Fuß lang und 48 Fuß breit. Die Höhe der Grundmauer ist 3 Fuß 9 Zoll unter der Erde, und eben so hoch über derselben; die Höhe des Stenderwerks bis zum Dachstuhle 29,5 Fuß [...]. Ein allgemeiner Eingang führt die Zuschauer zu allen Plätzen, da hingegen jeder Platz seinen eigenen, von den übrigen abgesonderten Ausgang hat. Das Parterre ist erhöht mit Bänken besetzt, und die Sitzenden sehen über die vorne Stehenden hinweg. Das Orchester ist geräumig, und auf jeder Seite desselben ein Ofen angebracht. Die Rundung des Amphitheaters ist ovalförmig; dies verschafft dem Zuschauer die Bequemlichkeit, allenthalben das Theater zu übersehen. Die Brüstungen der Logen in beyden Rängen sind ausgeschweift, und wenn die Vordersten darin sitzen, so behalten auch die Allerhintersten völliges Gesicht. Der Plafond ist gewölbt, und mit einem Sinnbilde bemahlt. Die Oeffnung des Theaters ist 37 Fuß in der Breite, und 27 Fuß in der Höhe. Vor derselben sind auf jeder Seite zwo Säulen korinthischer Ordnung angebracht, deren Gesimse und Capitäle verguldet und deren Grund marmorirt ist; zwischen denselben stehen auf dem Piedestal, in Nischen, verguldete Vasen. Das Gemählde der ersten Vorderdecke stellt die Freyheit unter einem Baldachin sitzend vor, welche der Tragödie und Komödie ihren Schutz ertheilt. Auf der zweyten Vorderdecke ist das hamburgische Wappen mit den Schildhaltern, und an der einen Seite eine neugierige Tänzerinn zu sehen, welche die Decke mit der Hand wegschiebt, und nach den Zuschauern guckt. Die Länge des Theaters ist mit dem Angebäude 75 Fuß, wovon der hinterste Raum gemeiniglich zu den Dekorationen in den Ballets gebraucht wird. Das Parterre kann übergelegt, und dem Theater gleich gemacht werden, und so formirt ganze Haus einen Saal, worauf im verwichenen Winter öffentliche Redouten gehalten wurden.[131]

Ekhof schätzt die Sichtverhältnisse möglicherweise als zu günstig ein; denn Schütze gibt 1794 zu bedenken, „daß nur die in den ersten Reihen Sitzenden in das Schauspielhaus völlig freien Blick" hätten.[132] Rekonstruktionsversuche,

---

130 Ebd., S. 322 f.
131 Hamburgische Unterhaltungen, Zweeten Bandes Erstes Stück, Monat Julius 1766, S. 165 f. Die Zuschreibung an Ekhof stammt von Hermann Uhde: Konrad Ekhof. Leipzig 1876 (Der neue Plutarch. Hg. von Rudolf Gottschall, IV. Teil) S. 154. Kurze Auszüge auch in der Monographie von Herbert Eichhorn: Konrad Ernst Ackermann. Ein deutscher Theaterprinzipal. Ein Beitrag zur Theatergeschichte im deutschen Sprachraum. Emsdetten 1965 (Die Schaubühne 64), S. 81.
132 Johann Friedrich Schütze: Hamburgische Theater-Geschichte (Anm. 121), S. 323 f.

wie sie im Lessing-Museum Kamenz unternommen wurden, lassen eher Rückschlüsse auf ein großzügig konzipiertes Bühnenhaus und eine bemerkenswerte
Maschinerie zu.[133] Unvorteilhaft war wohl das äußere Erscheinungsbild. Wenn
Architektur und die auf sie bezogene Umgebung a u c h die öffentliche Wahrnehmung eines Unternehmens wie die Hamburgische „Entreprise" spiegelt,
so dürfte diese hier sinnenfällig geworden sein. Litzmann sprach seinerzeit, bezogen auf das Exterieur des Hauses, von einer geradezu „porneutischen Gestalt".[134]

2 Das neue Haus am Gänsemarkt

Am 31. Juli 1765 wurde das neue Haus am Gänsemarkt eröffnet mit Johann
Friedrich Löwens Vorspiel *Die Comödie im Tempel der Tugend*, der Tragödie
Zelmire (1762) des Pierre-Laurent Buirette de Belloy sowie mit einem Ballett des
jungen Friedrich Ludwig Schröder, *Die Kornernte*. Berücksichtigt man, daß die
jährliche Spieldauer der damaligen Bühnen allein durch den Rhythmus des Kir-
chenjahrs erheblich reduziert wurde – Spielverbot in der Advent- und Fastenzeit –, daß andere Ereignisse wie mehrwöchige Landestrauer beim Tod des Sou-
veräns die Spielzeit noch weiter einschränkten, dann dürfte nicht zuletzt diese
Einschränkung zu den uns überlieferten sehr schwankenden Einnahmen geführt haben. Bereits die am 6. September 1765 angeordnete vierwöchige Landestrauer anläßlich des Todes von Kaiser Franz, dem Gemahl Maria Theresias,
führte zum Ausfall aller Einnahmen. Am 6. Dezember endete die erste Spielzeit
der Ära Ackermann. In 74 Vorstellungen hatte er 8338 Taler eingenommen, im
Durchschnitt also 336 Mark am Tag. Doch die Tageseinnahmen sanken schon
in der Spielzeit vom 30. Dezember 1765 bis zum 14. Februar 1766 auf 256 Mark.
Und sie sanken weiter: so in der Spielzeit vom 3. April bis zum 30. Dezember
1766 auf täglich 189 Mark.[135] Nicht zuletzt beträchtliche Ausgaben für Dekorati-

---

133 Dazu Dieter Fratzke: Die maßstabgerechte Nachbildung des Theaters am Gänsemarkt von
1765, des späteren Hamburger Nationaltheaters. Ein literaturmusealer Beitrag zur Vorgeschichte des Themas ‚Lessing und Hamburg'. In: Lessing Yearbook / Jahrbuch XX (1988), S. 1–14.
134 Berthold Litzmann: Friedrich Ludwig Schröder (Anm. 128), S. 316. Die einzige erhaltene
Darstellung, eine vor dem 1827 durchgeführten Abriß angefertigte aquarellierte Zeichnung,
befindet sich im Museum für Hamburgische Geschichte.
135 Die Dokumentation der Tageseinnahmen bei Herbert Eichhorn (Anm. 131), S. 82 ff. Eine
Umrechnung der angegebenen Zahlungen läßt sich nach Auskunft des Staatsarchivs Hamburg
(06. 03. 2015) nicht einfach vornehmen, da es „letzten Endes um Fragen der Kaufkraft" gehe.
Hier die wichtigste Literatur: Hans-Peter Hofrichter: Hamburger Geldgeschichte. Von den Anfängen bis zur Reichsgründung. Rellingen 2012; Konrad Schneider: „Banco, Spezies und Courant". Untersuchungen zur hamburgischen Währung im 17. und 19. Jahrhundert. Koblenz 1986.

onen und Garderobe führten zu einer prekären Finanzlage, die auch nicht durch „Prunkballette" und Maskenbälle behoben werden konnte. Allenthalben wird der „opernmäßige Prunk" der Aufführungen erwähnt.[136] Christian Heinrich Schmid, der „Chronologist" des Sprechtheaters, hebt insbesonders Ackermanns Tendenz zur „Versinnlichung" hervor:

> Herr Ackermann mußte oft seine Zuflucht zu Intermezzos nehmen, und auf den Glanz der Kleider und der Ballette, um der Sinnlichkeit seiner Zuschauer willen, so viel verwenden, daß er sich selbst dadurch Schaden that. So führte er mit erstaunlicher Pracht die Belagerung von Calais auf.[137]

„Opernmäßiger Prunk" und „erstaunliche Pracht" anläßlich der Aufführung einer „Tragédie nationale", *Le Siège de Calais* (1765, Aufführung Paris 1763) von Pierre Laurent Buriette de Belloy. – Damit wird nicht nur der dekorative Aufwand der von Ackermann inszenierten Vorstellungen hervorgehoben, sondern gleichzeitig die Tendenz des Sprechtheaters deutlich, mit etablierten Gattungen des Musiktheaters in Konkurrenz zu treten. Reinhart Meyer hat die Spielpläne von rund hundert Bühnen des gesamten alten Reichsgebiets zwischen 1770 und 1800 ermittelt und dabei die dominierende Rolle von Oper und Singspiel herausgestellt. Nicht unerwähnt bleibe die nicht zu unterschätzende Rolle des Balletts. Weder für die Ära Heinrich Gottfried Koch im Theater am Dragonerstall vom 6. September 1764 bis zum 7. Dezember 1764 mit 64 Vorstellungen noch für die 74 Vorstellungen der Ackermann'schen Truppe im Schauspielhaus am Gänsemarkt vom 31. Juli 1765 bis zum 30. Dezember desselben Jahres läßt sich auch nur eine Aufführung ohne den Publikumsliebling Ballett nachweisen, und zwar unabhängig von der jeweils vorhergehenden dramatischen Gattung. Da wird Cronegks *Codrus* (1757) mit einem Ballett *Der Jahrmarkt von Tirolern und Savoyarden* beschlossen (Koch, am 19. September 1764), Thomas Corneilles *Der Graf von Essex* (*Le Comte d'Essex*, 1678) in der Übersetzung von Peter Stüve (1747), mit dem Ballett *Der Wilde* (Koch, am 29. Oktober 1764). Da folgt auf Marivaux' *Der Bauer mit der Erbschaft* die *Lustbarkeit des chinesischen Kaisers* (Ackermann, am 15. November 1765), und da müssen sich offenbar physisch und psychisch in Anspruch genommene Zuschauer von Lessings *Miß Sara Sampson* erholen durch ein Ballett *Apfelschütteln* (Ackermann, am 20. November 1765).[138]

---

136 So Johann Friedrich Schütze: Hamburgische Theater-Geschichte (Anm. 121), S. 326.

137 Christian Heinrich Schmid: Chronologie des deutschen Theaters (Anm. 126), S. 158.

138 Reinhart Meyer: Der Anteil des Singspiels und der Oper am Repertoire der deutschen Bühnen in der zweiten Hälfte des 18. Jahrhunderts. In: Das deutsche Singspiel im 18. Jahrhunderts. Colloquium der Arbeitsstelle 18. Jahrhundert. Gesamthochschule Wuppertal, Universität Münster, Amorbach vom 2. bis 4. Oktober 1979. Heidelberg 1981 (Beiträge zur Geschichte der Literatur und Kunst des 18. Jahrhunderts 5), S. 27–76.

Abb. 3: Theater am Gänsemarkt in Hamburg.

Das Dilemma, das sich daraus für Ackermann und das ihn ablösende Konsortium 1767 ergeben sollte, liegt auf der Hand. Sowohl die Adaption an die Oper und das Singspiel einerseits, als auch der völlige Verzicht auf alle opernmäßigen Elemente andererseits, der Verzicht auf das Ballett insbesonders, wie er Johann Friedrich Löwen oder Abel Seyler vorschwebte, mußte mit einem künstlerischen und finanziellen Fiasko enden. Heinz Kindermann sah in einer von Löwen entfachten „Flugschriftenrevolte" die Ursache für Ackermanns Resignation.[139] Und schon Litzmann ging um die Wende zum 20. Jahrhundert in seiner Schröder-Monographie ausgiebig auf die zwischen den Parteien ausgetauschten Unfreundlichkeiten ein. Und in der Tat wird das, was dort wechselweise in den *Staats- und Gelehrten Zeitungen des unpartheyischen Correspondenten*, in Löwens *Freyen Nachrichten aus dem Reiche der Wissenschaften und schönen Künste*,[140] gelegentlich im Altonaer *Reichs-Post-Reuter*, dann wieder in separat publizierten

---

139 Heinz Kindermann: Theatergeschichte Europas. Bd. VI: Von der Aufklärung zur Romantik, 1. Teil. Salzburg 1961, S. 523.
140 Ein Exemplar dieses Journals konnte nicht nachgewiesen werden.

Traktaten Löwens vorgebracht wurde, kaum einer Klimaverbesserung gedient haben. Wie so oft im 18. Jahrhundert, dominieren Ton und Form des Pasquills; die Anekdote überlagert den sachlichen Kern. Es mag der Rollenneid einer Friederike Sophie Hensel (1738–1790) sowie ihr offenbar nachhaltiger Einfluß auf Abel Seyler, ihren späteren Ehemann, gewiß auch, wie Friedrich Ludwig Schmidt 1810 meinte, eine „geheime Ursache"[141] für die Abdankung Ackermanns und den Neubeginn unter einem Konsortium gewesen sein. Es mag Löwen, der Schwiegersohn Johann Friedrich Schönemanns, den Mitgliedern des Ensembles tatsächlich wie ein ehrgeiziger Intrigant vorgekommen sein.[142] Schauspielerkabalen und schmähende Flugschriften machen aber nur die Oberflächenstruktur des gesamten Komplexes sichtbar, waren gleichsam Akzidenzien einer essentiellen, tiefergreifenden Krise.

Die Präferenz des Publikums – vor allem im höfischen Kulturbereich – galt der Oper, dem Ballett, nicht jedoch dem deutschsprachigen Sprechtheater. Insofern trifft Lessings ironische Bemerkung im 101. bis 104. Stück vom „gutherzigen Einfall" „einiger guter Leute" die Situation um 1767 sehr präzis. Ein deutsches Sprechtheater, konzipiert von einem bürgerlichen Gremium als „Nationaltheater", hatte zum damaligen Zeitpunkt keineswegs die Chance eines dauerhaften Bestands. Die Etablierung der meisten stehenden Bühnen während des späteren 18. Jahrhunderts als „Hoftheater" oder als „Hof- und Nationaltheater" macht dies deutlich. Vorerst indes huldigte man in Hamburg dem Gedanken an eine Nationalbühne, unangesehen der auch von Lessing gegen Ende der *Hamburgischen Dramaturgie* in Erinnerung gerufenen Realität, nach der „Deutsche noch keine Nation" seien, weder im verfassungsrechtlich-politischen noch im moralischen Sinn.[143]

Die Genese der Hamburger „Entreprise", soweit sie sich nach den überlieferten Zeugnisse rekonstruieren läßt, wurde oft beschrieben. Der Konflikt zwischen dem Prinzipal Konrad Ernst Ackermann und seinen Familienangehörigen und Johann Friedrich Löwen, dem zeitweiligen Hausdichter und dramaturgischen Berater der Ackermann'schen Truppe, spitzte sich danach zu. Und wie es denn nicht ausbleiben konnte: Jeder suchte sich seine Klientel, sei es in der hamburgischen Presse, sei es in der engsten Umgebung der Schauspieler. Sieger blieben am Ende Löwen, Abel Seyler und die von ihm verehrte Hensel, seine spätere Gattin.

---

141 Friedrich Ludwig Schmidt: Geschichte des Hamburgischen Theaters (Anm. 119), S. 2.

142 Dieses Bild zeichnet die Schauspielerin Karoline Schulze-Kummerfeld in ihren ‚Lebenserinnerungen'. Hg. und erläutert von Emile Benezé, 2 Bde. Berlin 1915 (Schriften der Gesellschaft für Theatergeschichte 23.24).

143 Dazu Roland Krebs: L'Idée de ‚Théâtre National' dans L'Allemagne des Lumières. Théorie et Réalisation. Wiesbaden 1985 (Wolfenbütteler Forschungen 28).

Abb. 4: Sophie Friederike Seyler als Merope. Kupferstich.

Konrad Ekhofs Rolle in diesem Spiel bleibt undurchsichtig. Überließ er einerseits Löwen Material für dessen *Geschichte des deutschen Theaters* (1766), so finden sich andererseits im literarischen Nachlaß des „Vaters der deutschen Schauspielkunst" Hinweise, die auf eine negative Einstellung Löwen gegenüber schließen lassen:

> Dein müßig Directorium
> Gewesner Secretair
> Führst du so unbestimmt, so dum
> Als wenns ein Schatten wär.[144]

---

144 Dazu Ossip D. Potkoff: Johann Friedrich Löwen. Der erste Direktor eines deutschen Nationaltheaters. Sein Leben, seine literarische und dramatische Tätigkeit. Heidelberg 1904 (zugleich Phil. Diss. Heidelberg 1904); ferner Karl Waentig: Johann Friedrich Löwen und sein

So lautet die erste von sechs Strophen einer Schmähschrift mit dem Titel: „Ein neues weltliches Lied auf den Hrn. Directeur der Comedie."

Wer im einzelnen jener „Gesellschaft von Freunden der Bühne" angehörte, die nunmehr „nach einem gemeinnützigen Plane" – so in der „Ankündigung" – zu wirken gedachte, bleibt unklar. Die Rede war von „einer Gesellschaft von Kaufleuten zu Hamburg".[145] Sicher ist, daß am 24. Oktober 1766 Abel Seyler, Sohn eines Pfarrers in Liesthal/Baselland, Johann Martin Tillemann und Adolf Siegmund Bubbers, erstere fallierte Kaufleute, letzterer ehemaliger Chevalier-spieler in Schönemanns Truppe, dann Tapetenfabrikant – der einzige im Konsortium, der das Bürgerrecht besaß – mit Ackermann vertragseinig wurden. Befristet auf zehn Jahre, sah der Vertrag eine Jahrespacht von tausend Spezies-Dukaten für Ackermann vor. Für zwanzigtausend Taler gingen Dekoration und Garderobe in das Eigentum des dreiköpfigen Verwaltungsausschusses über. Ein Drittel des zu erwartenden Gewinns für die im Winter geplanten Maskeraden war für den Prinzipal vorgesehen. Zweijährige Kündingungsfrist, „3000 Ducaten Pön bei Nichteinhaltung der Termine und Rückfall des Ganzen an Ackermann, wenn er nachteilig gegen die Pächter wirkte".[146] So glaubte man sich allseitig salviert.

3 Der „Secretair" Johann Friedrich Löwen – Theaterpädagogischer Impetus und Scheitern

Johann Friedrich Löwen (1727–1771), Verfasser von satirischen und komischen Gedichten, Oden und Romanzen, in den fünfziger Jahren von Friedrich von

---

Ansehen als Journalist und Bühnenschriftsteller. Ein Beitrag zur Geschichte des deutschen Nationaltheaters von 1767 in Hamburg. In: Zeitschrift des Vereins für Hamburgische Geschichte 54 (1968), S. 21–49, dort Abdruck der wahrscheinlich von Ekhof stammenden Verse auf S. 48 f.; ferner Hansjoachim Finze: Johann Friedrich Löwen, Journalist und Mitstreiter Lessings. In: Arbeiten zur deutschen Philologie. Veröffentlichungen der Lajos-Kossuth-Universität, Bd. 13. Debrecen 1979, S. 341–347.

145 Christian Heinrich Schmid: Chronologie des deutschen Theaters (Anm. 126), S. 163. Nach Johann Friedrich Schütze: Hamburgische Theatergeschichte (Anm. 121), S. 333, waren es „zwölf angesehene Kaufleute und Bürger". Nach John A. McCarthy: Lessing and the Project of a National Theater (Anm. 123), waren es ebenfalls zwölf. Von zwölf Personen geht auch Hugh Barr Nisbet: Lessing. Eine Biographie (Anm. 29), S. 487 aus, wobei keiner dem inneren Kreis der Stadt-Regierung angehörte.

146 C. Lebrün: In: Jahrbuch für Theater und Theaterfreunde 1. Hamburg, Leipzig 1846, S. 55–362, Zit. S. 88 f. Dazu auch Friedrich Ludwig Wilhelm Meyer: Friedrich Ludwig Schröder. Beitrag zur Kunde des Menschen und des Künstlers. Hamburg 1819, Bd. 1, S. 153 f. Dort heißt es:

Hagedorn in Hamburg durchaus geschätzt, wurde künstlerischer Direktor des neuen Unternehmens. Das Urteil der Zeitgenossen über ihn war durchweg negativ und zeigte Wirkung in der Literarhistorie. Das beginnt mit einer vernichtenden Rezension seiner Lustspiele sowie seiner *Geschichte des deutschen Theaters* (1766) in der *Staats- und Gelehrten Zeitung des Hamburgischen unpartheyischen Correspondenten* im Dezember 1766 – mit einer Kritik, die dem Mann nachgerade den Boden unter den Füßen wegziehen mußte. Anspielend auf die bekannten Querelen im Ensemble, heißt es dort:

> Herr Löwen liefert uns so wenig eine vollständige Geschichte des deutschen Theaters, daß er uns vielmehr gar keine, sondern nur eine ziemlich trockene Geschichte einiger Schauspieler und Streitigkeiten liefert, die den Brodtneid unter ihnen erreget hat. Wir müssen überdies die Anmerkung machen, daß in dieser ganzen Abhandlung die Partheylichkeit dem Herrn Löwen die Feder geführt zu haben scheinet.[147]

Doch man sollte nicht vergessen, daß auch die *Lebenserinnerungen* einer Caroline Schulze-Kummerfeld (1745–1815) oder die Meinung eines Konrad Ekhof keineswegs vorurteilsfrei waren. Nichts zeigt indes die Divergenz zwischen bürgerlichem Fortschrittsideal und historischer Realität eindrücklicher als Löwens Entwurf eines Nationaltheaters, den er im Rahmen seiner *Geschichte des deutschen Theaters* vorlegte. Das alles war ja nicht neu. Lessing selbst rief bekanntlich in der „Ankündigung" zur seiner *Dramaturgie* das Programm eines Johann Elias Schlegel in Erinnerung, die *Gedanken zur Aufnahme des dänischen Theaters* (um 1747 entstanden). Finanzierungsmodalitäten, Fragen zur ästhetisch-dramaturgischen Aufbesserung und zum gesellschaftlichen Status des Theaters waren hier erörtern worden. Was Schlegel zunächst nur skizzenhaft zu bedenken gegeben hatte, erhob Löwen nun zur klaren Forderung. Recht selbstbewußt und mit weitausgreifendem Gestus proklamierte er ein organisatorisch-ökonomisches und moralisch-artistisches Konzept: „Wenig gute Schriftsteller für dieselbe [Bühne]", so resümiert er angesichts der deutschen Bühnenrealität, und „noch weniger gute Acteurs, und gar keine Aufmunterung! Drey wichtige Hindernisse, die den Flor unsers Theaters beständig gehemmet haben."[148] Und er benennt die „Hindernisse", die dem „Flor" einer nationalen

---

„Wie dieser Vertrag gehalten worden, wird sich ergeben. Ackermann hat ihn nicht benutzt wie er gekonnt, aber seinen Untergang dadurch vermieden."

147 Staats- und Gelehrte Zeitung des Hamburgischen unpartheyischen Correspondenten. Am Dienstage, den 2. December. Anno 1766, Nummer 191 (unter dem Rubrum „Von gelehrten Sachen").

148 Johann Friedrich Löwen: Geschichte des deutschen Theaters und Flugschriften über das Hamburger Nationaltheater (1766 und 1767). Neudruck mit Einleitung und Erläuterungen hg. von Heinrich Stümcke. Berlin [1905] (Neudrucke literarhistorischer Seltenheiten 8), S. 1–71, Zit.

Sprechbühne entgegenstanden, in einem Katalog von sieben Punkten: „Die schlechte Kenntniß der Prinzipale zu allen Zeiten", d. h. deren Unvermögen, die Schauspielkunst als eine „Wissenschaft" sui generis zu begreifen; dann, als weiteres Manko, die „aller Welt und Sitten" bare „schlechte Lebensart der Acteurs", weiters den „Geiz" und die gleichzeitige Verschwendungssucht der Prinzipale „oft am unrechten Orte". Und als besonders heikle Punkte erwähnt er „die Gewohnheit", der „eingeführten Operetten und italienischen Intermezzen", den mangelnden „Schutz unsrer deutschen Fürsten und der angesehensten Personen in den großen Städten" sowie „das geistliche Vorurtheil". Schlußendlich dann das Bedauern angesichts des „Mangels an theatralichen Schriftstellern".[149]

Das ist die Variation über Themen, die so oder ähnlich im 18. Jahrhundert immer wieder anklingen. Johann Christoph Gottsched mit seiner 1729 in Leipzig gehaltenen, die „Großen und Gewaltigen dieser Erden" nicht schonenden Rede über den Stellenwert der tragischen Kunst in einer „wohlbestellten Republik"[150] und Friedrich Schiller mit seiner Vorlesung über die Frage „Was kann eine gute stehende Schaubühne eigentlich wirken?", gehalten 1784 vor der „Kurpfälzischen deutschen Gesellschaft" zu Mannheim, sind nur die prominentesten Teilnehmer an jenem weit über ihr Jahrhundert hinausführenden Gespräch über die „Gerichtsbarkeit der Bühne" und ihren „Wirkungskreis".[151]

Löwen, sicher kein Systematiker wie Gottsched und ebenso kein witziger Kopf im Sinne Lessings, nimmt hier nur einen bescheidenen Platz ein. Doch bedenkt man, wie untergeordnet, ja erniedigend der gesellschaftliche Status der Hauptbeteiligten – der „Comödianten" – war, dann gewinnt Löwens *Geschichte des deutschen Theaters* an Bedeutung. Gemeinhin mit „Luftspringern" oder „starken Männern" à la Karl von Eckenberg verglichen, konnten Komödianten bestenfalls auf die Unterstützung eines fürstlichen Mäzens oder die Duldung eines städtischen Rats zählen. Ausgerechnet dem Handwerk dieser Randgruppe wollte Löwen das Ansehen einer angewandten „Wissenschaft" sichern. Aber auch das war keineswegs neu, wurde doch seit der Mitte des Jahrhunderts mehrfach der Versuch gewagt, der Schauspielerei die Würde einer „freien Kunst" zu sichern. Neu war auch nicht der Gedanke an eine „theatralische Aka-

---

S. 52. Zuerst erschienen in: Johann Friedrich Löwens Schriften. Vierter Theil. Gedruckt und verlegt von Michael Christian Bock. Hamburg 1766.

149 Ebd., S. 52, 54, 56 f., 58, 63.

150 Johann Christoph Gottsched: Die Schauspiele und besonders die Tragödien sind aus einer wohlbestellten Republik nicht zu verbannen. In: Johann Christoph Gottsched: Schriften zur Literatur. Hg. von Horst Steinmetz. Stuttgart 1972 (Reclams UB 9361), S. 3–11, Zit. S. 8. Der Text dieser Rede zuerst in Johann Christoph Gottsched: Ausführliche Redekunst. 2 Aufl. Leipzig 1739, S. 660–668.

151 Schillers Werke. Nationalausgabe. Bd. 20 (Anm. 6), S. 92 und 94.

demie". Hier hatte 1755 Konrad Ekhof, damals noch Mitglied der Schönemann'-
schen Truppe, Bedeutendes geleistet mit seinem Versuch, in Schwerin eine
Schauspieler-Akademie zu gründen. Gewiß ein kurzlebiger Versuch, dessen
Durchführung bereits nach einem Jahr abgebrochen wurde. Bemüht, der Schauspielkunst einen Platz unter den darstellenden Künste zu sichern, faßt er seine
Anforderungen einprägsam im Begriff einer „Gramatik der Schauspielkunst"
zusammen.[152]

Bemerkenswert ist freilich der Nachdruck, mit dem Löwen, wie erwähnt,
nur wenige Monate vor der Eröffnung des Hamburger Hauses den Finger auf
einige schlimme Wunden des Theaterwesens legte. In der Reihenfolge seiner
Vorschläge, „die zur Aufnahme der Bühne viel beytragen" könnten,[153] nimmt
der Wunsch nach Aufhebung der Prinzipalschaft die erste Stelle ein:

> Es würde demnach die Aufnahme unsrer Bühne sehr befördern, wenn man erstlich die
> Principalschaft ganz aufheben wollte; und wenn der Fürst, oder die Republik, die die
> Schauspiele schützen, selbst das Direktorium führen, das heißt, einen Mann wählen woll-
> ten, dem, da er selbst eine feine Kenntniß der schönen Künste und Wissenschaften besä-
> ße, die Aufnahme der Schauspieler, die Wahl der Stücke, und die ganze Policey des Thea-
> ters, ohne daß er selbst Schauspieler wäre, müßte überlassen werden.[154]

Organisatorische Reform und ästhetischen Progreß sah Löwen also in einem
sachlichen Zusammenhang; der Appell an die Conduite der Komödianten war
eherner Bestandteil aller bühnenreformerischen Bestrebungen des 18. Jahrhunderts. In Ekhofs Akademie-Plänen taucht er ebenso auf wie später, um die Jahrhundertwende, in der Eckermann'schen Redaktion von Goethes *Regeln für
Schauspieler*.[155]

Akademie-Pläne hegte auch Löwen. Im Gesamt seiner Propositionen kommt
ihnen ein hervorragender Rang zu. Was in der *Geschichte des deutschen Theaters* als „zweeter Vorschlag zur Gründung einer ordentlichen theatralischen
Akademie" anklingt,[156] wird in einer *Vorläufigen Nachricht von der auf Ostern
1767 vorzunehmenden Veränderung des Hamburgischen Theaters* im Herbst 1766

---

152 Zu Ekhof als Schauspieler, Regisseur und Dramaturg vgl. Hugo Fetting: Conrad Ekhof
(Anm. 83). Ferner Carla Pietschmann: Konrad Ekhof. Phil. Diss. FU Berlin 1954.
153 Johann Friedrich Löwen: Geschichte des deutschen Theaters (Anm. 148), S. 67.
154 Ebd., S. 68.
155 Abdruck der ,Regeln' in: Goethe, Schriften zur Literatur. Historisch-kritische Ausgabe. Hg.
von der Akademie der Wissenschaften der DDR. Bd. 3. Bearbeitet von Horst Nahler. Berlin 1973,
S. 71–104. Zum oben erwähnten Kontext von Ekhofs Akademie-Plänen und Goethes ,Regeln' vgl.
Wolfgang F. Bender: Vom „tollen Handwerk" zur Kunstübung. Zur „Gramatik" der Schauspielkunst im 18. Jahrhundert. In: Schauspielkunst im 18. Jahrhundert (Anm. 86), S. 11–50.
156 Johann Friedrich Löwen: Geschichte des deutschen Theaters (Anm. 148), S. 69.

präzisiert.[157] Die kleine Schrift, eine Art Aufruf an das Publikum und die Mitglieder des Ensembles, stellt die fundierte Ausbildung der Schauspieler in Aussicht. Auch hier schimmert die Handschrift Ekhofs durch; auch hier die Äquivalenz von ethisch-sittlicher und künstlerischer Förderung der Schauspieler und Schauspielerinnen. „Bildung des Herzens, der Sitten und der Kunst junger, angehender Schauspieler." So will es der „Directeur".[158] Rangerhöhung des „maschinenmäßigen Handwerks" zur „freyen Kunst"[159] und Wissenschaft sowie Disziplinierung der Komödianten zu brauchbaren Mitgliedern der Gesellschaft. Beide Tendenzen sind unübersehbar in der zweiten Hälfte des 18. Jahrhunderts und hinterlassen Spuren bis weit in das 19. Jahrhundert. Daß damit auch eine Literarisierung des Theaters einherging, ist von der sozialgeschichtlich orientierten Literatur- und Theaterwissenschaft herausgestellt worden.[160] Gedruckte Texte, ihre Autoren und Verleger konnten sich sehr viel weniger der Zensur entziehen als Stegreifspieler; dem allgemeinen Sittenkodex verpflichtete, nach Möglichkeit festbesoldete Spieler weniger der öffentlichen Kontrolle als vagierende Komödianten.

Moralischer Rigorismus und ästhetischer Impetus liegen nahe beieinander, verdichten sich zu einem Beziehungsgeflecht. So folgt der Forderung nach Einhaltung gesellschaftlich anerkannter Sitten und Herzensbildung unvermittelt der Hinweis auf die zu erwartende theoretische und praktische Unterweisung der „Acteurs". Da kündigte Löwen Vorlesungen über „Grundsätze der körperlichen Beredsamkeit" an, brachte Claude Dorats Poem *La déclamation théâtrale* (1766) ebenso ins Spiel wie Lessings *Beyträge zur Historie und Aufnahme des Theaters* (1750) sowie die *Theatralische Bibliothek* (1754–58). Kurzum:

> In diesen Vorlesungen sollen diejenigen, die sich der Bühne widmen, von den ersten Anfangsgründen der Kunst an, durch das ganze dramatische Feld geführt, und mit den Geheimnissen dieser wichtigen Kunst bekannt gemacht werden. Den theoretischen Unterricht wird man ihnen durch Beispiele unsrer besten Acteurs erläutern lassen.[161]

---

157 Löwen: Vorläufige Nachricht von der auf Ostern 1767 vorzunehmenden Veränderung des Hamburgischen Theaters, Hamburg 1766. In: Johann Friedrich Löwen: Geschichte des deutschen Theaters (Anm. 148), S. 83–90.

158 Ebd., S. 87.

159 Johann Friedrich Löwen: Geschichte des deutschen Theaters (Anm. 148), S. 52 f.

160 So von Lenz Prütting: Überlegungen zur normativen und faktischen Genese eines Nationaltheaters. In: Das Ende des Stegreifspiels – Die Geburt des Nationaltheaters. Ein Wendepunkt in der Geschichte des europäischen Dramas. Hg. von Roger Bauer und Jürgen Wertheimer. München 1983, S. 153–164. Zu diesem Themenbereich vor allem Peter Heßelmann: Gereinigtes Theater? (Anm. 40), bes. S. 171 ff.

161 Löwen: Vorläufige Nachricht (Anm. 157), S. 87.

Wissenschaftlich-theoretische Unterweisung und musterhafter Bühnenauftritt sollen einander ergänzen. Und Löwen dachte weiter daran, die Lehre von den „Grundleidenschaften", die Affektenlehre, in sein Unterrichtsprogramm aufzunehmen, wenn er mit Blick auf die zukünftigen Spieler beiderlei Geschlechts bemerkt:

> Und da sie vornehmlich dereinst in dem Spiele der Leidenschaften die Seele der ganzen [wohl: in] Action setzen müssen, so wird es eins von den Hauptgeschäften dieser theatralischen Vorlesungen seyn, sie mit der wichtigen Lehre der Affekten bekannt zu machen, und überhaupt nichts zu vergessen, was nur irgend zu den feinsten Nüancen dieser schweren Kunst gezählt werden kann.[162]

Das alles nimmt sich zukunftsweisend aus, ließe sich sogar einer europäischen Dimension zuordnen, ginge man etwa dem Hinweis auf die Bedeutung der Affektenlehre für die Entwicklung der Schauspielkunst nach. Doch Löwen beließ es nicht beim bloßen Fingerzeig, sondern griff den schon 1756 von Nicolai in der *Bibliothek der schönen Wissenschaften und der freyen Künste* geäußerten Gedanken eines Preisausschreibens „auf das beste Trauerspiel" auf[163] und führte die hinlänglich bekannten Argumente hinsichtlich der tugendfördernden Funktion des Theaters, der Besoldung der Schauspieler und ihrer moralischen Lebensführung ins Feld. Das Theater als Promotor der Sittenlehre, Schauspieler als Personen von „strengster, edelster und untadelhaftester Aufführung".[164] Solche und ähnlich formulierte Zielsetzungen fügen sich lückenlos in den Katalog von Erwartungen, die man seitens der Öffentlichkeit an die Institution Theater heranzutragen pflegte. Und vor dem Hintergrund solcher Denkmuster wird dann der essentielle Unterschied zwischen einem Theater der Belehrung, der „Sittenschule" einerseits und Lessings Vorstellung vom Theater als Schule der Humanität andererseits deutlich.

Doch gehen wir weiter, um eben diesen Abstand zwischen Löwens und Lessings Konzept noch stärker zu beleuchten. Gleich zu Beginn seiner *Vorläufigen Nachricht* bringt Löwen die Notwendigkeit einer „theatralischen Policey" zur Sprache. Ja er glaubt einen Zusammenhang zwischen dem entwicklungsmäßigen Rückstand des deutschen Sprechtheaters und dem Fehlen einer solchen Institution wahrnehmen zu können:

---

162 Ebd., S. 87 f.
163 Ebd., S. 89.
164 Ebd., S. 88. Zum Thema Theater und ‚Sittenlehre' vor allem Hilde Haider-Pregler: Des sittlichen Bürgers Abendschule. Bildungsanspruch und Bildungsauftrag des Berufstheater im 18. Jahrhundert. Wien 1980.

So lange vorzüglich die theatralische Policey, sowohl auf der Bühne in der Wahl der Stücke, als auch bey den Sitten der Schauspieler selbst, eine ganz fremde Sache bleibt; so lange wird man umsonst das deutsche Schauspiel aus seiner Kindheit hervortreten sehen.[165]

Man tut gut daran, sich der Bedeutung des ursprünglich in Frankreich aufgekommenen Wortes „Policey" zu vergewissen. Erst seit Joseph von Sonnenfels (1733–1817) und Johann Stephan Pütter (1725–1807) wurde der Polizeizweck auf die Gefahrenabwehr beschränkt. Bis dahin sprach man von „Policey", „wenn man an den guten Zustand des Gemeinwesens oder an das um seine Wohlordnung bemühte staatliche Regiment dachte".[166]

Wolfgang Martens ist der Beurteilung und Reglementierung des Bühnenwesens im Polizeischrifttum und der Kameralistik des 18. Jahrhunderts nachgegangen. Die Belege, polizei- und kameralwissenschaftliche Lehrbücher der v. Seckendorf, v. Loën, Justi und v. Sonnenfels, dokumentieren den obrigkeitlichen Wunsch nach einem volkswirtschaftlich akzeptablen, dem Moral- und Sittenkodex entsprechendem Theater.[167] Und es sind vorzüglich ökonomische und moralische Erwägungen, die insbesonders in der zweiten Jahrhunderthälfte für die standortgebundene Bühne und für eine feste Besoldung der Schauspieler und Schauspielerinnen geltend gemacht werden. Bemerkenswert ist es freilich, daß keins der von Martens vorgelegten Dokumente auch nur einen Schimmer jenes „Selbstbewußtseins eines erstarkten dritten Standes" erkennen läßt, auf das letztendlich die Idee eines Nationaltheaters zurückgehen soll.[168]

Die Beispiele Mannheim, Berlin, München und Wien zeigen, daß es ein Nationaltheater als Forum der Selbstdarstellung eines erstarkten Bürgertums nicht gegeben hat. Im Gegenteil: Mit Blick auf die Etablierung und den Unterhalt stehender Bühnen wurde die Notwendigkeit der materiellen Förderung in der Publizistik der Zeit eingefordert, vom Bürgertum indes kaum realisiert. Eine nähe-

---

165 Löwen: Vorläufige Nachricht (Anm. 157), S. 85. Zum Themenbereich Theaterpolizei vgl. Peter Heßelmann: Gereinigtes Theater? (Anm. 40), bes. S. 171 ff.; ferner ders.: Der Ruf nach der „Policey" im Tempel der Kunst. Das Theaterpublikum des 18. Jahrhunderts zwischen Andacht und Vergnügen. In: „Das Theater glich einem Irrenhause" (Anm. 108), S. 77–94.
166 Quellen zur Neueren Privatrechtsgeschichte Deutschlands, begründet von Franz Beyerle. Bd. II, 1. Halbbd.: Polizei- und Landesordnungen. Hg. von Wolfgang Kunkel, Gustav Klemens Schmelzeisen u. a. Weimar 1968, S. 10.
167 Wolfgang Martens: Obrigkeitliche Sicht. Das Bühnenwesen in den Lehrbüchern der Policey und Cameralistik. In: Internationales Archiv für Sozialgeschichte der deutschen Literatur 6 (1981), S. 18–51.
168 Ebd., S. 48.

re und einhellig akzeptierte Bestimmung dessen, was eine „Nationalbühne" bedeute, blieb vage. Daß sich die auf sie richtenden ästhetischen, patriotischen und gesellschaftlichen Hoffnungen fast zum Mythos verdichteten, mochten einige Zeitgenossen erkannt haben. Die definitorische Unsicherheit bleibt spürbar, selbst in Joseph v. Sonnenfels *Briefen über die wienerische Schaubühne* (1768–96), in der er, „ein Eiferer des Nationalruhms", in immerhin vier „Schreiben" das Thema „Nationalschaubühne" und „Nationalschauspieler" in den Diskurs einbrachte.[169] Und es ist bezeichnend, daß die reduzierte Truppe des Abel Seyler nicht von einem bürgerlichen Stadtrat, sondern von der Herzogin Anna Amalia nach Weimar, später von Herzog Ernst II. an das Gothaische Hoftheater berufen wurde; aufschlußreich auch, daß Friedrich Ludwig Schröder nach seinen Hamburger Jahren 1781 an das k.k. Hofburg- u. Nationaltheater in Wien wechselte.

Wie bekannt, scheiterten die kunstpädagogischen Anstrengungen Löwens. Er war nicht der Mann, der durch eigene bühnenpraktische oder literarische Leistungen die Ensemblemitglieder zu überzeugen vermochte. Konrad Ekhof, Johann Gottlieb und Sophie Hensel (später verehelichte Seyler), Johann Michael und Sophie Boeck (geb. Schulz), David Borchers, die Ehepaare Merschy und Schmelz: Ihre Namen finden sich vor und nach der Hamburger „Entreprise" in verschiedenen wandernden Truppen, deren Personalstand sich als außerordentlich instabil erwies. So hatte Ekhof bereits unter der Prinzipalschaft Schönemanns, Kochs und Ackermanns gewirkt.[170] „Die Schauspieler", notiert Friedrich Ludwig Schmidt, „verstanden es sehr gut, Löwen die Regie zu verleiden. Auf jeder Probe wurde er von jedem unaufhörlich befragt: Herr Secretär, wo tret ich auf? Herr Secretär, wo tret ich ab?"[171] Und der Chronist fühlt sich weiter veranlaßt, die negative Einschätzung der Schauspieler hinsichtlich ihrer theoretischen Ausbildung zu tadeln: „Ein früheres Mißglück hatte schon Löwens angekündigte Vorlesungen getroffen: er hat es nur bis zur ersten bringen können, was den Schauspielern auf jeden Fall zur Beschämung gereicht."[172]

---

169 Joseph von Sonnenfels: Briefe über die Wienerische Schaubühne. Wien 1768. Hg. von Hilde Haider-Pregler. Graz 1988 (Wiener Neudrucke 9), S. 127; ferner Roland Krebs: L'Idée de Théâtre National (Anm. 143) sowie Reinhart Meyer: Das Nationaltheater in Deutschland als höfisches Institut: Versuch einer Begriffs- und Funktionsbestimmung. In: Das Ende des Stegreifspiels (Anm. 160), S. 124–152.
170 Zum Prinzipalwesen vgl. Eike Pies: Prinzipale (Anm. 84).
171 Friedrich Ludwig Schmidt: Geschichte des Hamburgischen Theaters (Anm. 119), S. 11.
172 Ebd., S. 12.

4 „Eine Art von Abkommen" – Lessing und das Konsortium

Hartmut Wessely, Mitglied der jüdischen Gemeinde in Hamburg, Bruder des Moses Wessely, der später die Drucklegung des *Nathan* ermöglichen sollte, war es, der im November 1766 Lessing in Berlin aufsuchte, um ihn mit den Plänen eines Konsortiums bekannt zu machen. In der Tat stand er ja, wie gegen Schluß der *Hamburgischen Dramaturgie* bemerkt, „eben am Markte": „Niemand wollte mich dingen: ohne Zweifel, weil mich niemand zu brauchen wußte; bis gerade auf diese Freunde." (407) Seine Tätigkeit als Sekretär des preußischen Generals Bogislaw Friedrich von Tauentzien in Breslau war beendet; seit der Jahresmitte 1765 hatte er sich wieder in Berlin aufgehalten, auch hier freilich ohne besoldete Stellung. Die Hoffnung auf Ernennung zum Königlichen Bibliothekar war am Widerstand Friedrichs II. gescheitert.[173] Wien, Italien, sogar Griechenland zog er als Reiseziele in Erwägung, ohne solche Pläne weiter zu verfolgen. So mochte ihm die Anfrage des Hamburger Konsortiums im November 1766, ob er „zur Aufnahme des [...] Theaters konkurrieren wolle" (407) gelegen gekommen sein. Im Dezember 1766 hielt sich Lessing dann in Hamburg auf. Sein Brief vom 22. Dezember an den Bruder Karl Gotthelf läßt Rückschlüsse auf ein günstiges Verhandlungsklima zu: „Ich kann Dir nur erst so viel melden, daß die bewußte Sache, derentwegen ich hauptsächlich hier bin, einen sehr guten Gang nimmt, und daß es nur auf mich ankömmt, sie mit den vorteilhaftesten Bedingungen zu schließen."[174]

Ein klar umrissener Aufgabenbereich wird freilich nicht erkennbar. Die Verpflichtungen eines Hauspoeten – diese Aufgabe hatte seinerzeit Johann Christian Krüger übernommen – konnte Lessing, der „faule Arbeiter", als der er sich selbst im 101. bis 104. Stück bezeichnet, nicht übernehmen. Doch auch in Berlin konnte ihn nichts halten. „Was hatte ich auf der verzweifelten Galere zu suchen?" So vielsagend fragte er am 1. Februar 1767 Johann Wilhelm Ludwig Gleim. Aber die gleich darauf folgende Empfehlung an den Freund –„Fragen Sie nicht: auf was ich nach Hamburg gehe?" – verrät ebenfalls Skepsis, die

---

173 Vgl. dazu das Kapitel „Berlin 1765–1767" in: Theodor Wilhelm Danzel und Gottschalk Eduard Guhrauer: Gotthold Ephraim Lessing. Sein Leben und seine Werke. 2. berichtigte und vermehrte Aufl. Hg. von W[endelin] von Maltzahn und R[ichard] Boxberger. 2 Bde. Berlin 1880–81, bes. Bd. 2, S. 122ff.; zum Schaffen in Breslau und Berlin vgl. Wolfgang Albrecht: G. E. Lessing, Stuttgart 1997 (Sammlung Metzler 297), S. 44–60; zu den letzten Berliner Jahren vgl. Hugh Barr Nisbet: Lessing. Eine Biographie (Anm. 29), Kap. X, S. 399–440.
174 Briefe an Karl Lessing vom 22. Dezember 1766. In: Gotthold Ephraim Lessing: Sämtliche Schriften. Hg. von Karl Lachmann. Dritte, auf's neue durchgesehene und vermehrte Aufl., besorgt durch Franz Muncker. Bd. 17. Leipzig 1904, S. 226.

auch durch die vage Aussicht auf zukünftige Annehmlichkeiten kaum verdrängt werden konnte: „Ich habe allerdings mit dem dortigen neuen Theater, und den Entrepreneurs deßselben, eine Art von Abkommen getroffen, welches mir auf einige Jahre ein ruhiges und angenehmes Leben verspricht."[175] Es bleibt offen, um welche „Art von Abkommen" es sich gehandelt haben mag. Karl Gotthelf Lessing spricht in der Biographie seines Bruders ebenfalls von „ziemlich vorteilhaften" Bedingungen und einem zufriedenstellenden „Contrakt".[176] Lessing selbst hatte ja die Ehre, Dichter und Schauspieler genannt zu werden, im Schlußteil der *Dramaturgie* weit von sich gewiesen. Auf die Kritik als die ihm eigene Domäne verweisend, erinnert er sich: „Endlich fiel man darauf, selbst das, was mich zu einem so langsamen, oder, wie es meinen rüstigen Freunden scheinet, so faulen Arbeiter macht, selbst das an mir nutzen zu wollen: die Kritik. Und so entsprang die Idee zu diesem Blatte."

Zu den „vortheilhaften Bedingungen" gehörte wohl auch das Jahresgehalt von 800 Talern, das man dem neu gewonnenen Dramaturgen und Konsulenten zu zahlen bereit war. Ein „ruhiges und angenehmes Leben" mochte er durch diese Art von Alimentierung gewährleistet sehen. Und dennoch hatte das so getroffene Abkommen auch sein Mißliches. Edward Devrient hat scharfsinnig den Konflikt benannt, in den Lessing geraten mußte:

> Seine Kritik erschien nicht unabhängig, da er als Consulent gewissermaßen ein Mitglied der Verwaltung war, auf deren Kosten obenein die Herausgabe der Dramaturgie geschah. So trug die Kritik das Gepräge der Amtlichkeit. [...] Die Unternehmer mußten dadurch in unausgesetzte Collision mit der Empfindlichkeit der Schauspieler kommen; denn für die Kritik, die sie bezahlten, hatten sie auch einzustehen.[177]

Von vornherein erwies sich somit die vom Konsortium im Einvernehmen mit Lessing gewählte Konstruktion als fragwürdig. Doch noch einmal sei jener Brief Lessings an Gleim herangezogen. Da ist nicht nur die Rede von einer theatralischen, sondern auch von einer geschäftlichen Entreprise in Hamburg. „Kennen Sie", so Lessing, „einen gewissen H[errn] Bode daselbst? [...] Dieser Mann legt in Hamburg eine Druckerei an; und ich bin nicht übel in Willens, über lang oder kurz, auf eine oder die andere Weise gemeinschaftliche Sache mit ihm zu machen. Wie wäre es, wenn Sie ihm Ihre Werke in Verlag gäben?" Und um den

---

175 Lessings Brief an Johann Wilhelm Ludwig Gleim vom 1. Februar 1767. In: G. E. Lessing: Sämtliche Schriften (Anm. 174), S. 227.

176 Karl Gotthelf Lessing: Gotthold Ephraim Lessings Leben, nebst seinem noch übrigen litterarischen Nachlasse. Erster Theil. Berlin 1793, S. 269.

177 Eduard Devrient: Geschichte der deutschen Schauspielkunst. Neu hg. von Rolf Kabel und Christoph Trilse. 2 Bde. München 1967.

Adressaten günstig zu stimmen, fügt er hinzu: „Er ist ein ehrlicher Mann, und kein Buchhändler."[178] Der so ausgesprochene Gegensatz läßt einerseits auf schlechte Erfahrungen des Briefschreibers mit dem Buchhandelswesen schließen, verrät anderseits aber auch mangelnden Einblick in dessen betriebswirtschaftliche Notwendigkeiten.

5 Lessing und Bode – Publikationsmodalitäten und Nachdruckerpraktiken

Johann Joachim Christoph Bode (1730–1793), passionierter Übersetzer Laurence Sternes und John Fieldings, Mitglied eines geselligen Abendzirkels in Hamburg, hatte Lessing für seine Druckereipläne gewinnen können: „Ich legte eine Druckerey an; und als Herr Lessing hier kam, trat ich mit ihm in Kompagnie."[179] Die Gründung einer „typographischen Gesellschaft" durch Heinrich Wilhelm Bachmann und Johann Wilhelm Ludwig Gleim in Magdeburg veranlaßte ihn zu dem Hinweis, „daß diese Gesellschaft nach einem Plane arbeitet, der im Grunde mit dem Unsrigen einerley ist".[180] Hinsichtlich der Buchausstattung hegten Lessing und Bode allerdings Vorstellungen sehr eigener Art. Doch die Vorliebe für kostenaufwendige Typographie und teures, aus Italien importiertes Papier sollte sich als verhängnisvoll für die ökonomische Basis des Unternehmens herausstellen.

Vermutlich aus den frühen siebziger Jahren, im Druck aber erst im Jahre 1800 erschienen, stammt das Fragment *Leben und leben lassen. Ein Projekt für Schriftsteller und Buchhändler*, das sicher vor dem Hintergrund der 1767 und 1768 gemachten Erfahrungen zu lesen ist.: „Aber Weisheit [...] feil für Geld! Schändlich! Umsonst habt ihr's empfangen, umsonst müßt ihr es geben! So

---

178 Lessings Brief an Gleim vom 1. Februar 1767. In: G. E. Lessing: Sämtliche Schriften (Anm. 174), S. 227.
179 Bodes Brief an Heinrich Wilhelm Bachmann in Magdeburg vom 16. Dezember 1767. In: Lessing im Gespräch. Berichte und Urteile von Freunden und Zeitgenossen. Hg. von Richard Daunicht. München 1971, Nr. 404. Lessings Unternehmen mit Bode sowie die Raubdruckerpraktiken der damaligen Zeit beschreibt Jan Philipp Reemtsma: Lessing in Hamburg. München 2007. Nicht zuletzt ist für ihn Lessings ‚Dramaturgie' ein „Opfer solcher Nachdruckpraxis" (S. 28). Zur Persönlichkeit Bodes vgl. Cord-Friedrich Berghahn, Gerd Biegel und Till Kinzel (Hg.): Johann Joachim Christoph Bode. Studien zu Leben und Werk. Heidelberg 2017; dort zum Übersetzer Bode insbes. der Beitrag von Hans-Joachim Jakob, S. 347–370.
180 Bodes Brief an Bachmann vom 16. Dezember 1767 (Anm. 179).

Abb. 5: Johann Joachim Christoph Bode. Kupferstich.

dachte der edle Luther bei seiner Bibelübersetzung."[181] Mit dieser im ersten Teil des Fragments zitierten, der Sache des geistigen Eigentums nachteiligen Maxime hatte sich Lessing zeitlebens auseinanderzusetzen. In drei „Bruchstücken" erklärt er sich unmißverständlich zur Frage des „Eigentums an Geisteswerken", zum Unwesen des Nachdruckens und zur Möglichkeit eines gerechten Finanzausgleichs zwischen Autor, Buchhändler und Drucker. Selbstverlag, Subskription und Pränumeration: das waren für manche an der Ware Buch Beteiligte – Verleger, Buchhändler, Sortimenter, Kommissionäre – vage Aussichten, wenn nicht gar Reizworte. Und wie so oft, verleiht Lessing auch hier seiner Ansicht im einprägsamen Bild Ausdruck:

> [...] daß der Nachdruck unbillig sei, daß der Nachdrucker sich schämen sollte, zu ernten, wo er nicht gesäet hat, und der faulen Hummel gleich über den Honig der fleißigen Bienen herzufallen: wer leugnet das?. Aber was hilft das, dem Nachdruck zu steuern?[182]

Mit „faulen Hummeln" hatte er sich 1767 und 1768 konfrontiert gesehen. Und wenn man in der neueren Forschung die Implikation von ästhetisch-kritischem Postulat und sozialgeschichtlicher Gegebenheit stärker als bisher ins Licht rückt, so zeigt sich dies aufs eindrücklichste am Fall der *Hamburgischen Dramaturgie*. Nicht nur die oft erwähnte Animosität der Schauspieler, sondern auch die Praktiken der Nachdrucker – von einigen Souveränen aus merkantilen Er-

---

181 Leben und leben lassen. Ein Projekt für Schriftsteller und Buchhändler; Abdruck in: PO 25, S.146–151. Gedruckt wurde das „Projekt" erst im Jahre 1800 in: Nebenstunden. Eine Zeitschrift. Hg. von Georg Gustav Fülleborn. Stück 2. Breslau 1800, S. 37–48. Vgl. Wolfgang von Ungern-Sternberg: „Leben und leben lassen". Datierungsproblem, buchhandelsgeschichtlicher Kontext, Interpretation. In: Buchhandel und Literatur. Festschrift für Herbert G. Göpfert zum 75. Geburtstag am 22. September 1982. Hg. von Richard Wittmann und Bertold Hack. Wiesbaden 1982, S. 55–128. Nach Ungern-Sternberg „nicht vor Juni 1774" abgefaßt (S. 66).
182 Leben und leben lassen (Anm. 181), Zweites Bruchstück, S. 148. Von den zahlreichen Beiträgen zum Buchhandel und Verlagswesen im 18. Jahrhundert an dieser Stelle lediglich eine Auswahl: Gunter Berg: Die Selbstverlagsidee bei deutschen Autoren im 18. Jahrhundert. In: Archiv für Geschichte des Buchwesens IV (1966), Sp. 1371–1396; Helmut Kiesel: Gesellschaft und Literatur im 18. Jahrhundert. Voraussetzungen und Entstehung des literarischen Markts in Deutschland. München 1977; Paul Raabe: Der Buchhandel im 18. Jahrhundert in Deutschland. In: Buch und Buchhandel in Europa im 18. Jahrhundert. Hg. von Giles Barber und Bernhard Fabian. Hamburg 1981 (5. Wolfenbütteler Symposium 1.–3. November 1977), S. 271–291; Reinhart Wittmann: Der gerechtfertigte Nachdrucker? Nachdruck und literarisches Leben im 18. Jahrhundert. In: Buch und Buchhandel in Europa im 18. Jahrhundert, S. 293–320. Wittmann sieht die Nachdrucker durchaus positiv als Multiplikatoren aufklärerischen Gedankenguts insbesondere im süddeutsch-österreichischen Raum; John McCarthy: Literatur als Eigentum: Urheberrechtliche Aspekte der Buchhandelsrevolution. In: Modern Language Notes 104 (1989), S. 531–547.

wägungen positiv aufgenommen und gefördert – sollten sich als wichtige, die ursprüngliche Konzeption der *Dramaturgie* als periodische Zeitschrift verändernde Faktoren erweisen.

Im Frühjahr 1767 war es zwischen Lessing und Bode zum Vertragsabschluß „auf Schaden und Vortheil zu gleichen Theilen" gekommen.[183] Einig waren sich beide darin, daß „nicht allein alle Zettel und Flugblätter für das tägliche Bedürfniß des Theaters, sondern auch alle neuen Schauspiele [...] und alle Beurtheilungen derselben und Theaterkritiken gedruckt" werden sollten.[184] So der Biograph Bodes, Karl August Böttiger. Am 22. April 1767, dem Eröffnungstag des Theaters, war die „Ankündigung" kostenlos „ins Publikum" ausgegeben worden.[185] Geplant war – bei Subskription und Pränumeration – ein zweimaliges wöchentliches Erscheinen dienstags und freitags. Ausgeliefert wurden die „Stücke" dann sowohl per Post an die Abonnenten als auch über den Buchhandel in Kommission. Der Stückpreis betrug einen Schilling, per Subskription für ein Jahr fünf Hamburgische Mark, für Exemplare auf Druckpapier, sechs Mark für die kostbare Ausführung auf Schreibpapier. Noch einmal wurde die „Ankündigung" ausgegeben mit den ersten drei Stücken am 8. Mai 1767. In regelmäßiger Folge erschienen dann die Nummern 4 bis 31 und zwar bis zum 14. August 1767. Kurz zuvor mußte der Leipziger Verleger Engelbert Benjamin Schwickert, getarnt durch den renommierten Londoner Firmennamen Dodsley und Compagnie, den Nachdruck der bis dahin erschienenen „Stücke" besorgt haben. Jedenfalls geht das aus Lessings Dankschreiben an Nicolai vom 14. August 1767 hervor: „Ich danke Ihnen für die Nachricht von dem Nachdrucke der Dramaturgie, und für Ihren gute Rath, dem Nachtheile deßelben, so viel noch möglich, abzuhelfen. [...] Seyn Sie doch so gütig und schicken mir ein Exemplar von dem Nachdrucke."[186]

Friedrich Nicolais Befürchtungen hinsichtlich der fachlichen Qualifikation der beiden Unternehmer sollten sich als richtig erweisen. Zwar hatten sie in der *Staats- und Gelehrten Zeitung des Hamburgischen unpartheyischen Correspondenten* vom 28. April 1767 die „Ankündigung eines künftig hierselbst herausgegebenen Wochenblatts"[187] bekannt gemacht, doch Nicolais späterer Hinweis

---

183 Karl August Böttiger nach Johann Joachim Christoph Bode. In: Lessing im Gespräch (Anm. 179), Gespräch 386, S. 226.
184 Ebd., zu Johann Joachim Bode vgl. Reinhart Wittmann: Geschichte des deutschen Buchhandels. München 1991, S. 149 f.
185 Johann Friedrich Schütze: Hamburgische Theater-Geschichte (Anm. 121), S. 339.
186 Lessings Brief an Nicolai vom 14. August 1767. In: G. E. Lessing: Sämtliche Schriften (Anm. 174), Bd. 17, S. 236.
187 Abdruck in: Julius W. Braun: Lessing im Urtheile seiner Zeitgenossen. Bd. 1: 1747–1772. Berlin 1884 (Nachdruck: Hildesheim 1969), S. 179.

auf Lessings eigenwillige Vorstellungen über den Buchhandel als möglichen Grund für das Scheitern dürften nicht ganz von der Hand zu weisen sein: „Man hatte besonders unterlassen", so resümiert er rückschauend, „Exemplare nach Leipzig zu senden, wohin sonst jeder Verleger neue Bücher zuerst schickt. [...] Ich will es dahin gestellt seyn lassen, ob meines Freundes Lessings Ideen über den Buchhandel, auf diese Weigerung nach Leipzig zu schicken, einigen Einfluß hatten."[188]

Das war nun allerdings der Fall. Lessings Ansicht, „die Leipziger Buchhändlermessen, und die daselbst von den Buchhändlern betriebenen Geschäfte wären gar nicht nöthig",[189] zeugen von Unterschätzung der Distributionsmechanismen des Handels. Noch am 4. August 1767 schien er sich über die Verkaufsmodalitäten nicht völlig im Klaren gewesen zu sein, wenn er Nicolai gegenüber bemerkte:

> Wie wollen Sie es verkauffen? Bestimmen Sie es selbst; und sagen Sie was Sie dafür geben wollen, und können. Sie können soviel Exemplare haben, als Sie wollen; die Sie nicht absetzen, bringen Sie auf Michaelis nur mit nach Leipzig, wo man sehen wird, was damit anzufangen.[190]

Bedenkt man, daß selbst ein gut organisiertes genossenschaftliches Verlagsunternehmen wie die Dessauer Gelehrtenbuchhandlung 1781 nach nur kurzem Bestehen scheiterte, so wäre die Bredouille, in die der Hamburger Dramaturg und Konsulent im August 1767 geraten war, eigentlich abzusehen gewesen. Die Macht des etablierten Buchhandels erwies sich stärker als das Alternativmodell eines Lessing und Bode.

Unter dem Datum vom 21. August 1767 gab die *Kayserlich-privilegierte Hamburgische Neue Zeitung* in einer „Nachricht an das Publikum" Kenntnis „vom auswärts" erschienenen Nachdruck.[191] Plausibel, daß die Publikation weiterer Nummern bis zur „instehenden Michaelismesse"[192] storniert werden sollte. Doch es blieb beim Versprechen. Erst am 7. Dezember 1767 teilte man in einer

---

188 Abdruck in: Lessing im Gespräch (Anm. 179), Nr. 422, S. 251 f.

189 Ebd.

190 Lessings Brief an Nicolai vom 4. August 1767. In: G. E. Lessing: Sämtliche Schriften (Anm. 174), Bd. 17, S. 233 ff.

191 Kayserlich-privilegierte Hamburgische Neue Zeitung. 131. Stück. 21. August 1767; Abdruck in: Julius W. Braun: Lessing im Urtheile seiner Zeitgenossen (Anm. 187), Bd. 1, S. 185 f.; Abdruck auch in den meisten neueren Ausgaben, u. a. in: PO 21, S. 176 sowie in G. E. Lessing: Werke und Briefe in zwölf Bänden. Hg. von Wilfried Barner zusammen mit Klaus Bohnen, Gunter E. Grimm, Helmuth Kiesel, Arno Schilson, Jürgen Stenzel und Conrad Wiedemann. Frankfurt a. M. 1985–2003, hier Bd. 6. Hg. von Klaus Bohnen. Frankfurt a. M. 1985, S. 878.

192 Braun: Lessing im Urtheile seiner Zeitgenossen (Anm. 187), Bd. 1, S. 185 f.

„Nachricht wegen der Hamburgischen Dramaturgie" den Interessenten mit, „daß von Morgen an, mit der einzelnen Austheilung derselben wiederum der Anfang gemacht werden" solle.[193] Und noch einmal der Appell an die „auswärtigen Leser", „daß sie sich keine andre als die Original-Ausgabe anschaffen".[194] Am 8. Dezember 1767 wurden dann die Stücke 32 bis 35 ausgegeben, also nicht das ganze „Rückständige des ersten Bandes",[195] wie am 21. August noch in Aussicht gestellt. Es folgten die Stücke 36 bis 39 am 15. Dezember, die Stücke 40 bis 43 am 22. Dezember, die Stücke 44 bis 51 Anfang Januar 1768. Damit war der erste Band (52 Stücke) annähernd abgeschlossen.

Doch die „faulen Hummeln" veranlaßten Zwangspausen und die Änderung des Publikationsmodus, d. h. die Zusammenfassung der folgenden Lieferungen in einem Band. Das zeigte Wirkung. Aktueller Anlaß, Besprechungsdatum und Zeitpunkt der öffentlichen Vorstellung lagen zeitlich so weit auseinander, daß die ursprünglich von Lessing intendierte Einheit aus dem Blickfeld geraten mußte. Er selbst mag das Unbefriedigende der ganzen Entwicklung empfunden haben. Anspielend auf den Ortswechsel des Ensembles – man trat vom 28. Dezember 1767 bis zum 8. Mai 1768 in Hannover auf –, gab er Nicolai im Februar 1768 zu verstehen: „Ich muß um mich greifen, um die Materie zu meiner Dramaturgie so lange zu dehnen, bis die Gesellschaft wieder nach Hamburg kömmt."[196] Dann werden wiederum Einzelstücke ausgegeben, wöchentlich zwei oder drei Nummen. Eine Mitteilung in den Leipziger *Neuen Zeitungen von Gelehrten Sachen* vom 28. März 1768 bezog sich auf das Erscheinen des 57. Stücks.[197] Daß es sich dabei durchaus um den Nachdruck Dodsleys gehandelt haben kann, geht aus einer nochmaligen „Nachricht wegen der Hamburgischen Dramaturgie" hervor, in der „wegen des noch fortdauernden Nachdrucks"[198] die erneute Unterbrechung des wöchentlichen Erscheinens, gleichzeitig aber auch für Mitte Mai 1768

---

193 Kayserlich-privilegierte Hamburgische Neue Zeitung. 192. Stück. 7. Dezember 1767; Abdruck auch in: PO 21, S. 176; ferner G. E. Lessing: Werke. In Zusammenarbeit mit Karl Eibl, Helmut Göbel, Karl S. Guthke, Albert von Schirnding und Jörg Schönert, hg. von Herbert G. Göpfert. 8 Bde. München 1970–1979, hier Bd. 4 (Dramaturgische Schriften). Hg. von Karl Eibl. München 1973, S. 844 f.; ferner G. E. Lessing: Werke und Briefe. Hg. von Klaus Bohnen (Anm. 191), S. 878.
194 Braun: Lessing im Urtheile seiner Zeitgenossen (Anm. 187), Bd. 1, S. 185 f.
195 Ebd.
196 Lessings Brief an Nicolai vom 2. Februar 1767. In: G. E. Lessing: Sämtliche Schriften (Anm. 174), Bd. 17, S. 243 ff.
197 Abdruck in: Julius W. Braun: Lessing im Urtheile seiner Zeitgenossen (Anm. 187), S. 209.
198 Abdruck in: John George Robertson: Lessing's Dramatic Theory (Anm. 7), S. 125; ferner in: G. E. Lessing: Werke und Briefe. Hg. von Klaus Bohnen (Anm. 191), S. 879 f.; ferner in G. E. Lessing: Werke. Hg. von Karl Eibl (Anm. 193), S. 845.

„der Rest des zweiten Bandes, nemlich die Stücke 83 bis 104" in Aussicht gestellt wurde. Am 9. Juni 1768 meldete Lessing seinem Bruder, es beschäftige ihn noch immer die Dramaturgie. Sie sei „nicht weiter heraus, als bis Nro. 82. Der Rest des zweyten Bandes wird in einigen Wochen zusammen erscheinen."[199] Doch auch dazu kam es nicht.

Wie bereits erwähnt: Die *Hamburgische Dramaturgie* ist allen bibliographischen Kriterien gemäß ein Periodikum, und so hielt sich Lessing an die Datierungsgepflogenheiten von Wochenblättern, wenn er das 101. bis 104. Stück unter das Datum des 19. April 1768 setzte, auch wenn ebendiese Lieferungen erst um Ostern 1769 erschienen. Die Gesamtausgabe in zwei Bänden wurde gedruckt in Bodes und Lessings „typographischer Gesellschaft". Johann Hinrich Cramer (1736–1804) in Bremen, keineswegs unbedeutend als Buchhändler und Buchauktionator – im Impressum von Klopstocks *Hermanns Schlacht* sowie in Gerstenbergs *Ugolino* wird er aufgeführt – übernahm den Verlag der Bände.

Buchhandels- und verlagsgeschichtlich gesehen, fiel die Publikation des dramaturgischen Hauptwerks Lessings in eine Zeit des Umbruchs: Abkehr von traditionellen Changeverkehr und Hinwendung zum Nettohandel, Stärkung des sächsischen Verlagswesens und damit Ausbau der Monopolstellung Leipzigs. Hier die Klage der Originalverleger über die Dreistigkeit der Nachdrucker vornehmlich im süddeutsch-österreichischen und südwestdeutschen Raum, dort die Empörung der von der Obrigkeit animierten Nachdrucker über ungerechtfertigte Preistreiberei in Nord- und Mitteldeutschland. In diesem Kräftespiel, in dem sich nicht nur machtvolle Verleger wie Philipp Erasmus Reich (1717–1787), sondern sogar angesehene Juristen wie Stephan Pütter – *Der Büchernachdruck nach ächten Grundsätzen des Rechts* (1774) – zu Wort meldeten, blieben die Interessen der Autoren weitgehend auf der Strecke. Daran änderte eine Dessauer Gelehrtenbuchhandlung von 1781 ebenso wenig wie Klopstocks Idee einer „societas subsciptoria", die Reich aufs schärfste attackierte.[200]

Gewiß erschien der Schluß der *Hamburgischen Dramaturgie* vor dieser Kontroverse. Aber bereits hier wird die Härte der Auseinandersetzung erkennbar bis hin zur unverhohlenen Drohung des Nachdruckers Engelbert Benjamin Schwickert – „Dodsley und Compagnie" –, das „Selbst-Verlegen" durch ruinöse Preisunterbietung zu unterbinden. Das war zu lesen in der *Nachricht an die Herren Buchhändler*, einem Zirkular, ausgegeben offenbar zur Ostermesse 1769

---

199 Lessings Brief an Karl Gotthelf Lessing vom 9. Juni 1768. In: G. E. Lessing: Sämtliche Schriften (Anm. 174), Bd. 17, S. 253 f.
200 Vgl. Philipp Erasmus Reich: Zufällige Gedanken eines Buchhändlers über Herrn Klopstocks Anzeige einer gelehrten Republik. o.O. [Leipzig] 1773. Zum Verleger Johann Hinrich Cramer vgl. Lexikon des gesammten Buchwesens. Bd. 2, Lfg. 11. Stuttgart 1988, S. 192 f.

mit der Absicht, die „getreuen Mitkollegen" – so im 101. bis 104. Stück – das Fürchten zu lehren. Lessing fügte diese „Nachricht" dem Schlußteil der *Hamburgischen Dramaturgie* ein, nicht ohne sie am Ende zu kommentieren. Zunächst noch versöhnlich im Ton – „Ich wollte über die nachteiligen Folgen des Nachdrucks überhaupt einige Betrachtungen anstellen" (414) –, versöhnlich gegenüber den „rechtschaffenen Männern" der Zunft, steigert er indes seine „Betrachtungen" endlich zur Polemik: Hier „ein paar arme Hausdiebe", dort eine „Rotte" von „Straßenräubern", die, wie Dodsley und Compagnie, gleich „bandenweise rauben" (418).

Daß Schwickert Lessings Einlassungen durchaus als Kampfansage auffaßte, geht aus einer Replik hervor, die er seiner Nachdruckausgabe als „Intermezzo" hinzufügte. Keineswegs ungeschickt in seiner Argumentation, nimmt er hier Lessings Wortspiel mit der Theatermetaphorik gegen Ende der *Dramaturgie* auf – „mag denn der Ton des ernsthaften Prologs in den Ton des Nachspiels verschmelzen" (413) –, um so die Gunst der Leser und Standesgenossen zu gewinnen: „Sie haben ohnedies in dem so genannten Nachspiel einen ganz andern Lessing reden hören, als den sie im Werk selbst bewunderten, und ein Intermezzo auf ein Nachspiel schickt sich allemal eher, als eine Farce auf ein ernsthaftes Drama."[201]

Dann aber nochmals wie in der *Nachricht an die Herren Buchhändler* die nachgerade erpresserische Drohung, den „Herren Gelehrten" – und diese sind die Adressaten! – „nichts von ihrer Waare abzunehmen", ihre Bücher also „ungelesen und ungekauft" zu lassen.[202] Lessings Gedanken an eine Neuordnung des Verhältnisses von Autoren zum Buchhandel, sein Emanzipationsplan eine „artige Harlekinade",[203] wie Schwickert meint? Mitnichten, spricht doch der Schlußsatz der *Hamburgischen Dramaturgie* für die Ernsthaftigkeit seiner Überlegungen, wenn er mit fast drohendem Unterton die Fortführung des bekannten Leibniz'schen Projekts von 1668 *De vera ratione reformandi rem literariam* in Erinnerung ruft, in dem es um eine Stärkung der „Societas eruditorum Germaniae" gegenüber den Buchhändlern ging.

Im 50. Stück, so quasi auf halbem Wege, hält Lessing inne, um dem sich möglicherweise geprellt fühlenden Leser reichlich ironisch sein Bedauern über den schleppenden Fortgang des Unternehmens und das Abweichen von der ursprünglichen Konzeption auszudrücken. Statt des „kritischen Registers von allen

---

201 Das „Intermezzo" in: Hamburgische Dramaturgie. Zwey Theile, Dodsley und Compagnie [Leipzig] 1769, S. 408–412. Abdruck in: G. E. Lessing: Werke und Briefe. Hg. von Klaus Bohnen (Anm. 191), S. 927–929.
202 Ebd., S. 929.
203 Ebd., S. 927.

aufzuführenden Stücken", statt prüfender Begleitung der schauspielerischen Leistungen „schwerfällige Untersuchungen", wie er im 50. Stück einräumt. Er war sich im Klaren über die eingetretene Veränderung. Aber diese ging nicht allein, wie oft angenommen, auf die schon sehr bald aufgetretenen Friktionen mit einer empfindlichen Schauspielerschaft, insbesonders mit einer geltungs-süchtigen Diva Mme. Hensel zurück, sondern hatte ihren Grund nicht zuletzt in den geschilderten verlags- und buchhandelsgeschichtlichen Gegebenheiten, die die weitere periodische Publikation in Einzelnummern nicht mehr zuließen.

IV Schauspielkunst als „freye Kunst"

1 Lessing als Vermittler der französischen Theoriedebatte

Die Dringlichkeit einer Klärung der eigentümlichen Leistung der Schauspieler hatte Lessing seit seinem Aufenthalt in Leipzig in den späten vierziger Jahren, seit seiner Begegnung mit der Neuber'schen Truppe erkannt. [204] Und bezeichnenderweise werden die von ihm und Christlob Mylius (1722–54) verfaßten und redigierten *Beyträge zur Historie und Aufnahme des Theaters* (1750) eingeleitet von einem Aufsatz mit dem Titel *Versuch eines Beweises, daß die Schauspielkunst eine freye Kunst sey.*[205] Mylius gibt sich – und das sicher nicht ohne Zustimmung des Mitherausgebers – selbstbewußt, und der gebildete Zeitgenosse mag sich gewundert haben, wie hier an der tradierten Siebenzahl der Freien Künste und Wissenschaften gerüttelt wurde. Die „Ehrfurcht für diese Zahl" sei verschwunden, aber daraus folge nicht, „daß ihrer nicht dennoch sieben, wo nicht gar mehr seyn können".[206] Selbstbewußt und ungewöhnlich mußte den Lesern dann auch die Begründung vorkommen, mit der Mylius den Rang der Schauspielkunst als „freye Kunst" zu sichern gedachte. Er führte nämlich keineswegs die altüberlieferten Kriterien der artes liberales ins Feld, sondern er bewegte sich im Kontext der durch die Schule Christian Wolffs verbreiteten Begrifflichkeit: „Eine freye Kunst ist eine Kunst, zu deren Erlernung und Ausübung das Gedächtniß nicht wesentlich erfordert wird, sondern der Witz und die Beurtheilungskraft, und zwar vornehmlich der Witz."[207]

Begreift man mit Christian Wolff den „Witz" nicht nur als „die Leichtigkeit, die Ähnlichkeiten wahrzunehmen",[208] sondern als eine Art höheren Seelenver-

---

204 Lessings Verhältnis zu einzelnen Schauspielern und Schauspielerinnen klärt Gloria Flaherty: Lessing among the Actors. In: Lessing Yearbook / Jahrbuch XIII (1981), S. 69–84.

205 Versuch eines Beweises, daß die Schauspielkunst eine freye Kunst sey. In: Beyträge zur Historie und Aufnahme des Theaters. Hg. von Gotthold Ephraim Lessing und Christlob Mylius. Stuttgart 1750. Zit. nach dem Neudruck, Leipzig 1976, S. 1–13.

206 Ebd., S. 2. Zur Frage nach der Etablierung der Schauspielkunst im System der Künste vgl. Wolfgang F. Bender: „Mit Feuer und Kälte" und „Für die Augen symbolisch": Zur Ästhetik der Schauspielkunst von Lessing bis Goethe. In: Deutsche Vierteljahrsschrift für Literaturwissenschaft und Geistesgeschichte 62 (1988), S. 60–98.

207 Mylius: Versuch eines Beweises. In: Beyträge zur Historie und Aufnahme des Theaters (Anm. 205), S. 4.

208 Christian Wolff: Vernünfftige Gedancken von Gott, der Welt und der Seele des Menschen, auch allen Dingen überhaupt. Halle 1741 (Erstausgabe 1719), § 858. Zum Witzbegriff immer noch die Darstellung von Paul Böckmann: Formgeschichte der deutschen Dichtung. Hamburg 1949, bes. Kap. 5: Das Formprinzip des Witzes in der Frühzeit der deutschen Aufklärung, S. 471–552.

https://doi.org/10.1515/9783110610291-004

mögens, als eine Verbindung von Scharfsinn und Erfindungskraft, die den Dichter, den „poetischen Geist",[209] zu seinem Tun erst befähigt, dann dürften die Konsequenzen für den Schauspielerberuf geklärt sein. Dann kann man auch den folgenden Überlegungen Stringenz kaum absprechen:

> Rechnet man es, und zwar mit Recht, den Dichtern, als eine besondere Fähigkeit ihrer höheren Seelenkräfte an, daß sie sich in einen fremden Affect setzen und das schreiben können, was sie nicht empfinden: daß sie die Tugend reizend abschildern können, wenn sie gleich nicht tugendhaft sind; daß ihr Witz weinen kann, wenn ihr Herz lachet; daß ihre Empfindungen diejenigen bis in den Himmel erheben können, welche ihre Empfindungen bis in den Abgrund verdammen.

So in Christlob Mylius' *Versuch eines Beweises*. Und sodann die rhetorische Frage: „Warum. soll man den spielenden Personen auf der Schaubühne nicht gleiches Recht wiederfahren [sic] lassen, da sie eben dergleichen thun?" Das war 1750, und in nuce wird hier einiges von dem vorweggenommen, was siebzehn Jahre später erneut zur Sprache kommen sollte. Für Mylius war auf jeden Fall der „Beweis" erbracht, „daß die Schauspielkunst eine freye Kunst" sei.[210] Gewiß ist es nicht Lessing, der hier so reagiert. Aber er nimmt bezeichnenderweise in der „Ankündigung" der *Dramaturgie* die Vorstellung von der Schauspielkunst als einer „freyen Kunst" auf und kommt zu einem Schluß, der für die damalige Zeit ungewöhnlich sein mußte, der sich indes konsequenterweise aus Mylius' Überlegungen ergibt. Gingen diese unübersehbar aus von einer Affinität von dichterischer Aussage und schauspielerischer Darstellung, so postuliert Lessing den Mimen, der „überall mit dem Dichter [zu] denken" verpflichtet sei (26). Erst von diesem Reflexionsstand aus war in Zukunft eine Schauspielkunst möglich, die, wie Paul Rilla bemerkt, „nicht mit unverbindlichem Lob oder Tadel, sondern mit verbindlichen handwerklichen und künstlerischen Prinzipien arbeitete".[211] Und um eine Klärung dieser Prinzipien, um einsichtige, „mit Deutlichkeit und Präzision abgefaßte Regeln" – so gegen Schluß der *Dramaturgie* – ging es Lessing seit den fünfziger Jahren, als er Anschluß suchte an eine im westlichen Europa geführte Diskussion über die Aufgaben des Mimen.

Um den Nachholbedarf zu verdeutlichen, der sich auch auf diesem Feld für eine deutschsprachige Dramaturgie ergab, sei hier nur auf das hohe Niveau der

---

209 Johann Christoph Gottsched: Versuch einer Critischen Dichtkunst durchgehends mit den Exempeln unserer besten Dichter erläutert. Vierte sehr vermehrte Aufl. Leipzig 1751 (Erstausg. 1730). Zit. nach dem Neudruck, Darmstadt 1962, S. 351.
210 Mylius: Versuch eines Beweises. In: Beyträge zur Historie und Aufnahme des Theaters (Anm. 205), S. 12.
211 Paul Rilla: Lessing und sein Zeitalter. München 1973, S. 151.

Schauspielerkritik verwiesen, durch die sich beispielsweise Aaron Hills Theaterzeitschrift *The Prompter* (1734–36) auszeichnete. Lessing erwähnt ihn im 15. und 16. Stück, wenn auch in einem etwas anderen Zusammenhang. Nicht zuletzt war es dessen Lehrgedicht *The Art of Acting* (London 1746), dem im Kontext der Entwicklung einer psychologisch begründeten Schauspielkunst hoher Rang zukommt. Bemerkenswert auch, daß Hill, wie später Lessing im 5. Stück, auf die Schauspielerregeln in Shakespeares *Hamlet* rekurriert.[212] Und Lessing nennt vor allem Pierre Rémond de Sainte-Albine (1699–1778), den zeitweiligen literarischen Redakteur der *Gazette de France* und des *Mercure de France* sowie Louis (Luigi) Riccoboni (1677–1753), den Prinzipal der Schauspielertruppe des Herzogs von Orleans, bekannt unter dem Namen Lelio. Damit hatte er auch die Richtung gewiesen, der man nachzugehen hatte.[213]

Es ist nun freilich nicht Louis (Luigi) Riccoboni gewesen – auf dessen *Histoire du Théâtre Italien* (1727) verweist Lessing im 9. Stück –, sondern dessen Sohn Antoine-François (1707–1772), der im vorliegenden Zusammenhang von Bedeutung ist.[214] Dessen Traktat *L'Art du Théâtre*, 1750 in Paris veröffentlicht, rückte Lessing noch im selben Jahr als Neuerscheinung unter dem Titel *Die Schauspielkunst, an die Madame *** durch Herrn Franciscus Riccoboni den jüngern. Aus dem Französischen übersetzt* in die *Beyträge zur Historie und Aufnahme des Theaters* ein.[215]

Pierre Rémond de Sainte-Albine (1699–1778) war der andere Autor, der die Schauspielerei als eine Kunstübung sui generis erkannt und 1747 in seinem Buch mit dem Titel *Le Comédien* rechtfertigt hatte. Lessing legte seine kommen-

---

212 The Prompter. A theatrical paper by Aaron Hill and William Popple. Selected and ed. by William W. Appleton and Kalman A. Burnim. New York 1966, S. 80 ff.

213 Vgl. dazu Bender: Vom „tollen Handwerk" zur Kunstübung (Anm. 86), S. 24–30. In diesem Kontext vor allem Alexander Košenina: Anthropologie und Schauspielkunst (Anm. 86).

214 Die außerordentliche Vertrautheit mit dem aktuellen europäischen Schrifttum zum Thema Schauspielkunst zeigt die Tatsache, daß Lessing auch den ersten Teil von Louis (Luigi) Riccobonis Schrift in einer Übersetzung vorlegte: Des Hrn. Ludewig Riccoboni Geschichte der italienischen Schaubühne. In: Theatralische Bibliothek, 2. Stück (1754), S. 135–214. Max Freiherr von Waldberg schreibt allerdings diese Übersetzung Johann Tobias Köhler zu; vgl. ders.: Zu Lessings ,Theatralischer Bibliothek'. In: Zeitschrift für den deutschen Unterricht 38 (1924), S. 163–169. Zur Frage der Originalität der ,Beyträge' vgl. Curtis C. D. Vail: Originality in Lessing's ,Theatralische Bibliothek'. In: The Germanic Review 9 (1934), S. 96–101. Die Herausgeber Waldemar von Olshausen und Julius Petersen entschieden sich dennoch für die Aufnahme in ihre Ausgabe: PO 12, S. 264–305. Auf den Schauspieler-Diskurs in Frankreich richtet Erika Fischer-Lichte ihre Aufmerksamkeit: Semiotik des Theaters (Anm. 86), S. 103–134.

215 Die Schauspielkunst. In: Beyträge zur Historie und Aufnahme des Theaters, 4. Stück, Stuttgart [!] 1750, S. 483–544; zit. nach dem Abdruck in: PO 12, S. 77–144.

tierte Teilübersetzung 1754 als *Auszug aus dem Schauspieler des Herrn Rémond von Sainte-Albine* in der *Theatralischen Bibliothek* vor.[216]

Was macht nun diese beiden Schriften so bemerkenswert, worin mochte für Lessing ihr Reiz bestanden haben? Wie ist die weitreichende Wirkung des jüngeren Riccoboni zu erklären? Noch Jahrzehnte später sollte er das Interesse Friedrich Ludwig Schröders auf sich ziehen.[217] Warum, so wäre weiter zu fragen, nannte Lessing zu Beginn seines „Auszugs" Sainte-Albine einen „philosophischen Kenner",[218] warum negierte er am Ende den Nutzen dieses Werks sowohl für den Schauspieler als auch für „deutsche Zuschauer",[219] um dann in der *Hamburgischen Dramaturgie* im 5. Stück die Affinität zwischen der Darstellungskunst eines Ekhof und den Forderungen des Franzosen zu entdecken? „Alles was Rémond de Sainte-Albine in seinem Schauspieler beobachtet wissen will, leistet Herr Ekhof auf eine so vollkommene Art, daß man glauben sollte, er allein könne das Vorbild des Kunstrichters gewesen sein." Und wie verhält es sich mit einer Fußnote zur *Critik über die Gefangenen des Plautus* im zweiten Stück der *Beyträge* von 1750? Fußnoten sind bei Lessing oft übersehene Nebenschauplätze kritischer Scharmützel und gleichzeitig Fundgrube für Gelesenes. So auch hier; denn anläßlich einer Bemerkung zum Problem der „theatralischen Deklamation" zählt Lessing neben einem Werk von Louis (Luigi) Riccoboni Sainte-Albines *Le Comédien* „zum Besten", was er, wie er sich entsinne, „über diese Materie [...] jemals [...] gelesen" habe.[220]

216 Pierre Rémond de Sainte-Albine: Auszug aus dem Schauspieler. In: Theatralische Bibliothek, 1. Stück, Berlin 1754, S. 209–266; zit. nach dem Abdruck in: PO 12, S. 221–250. Die „Vorreden" zu diesen Zeitschriften in: PO 7, S. 25–32 (Beyträge) und S. 43–45 (Theatral. Bibliothek).
217 Anton Franz Riccoboni's und Friedrich Ludwig Schröder's Vorschriften über die Schauspielkunst. Eine praktische Anleitung für Schauspieler und Declamatoren. Leipzig 1821. Die einzige Neuausgabe liegt vor in: Francesco Riccoboni: Die Schauspielkunst. Übersetzt von G. E. Lessing. Anhang F. L. Schröder: Auszüge Franz Riccobonis Vorschriften über die Kunst des Schauspielers, mit hinzugefügten Bemerkungen. Hg., eingeleitet und mit Anmerkungen versehen von Gerhard Piens. Berlin 1954.
218 Auszug (Anm. 216), S. 221.
219 Ebd., S. 248.
220 Critik über die Gefangenen des Plautus. In: Beyträge zur Historie und Aufnahme des Theaters (Anm. 215), 3. Stück, 1750, S. 369–435; Abdruck in: PO 13, S. 112–161, Zit. S. 115.

2 „Comédien de nature" und „jouer par réflexion": Pierre Rémond de Sainte-Albine, Antoine-François Riccoboni und Jean-Baptiste Dubos

Vorgestellt seien hier die Positionen der für Lessing so wichtigen Gewährsmänner.[221] Schauspielkunst verstanden beide, Riccoboni d. J. und Sainte-Albine, als wesentliches Element im Gesamtkunstwerk Theater. Beide erörterten eingehend Fragen der Stimmführung, der Rezitation, der Deklamation, der Mimik und des Gestus, richteten ihr Augenmerk auf Bewegungsabläufe. Beide beriefen sich gelegentlich auf die für sie mustergültige Spielweise eines Michel Baron (1653– 1729) und einer Mme. Clairon (1723–1803); beide sind sich einig in der Anerkennung des Schauspielens als einer künstlerischen Leistung. Und dennoch divergieren beider Entwürfe in einem entscheidenden Punkt. Lessing verweist darauf am Ende seines *Auszugs aus dem Schauspieler* (1754) von Sainte-Albine, wenn er den Nutzen dieser „schönen Metaphysik von der Kunst des Schauspielers"[222] nicht nur für den Zuschauer, sondern auch für den Schauspieler in Frage stellt. Es ist in diesem Schlußteil seiner Übersetzung die Rede von den „Modifikationen des Körpers" und der Seele, von den „Kennzeichen", durch welche sie „in die Sinne fallen".[223] Im 3. Stück der *Hamburgischen Dramaturgie* wird dann die Frage der Wechselwirkung von Körper und Seele erneut zur Sprache kommen.

Schon der junge Lessing hatte dieser Wechselwirkung, Fragen der psychologischen Physiologie Interesse entgegengebracht. Erinnert sei an seine Übersetzung eines spanischen Buchs über Fragen der Begabtenauslese, das noch bis zu Schopenhauer immer wieder seine Leser finden sollte. Gemeint ist die Abhandlung des humanistischen Mediziners Juan Huarte (um 1529–1588), sein *Examen de ingenios para las ciencias* (Baeza 1575), das Lessing 1752 unter dem Titel *Prüfung der Köpfe zu den Wissenschaften* publizierte, und dessen „Einfluß in die ganze Gelehrsamkeit" er als „ganz unbeschreiblich" einschätzte.[224] Daß

---

221 Dazu neben den Arbeiten von Wolfgang F. Bender: Schauspielkunst im 18. Jahrhundert (Anm. 86) und Alexander Košenina: Anthropologie und Schauspielkunst (Anm. 86), vor allem Monika Fick: Lessing-Handbuch (Anm. 6), bes. S. 292–295 sowie Peter Heßelmann: Gereinigtes Theater? (Anm. 40), S. 329–372.
222 Sainte-Albine: Auszug aus dem Schauspieler (Anm. 216), S. 248.
223 Ebd., S. 249.
224 Martin Franzbach führt in die Druckgeschichte ein und geht der Wirkung des ‚Examens' vom 17. bis zum 20. Jahrhunderts nach. In: Juan Huarte: Prüfung der Köpfe zu den Wissenschaften. Übersetzt von G. E. Lessing. Nachdruck der Ausg. 1752, mit einer kritischen Einleitung und Bibliographie von Martin Franzbach. München 1968. Franzbach verweist darauf, daß Lessing die ‚Prüfung' im vierten ‚Anti-Goeze' zitiere und zieht daraus den bedenkenswerten Schluß, „daß das Buch seinen inneren Werdegang unauffällig begleitet" habe (Einl., XLIII).

Huartes Schrift zur Begabtenauslese, zum physisch-psychischen Kausalnexus ihn gefesselte haben muß, zeigt die Tatsache, daß sie möglicherweise Grundlage seiner Magisterpromotion war, mit der er als Medizinkandidat am 29. April 1752 sein Studium in Wittenberg abschloß.

Zurück zu Pierre Rémond de Sainte-Albine. Ausgehend von der Prämisse des erwähnten Kausalnexus führte er die „Modifikationen des Körpers" auf „natürliche Folgen von der inneren Beschaffenheit der Seele [...], die sich von selbst ergeben", zurück.[225] So Lessing im Resümee des *Auszugs* von Sainte-Albines Schauspieler-Traktat. Nicht anders ist etwa das zweite und dritte Kapitel des ersten Teils dieses Textes zu verstehen, in denen eine der Seele eigentümliche Disposition zum Erhabenen und zur Liebesfähigkeit zur Voraussetzung für die Darstellung tragischer und „verliebter Rollen"[226] erklärt wird: „Quiconque n'a point l'âme élevée, représente mal un Héros" und, bezogen auf Liebhaberrollen: „Les personnes, nées pour aimer, devroient avoir seules le privilège de jouer les rôles d'Amans."[227]

Die Konsequenzen für seine Schauspieler-Konzeption sind klar. Ganz eindeutig zeichnet sich die Präferenz für den „comédien de nature" ab. Lessing übersetzt bezeichnenderweise einen die illudierende Wirkung des theatralen Spiels thematisierenden Passus des dritten Kapitels wie folgt:

> Wollen die tragischen Schauspieler [...] uns täuschen; so müssen sie sich selbst täuschen. Sie müssen sich einbilden, daß sie wirklich das sind, was sie vorstellen. [...] Dieser Irrtum muß aus ihrer Vorstellung in ihr Herz übergehen, und oft muß ein eingebildetes Unglück ihnen wahrhafte Tränen auspressen.[228]

Nun ist es keineswegs so, daß Lessing die Überlegungen Sainte-Albines rundum ablehnte. Der erwähnte Hinweis auf die von Konrad Ekhof im Sinne des Franzosen erbrachte schauspielerische Darbietung spricht dagegen. In vielen Punkten stimmt Sainte-Albine durchaus mit Lessings Gewährsmann, dem jüngeren Riccoboni überein. So beschäftigt beide beispielsweise das Problem der Gradation

---

225 Sainte-Albine: Auszug aus dem Schauspieler (Anm. 216), S. 249.
226 Ebd., S. 231.
227 Pierre Rémond de Sainte-Albine: Le Comédien. Ouvrage divisé en deux parties. Paris 1747. Die 2. Auflage („augmentée et corrigée") erschien in Paris 1749. Zit. nach einem Neudruck dieser Auflage, Genève 1971, S. 85 und 100.
228 Sainte-Albine: Auszug aus dem Schauspieler (Anm. 216), S. 229. Der von Lessing übersetze Text lautet im Original: „Les Acteurs Tragiques veulent-ils nous faire illusion? Ils doivent se la faire à eux-mêmes. Il faut qu'ils s'imaginent être, qu'ils soient effectivement ce qu'ils représent, et qu'un heureux délire leur persuade que ce sont eux qui sont trahi, persécutés. Il faut que cette erreur passe de leur esprit à leur cœur, et qu'en plusieurs occasions un malheur feint leur arrache des larmes véritables." Sainte-Albine: Le Comédien (Anm. 227), S. 91.

und Nuancierung rasch aufeinander folgender Affekte in der Tragödie sowie die Frage nach dem Verhältnis von Erscheinungsbild des Schauspielers oder der Schauspielerin zur aufgetragenen Rolle – Fragen also, auf die sie vergleichbare Antworten geben. Doch ihre Wege trennten sich da, wo es um die Notwendigkeit oder Vermeidung der Selbsttäuschung, des „Irrtums" „wahrhafter Tränen" ging. Und genau mit Blick auf diese Frage sieht sich Lessing Sainte-Albine gegenüber zum Widerspruch herausgefordert; denn was hier anklingt, ist nicht nur private Meinung eines Schauspieltheoretikers, sondern eine das ganze Jahrhundert bewegende Frage. Es ist die Aufnahme und Variation des Topos, den erstmals Horaz so einprägsam formuliert hatte: „Si vis me flere, dolendum est / primum ipsi tibi."[229]

Bekannt ist die Bedeutung, die dieser Affekt-Topos in der poetologischen Diskussion des 18. Jahrhunderts eingenommen hat. Der Zürcher Theologe und Dichtungstheoretiker Johann Jacob Breitinger (1701–1776) zögerte nicht, ihn auf den Bereich der darstellenden Kunst zu übertragen, als er in seiner *Critischen Dichtkunst* (1740) zu bedenken gab, daß „Horatz [...] in seiner Dichtkunst nicht vergessen" habe, „diese Regel auf die Kunst der Comödianten geschickt anzubringen, und die Beobachtung derselben bester massen anzubefehlen".[230] Daß Breitinger seinerseits Teilnehmer am europäischen Gespräch über den Affekt-Topos war, erhellt sein wiederholter Verweis auf Jean Baptiste Dubos (1670–1742), der das schauspielerische Geschäft mit jener obgenannten horazischen Forderung in Zusammenhang gebracht hatte. Die Frage, „pourquoi les Acteurs qui se passionnent véritablement en déclamant, ne laissent-ils pas de nous émouvoir et de nous plaire, bien qu'ils ayent des défauts essentielles", beantwortet er unmißverständlich mit dem Verweis auf das „Si vis me flere" des Horaz: „C'est que les hommes qui sont eux-mêmes touchés, nous touchent sans peine."[231] Für Rémond de Sainte-Albine ist der Topos zugleich Handlungsanweisung für die Tragödie: „Je dirai bien-tôt aux Acteurs Tragiques, Pleurez si vous voulez que je pleure."[232] Lessing hebt dies im kommentierenden Teil seines *Auszugs aus dem Schauspieler* typographisch hervor: „Man gibt den tragischen Schauspielern die Regel: weinet, wenn ihr wollt, daß ich weinen soll."[233]

---

229 Q. Horatius Flaccus: De arte poetica: In: Q. Horatii Flacci: Opera. Edidit David R. Shackleton Bailey, Stuttgardiae MCMLXXXV (1985) v. 102: „Willst du mich weinen machen, so mußt du selbst zuvor Leid empfinden." (Übers. des Vf.)
230 Breitinger: Critische Dichtkunst (Anm. 19), S. 360.
231 Jean-Baptiste Dubos: Réflexions critiques sur la poésie et sur la peinture. Paris 1718, Bd. 1, Section IV, S. 41. Zu Dubos grundlegend Basil Munteano: L'Abbé Dubos, ésthéticien de la persuasion passionnelle. In: Revue de la Littérature comparée 30 (1956), S. 318–350.
232 Sainte-Albine: Le Comédien (Anm. 227), S. 84.
233 Sainte-Albine: Auszug aus dem Schauspieler (Anm. 216), S. 228.

Wiederholt und grundsätzlich hatte er sich schon in jüngeren Jahren dagegen ausgesprochen, die Wahrheit künstlerischer Aussage an der nachweisbaren Echtheit des Künstlererlebnisses zu messen. Schon 1752 war er zu Felde gezogen gegen den Horaz-Übersetzer Samuel Gotthold Lange (1711–1781). Dessen *Horatzische Oden* (1747) und Übersetzungen *Quinti Horatii Flacci Odarum Libri X* hatten ihm bekanntlich Anlaß zu scharfem Einspruch gegeben, in dem philologische Akribie, ästhetischer Anspruch und sexualemanzipatorischer Impetus ineinandergreifen.[234] Was er bei dieser Gelegenheit in den *Rettungen des Horaz* an Kritik vorzubringen hatte, sollte dann auch in Rémond de Sainte-Albines Schauspieler-Schrift seine Gültigkeit behalten: „Sie, die alle Leidenschaften nur durch Wirklichkeiten in sich erwecken lassen, wissen von dem Geheimnisse nichts, sie durch willkürliche Vorstellungen rege zu machen." So heißt es bereits in den *Rettungen des Horaz*.[235]

Am „Si vis me flere" des Horaz scheiden sich mithin die Geister. Lessing zögert denn auch nicht, Rémond de Sainte-Albine in die Parade zu fahren und dessen „ganzen Grundsatz [...] umzukehren"[236] und die Einübung einer bestimmten psychischen Befindlichkeit durch „Modifikationen des Körpers" zu postulieren:

> Ich glaube, wenn der Schauspieler alle äußerliche Kennzeichen und Merkmale, alle Abänderungen des Körpers, von welchen man aus der Erfahrung gelernet hat, daß sie etwas Gewisses ausdrücken, nachzumachen weiß, so wird sich seine Seele durch den Eindruck, der durch die Sinne auf sie geschieht, von selbst in den Stand setzen, der seinen Bewegungen, Stellungen und Tönen gemäß ist. Diese nun auf eine gewisse mechanische Art zu erlernen, auf eine Art aber, die sich auf unwandelbare Regeln gründet, an deren Dasein man durchgängig zweifelt, ist die einzige und wahre Art, die Schauspielkunst zu studieren.[237]

Signifikant hier nicht nur eine Position, die er 1767 im 3. Stück der *Hamburgischen Dramaturgie* mit der Lehre von der psychisch-physischen Wechselwirkung aufnehmen und weiterführen sollte, sondern auch eine klare Stellungnahme mit Blick auf das kunsttheoretische Programm eines Jean Baptiste Dubos – wenigstens in diesem Punkt.

Um nun zu Antoine-François Riccoboni zurückzuführen: Bei allen Gemeinsamkeiten, die ihn mit Sainte-Albine verbinden, wird auch hier der Affekt zum Prüfstein. In seiner Schrift *L'Art du Théâtre* (1750) gab er seiner Adressatin

---

234 Rettungen des Horaz zuerst in: Lessings Schriften. Berlin 1753–1755. Teil 3 (1754), S. 1–100; Abdruck in: PO 14, S. 85–117.
235 Rettungen des Horaz (Anm. 234), S. 95.
236 Sainte-Albine: Auszug aus dem Schauspieler (Anm. 216), S. 249.
237 Ebd.

gleich eingangs zu verstehen, daß es nicht genüge, über Rollen zu räsonnieren und sie andere „plustôt par méchanique que par connoissance" zu lehren, sondern – so seine Forderung –: „Il faut se mettre en état de jouer par réflexion, et sçavoir les vrais principes de l'art."[238] Lessing übersetzt diese Maxime so: „Man muß sich in den Stand setzen, mit Überlegung spielen zu können, indem man die wahren Grundsätze der Kunst inne hat."[239] Was dann folgt bei Riccoboni, ist eine großzügig angelegte Affektenlehre wie etwa über „das Majestätische" („La Majésté"), „das Zärtliche" („La Tendresse"), „das Edle"(„La Noblesse"), „das Feuer" („Le Feu") oder „die Entzückung" („L'Entousiasme"), ist auch Prüfung der dem Schauspieler oder der Schauspielerin eigenen Mittel, Möglichkeiten und Aufgaben. Keinen Zweifel läßt der jüngere Riccoboni daran aufkommen, daß die gestellten Aufgaben im hohen Maße künstlerischen Intellekt voraussetzen – „Einsicht", wie Lessing den Begriff „intelligence" übersetzt, d. h. „Einsicht" in die Struktur des Werkganzen und nicht nur etwa in die der zu übernehmenden Rolle.[240]

> Ce qui mérite vraiment le nom d'intelligence, est le premier talent du Théâtre. C'est elle qui fait seule les grands Comédiens, et sans qui on ne peut jamais être tout au plus qu' un de ces médiocres sujets.[241]

So lautet ein zentraler Passus im Programm Riccobonis, den Lessing wie folgt übersetzt: „Das, was in der Tat den Namen Einsicht verdient, ist die vorzüglichste theatralische Gabe. Sie allein macht große Schauspieler; und ohne sie kann man niemals was anders als einer von den mittelmäßigen Leuten werden."[242]

Nur die „Einsicht", in der Rangfolge intellektueller Vermögen deutlich über dem bloßen Witz stehend, vermag dann auch das vom Darsteller geforderte Zusammenspiel von Rede, Gestus und Mimik zu gewährleisten, ohne das weder eine überzeugende schauspielerische Einzelleistung noch ein ein überzeugendes Ensemblespiel zustandekommen kann.[243] Nichts anderes besagt die folgende Forderung Riccobonis:

---

238 Antoine-François Riccoboni: L'Art du Théâtre, a Madame***. Paris 1750, S. 2. Zitiert nach dem Nachdruck Génève 1971.
239 Die Schauspielkunst. An die Madame*** durch den Herrn Franziskus Riccoboni den Jüngern. Aus dem Französischen übersetzt. In: PO 12, S. 78.
240 Ebd., S. 88.
241 Riccoboni: L'Art du Théâtre (Anm. 238), S. 31.
242 Die Schauspielkunst (Anm. 239), S. 88.
243 Die Gradation vom Witz zur Einsicht faßt Riccoboni in der Übersetzung Lessings in folgendem Resümee zusammen: „Diese Einsicht, welcher nichts entwischt, ist es, welche den Schauspieler so weit über den Leser, ja sogar über den witzigen Kopf setzet." In: Die Schauspielkunst (Anm. 239), S. 90.

> Man muß alle Augenblicke das Verhältnis einsehen, welches das, was wir sagen, mit dem Charakter unserer Rolle, mit der Stellung, in welche uns die Bühne setzt, und mit der Wirkung, die es in der Haupthandlung hervorbringen soll, hat.[244]

Lessings Einlassungen zu den schauspieltheoretischen und theaterhistorischen Ausführungen der Autoren Pierre Rémond de Sainte-Albine, Antoine-François Riccoboni und Jean Baptiste Dubos sind nicht immer widerspruchsfrei. Auf eine gewisse Divergenz in seiner Äußerung über de Sainte-Albine wurde bereits hingewiesen. Das gilt im gleichen Maße für sein Verhältnis zu Dubos. Dessen überaus starke, fast einseitige Betonung des Affektiven im ersten und zweiten Teil der *Réflexions critiques sur la poésie et sur la peinture* (Erstausgabe 1719), in denen er sich der Malerei und Dichtkunst sowie im zweiten Teil dem Begabungspotential der Künstler widmet, konnte, wie bemerkt, kaum die ungeteilte Zustimmung Lessings finden. Indessen bot ihm der dritte, ursprünglich dem ersten Band inkorporierte Teil mit seinen bühnenhistorischen Erörterungen bedeutsame Anregungen, die ihn veranlaßten, diese 1755 in das dritte Stück der *Theatralischen Bibliothek* aufzunehmen, und zwar unter dem Titel *Des Abts Dubos Ausschweifung von den theatralischen Vorstellungen der Alten.*[245] Schenkt man der „Vorrede" zur *Theatralischen Bibliothek* Glauben, so mußten die Darlegungen Dubos', des einflußreichen Kunstkritikers und Ständigen Sekretärs der Académie française „zum Besten und Brauchbarsten"[246] gehören, was zum Themenbereich antiker Bühnenpraxis veröffentlicht worden war.

3 „Von jedermann erkannte, mit Deutlichkeit und Präzision abgefaßte Regeln": Lessing und Jean Baptiste Dubos

Wie immer man Lessings Sprunghaftigkeit einschätzen mag: In seiner Liebe zu den „Alten" war er nicht zu erschüttern. „Mein vornehmstes Augenmerk blieben doch immer die Alten", bekannte er in der erwähnten „Vorrede" zur *Theatralischen Bibliothek.*[247] Und eben im Rückblick auf deren Aufführungspraxis war dann die umfangreiche Abhandlung Dubos' für ihn von Interesse, führte doch sein eigener

---

244 Die Schauspielkunst (Anm. 239), S. 88. Im Originaltext heißt es: „Il faut concevoir à chaque instant le rapport que nous disons avec le caractère de notre rôle, avec la situation où nous met la scène, et avec l'effet que cela doit produire dans l'action totale." In: Riccoboni: L'Art du Théâtre (Anm. 238), S. 31.
245 G. E. Lessing (Übers.): Des Abts Dubos Ausschweifung von den theatralischen Vorstellungen der Alten. In: Theatralische Bibliothek. Berlin 1754–1758, 3. Stück 1755, S. 5–312; Abdruck in: PO 13, S. 234–394. Lessings „Vorbericht" zu seiner Übersetzung, ebd., S. 232 f.
246 G. E. Lessing: „Vorrede" zur ‚Theatralischen Bibliothek'. In: PO 7, S. 43–45, Zit. S. 44.
247 Ebd.

Weg zu einer Schauspielerkonzeption in der *Hamburgischen Dramaturgie*, so fragmentarisch sie sich ausnehmen mag, nicht nur, indessen a u c h über die Rezeption tradierter Rhetorik. Von Dubos (auch Du Bos, 1670–1742) wurden die „Alten" ins Feld geführt – Aristoteles, Cicero und der spätantike Quintilian –, um seine Ansicht von der Lehr- und Lernbarkeit des schauspielerischen Geschäfts zu untermauern. Mit Blick auf Jean Baptiste Racine, den er als „grand déclamateur" hervorhebt, gibt Dubos zu bedenken, daß sich eine solche Kunst systematisieren lassen müsse. Nachdem er klargestellt hat, daß die Art, wie man auf der römischen Bühne Sprache und Gebärde „nach den Regeln einer festen Methode und nach gewissen Grundsätzen in Ausübung" gebracht hatte, nichts zu tun habe mit dem zeitgenössischen „Schlendrian", erwägt er die Einführung eines Notationssystems, um das, „was wir heutzutage bloß durch die Hilfe eines natürlichen Triebes"[248] zuwegebringen, in überprüfbare Bahnen zu lenken.[249] Gleichzeitig bringt er die Kunst der „Saltation" in die Diskussion ein, die er nicht im Sinne seiner Zeit als bloßen Tanz verstanden wissen will, sondern eher als „Kunst der Gebärden".[250] Und er erweitert seine Überlegungen mit Blick auf das „Gesetz der Hände", die „Chironomie", mithin auf Ausdrucksformen, denen auch Lessing weit über die fünfziger Jahre hinaus Interesse entgegenbringen sollte, wenn er beispielsweise im 4. Stück der *Hamburgischen Dramaturgie* die „Chironomie der Alten" in ihrer regelgerechten „Vollkommenheit" (39) mit dem künstlerisch desolaten Zustand der eigenen Bühnenrealität konfrontiert:

> Wir scheinen von dieser ganzen Sprache nichts als ein unartikuliertes Geschrei behalten zu haben; nichts als das Vermögen, Bewegungen zu machen, ohne zu wissen, wie diesen Bewegungen eine fixierte Bedeutung zu geben, und wie sie untereinander zu verbinden, daß sie nicht bloß eines einzelnen Sinnes, sondern eines zusammenhangenden Verstandes fähig werden. (39)

Es liegt auf der Hand, daß Lessing in seinem Bemühen um Sinngebung, d. h. um eine „fixierte Bedeutung" der vorerst noch dem „natürlichen Trieb" (Dubos) gehorchenden Körpersprache an den Franzosen anknüpfen konnte. Im Fragment *Der Schauspieler*, allen entstehungsgeschichtlichen Merkmalen nach um 1754/55 niedergeschrieben, trifft er – wie Dubos – die Unterscheidung zwischen sprachlicher und körperlicher „actio" und greift damit Quintilians, auf Cicero zurückgehende Bemerkungen zum rednerischen Vortrag auf: „Namque actionem Cicero alias ‚quasi sermonem', alias quasi ‚eloquentiam quandam corporis' dicit."[251] Da

---

248 Lessing/Dubos: Ausschweifung (Anm. 245), S. 239.
249 Vgl. dazu Wolfgang F. Bender: Lessing, Dubos und die rhetorische Tradition. In: Nation und Gelehrtenrepublik (Anm. 26), S. 52–66.
250 Lessing/Dubos: Ausschweifung (Anm. 245), S. 340.
251 Marcus Fabius Quintilianus: Institutio oratoria, XI 3,1. Die Übersetzung nach der Ausgabe Marcus Fabius Quintilianus: Institutio oratoria Libri XII. Ausbildung des Redners. Zwölf Bü-

aber, wie Quintilian weiter ausführe, die „actio" mit der „pronuntiatio" synonym gebraucht werde, erfolge bei ihm, ebenfalls mit dem Hinweis auf Cicero, eine Unterscheidung von „vox" und „motus",[252] um sodann die Blickrichtung des Lesers auf die Schaubühne zu lenken sowie auf den Schauspieler, dessen Aufgabe es sei, das vom Dichter geschaffene Werk in szenischer Darbietung zu steigern. Es heißt bei Quintilian:

> Documento sunt vel scaenici actores, qui et optimis poetarum tantum adiciunt gratiae, ut nos infinite magis eadem illa audita quam lecta delectent, et vilissimis etiam quibusdam impetrant aures, ut, quibus nullus est in bybliothecis locus, sit etiam frequens in theatris.[253]

Dubos erweist sich auch hier als „Quintilien de la Françe"; denn er übernimmt dessen Ansicht von der Steigerung des schriftlich Fixierten durch die szenische Präsentation in seinen Text.: „Dès que la simple récitation ajoute tant d'énergie au poème, il est facile de concevoir quel avantage les pièces qui se declament sur un théâtre, tirent de la représentation."[254] Damit spricht er das schöpferische Potential des Schauspielers an, das auf der Bühne zu entfalten seine eigentliche Berufung sei.

Der Schauspieler als ebenbürtiger Partner des Autors –: daran konnte Lessing anknüpfen. Gewiß muß bereits dem von ihm mit Polemik bedachten Johann Christoph Gottsched der Gedanke der Affinität von Autor und Darsteller geläufig gewesen sein – die Besprechung von Rémonds *Le Comédien* im *Neuen Büchersaal der schönen Wissenschaften und freyen Künste* läßt darauf schließen[255] –, doch erst bei Lessing avanciert die Vorstellung von der Gleichrangigkeit des Mimen mit dem Autor zum durchgängigen Topos in der *Hamburgischen Dramaturgie*.

---

cher. Hg. und übersetzt von Helmut Rahn. Bd. 2. Darmstadt 1975 (Texte zur Forschung 3): „Denn Cicero nennt ,actio' einmal ,gleichsam eine Sprache', ein andermal eine ,Art von körperlicher Beredsamkeit'."

252 Ebd.: „Pronuntiatio a plerisque ,actio' dicitur." Übers.: „Der Vortrag heißt bei den meisten ,actio'" (Auftreten).

253 Ebd.: XI 3,4. Übers.: „Den Beweis liefern auch die Schauspieler auf der Bühne, die sowohl den vortrefflichsten Dichtern noch soviel mehr Reiz abgewinnen, dass der Genuß, den sie uns bereiten, noch unvergleichlich viel größer ist, wenn wir die Szene hören, als sie nur lesen, aber auch selbst für manche ganz gewöhnliche Stücke unser Ohr gewinnen, so daß sie, für die in unseren Bibliotheken kein Raum ist, ihn sogar immer wieder im Theater finden." Quintilianus: Ausbildung des Redners (Anm. 251), S. 609.

254 Dubos: Réflexions critiques (Anm. 231), III, Sect. 13, S. 234.

255 Johann Christoph Gottsched: Le Comédien. Ouvrage divisé es deux Parties. Par Mr. Rémond de Sainte-Albine. In: Neuer Büchersaal der schönen Wissenschaften und freyen Künste. 10 Bde. Leipzig 1745–50, Bd. VI, 4. Stück, S. 330–350. Es heißt dort: „Er [der Schauspieler] muß so zu reden selbst Autor werden. [...] Er muß nicht nur vorstellen, sondern schaffen." (S. 333.)

Abb. 6: Konrad Ekhof. Kupferstich von Johann David Schleuen nach Johann Ernst Heinsius.

Lessings *Schauspieler*-Fragment ist kein singuläres Dokument, sondern im Kontext der antik-europäischen Tradition ist es einer von zahlreichen Versuchen zur Grundlegung einer Elokutionslehre des Körpers; es ist ein Versuch, dem eine gewisse Statik eignet – nicht ohne Grund; denn wenn Lessing 1754/55 von der „Aufnahme des Theaters" sprach, war damit selbstredend auch die Disziplinierung der Spielweise gemeint. Konnte die mustergültige Rolleninterpretation einer Adrienne Lecouvreur, eines Louis Lekain, eines Michel Baron, eines David Garrick und James Quin insbesonders auf die französische und englische Schauspieläthetik inspirierend wirken, so fand die Leistung Konrad Ekhofs neben der einer Sophie Hensel gebührende Beachtung nicht nur in der *Hamburgischen Dramaturgie*, sondern darüberhinaus im weitgefächerten Schrifttum über Theatralia der siebziger und achtziger Jahre des 18. Jahrhunderts.[256] Ekhof selbst, vom Erscheinungsbild her kaum eine charismatische Gestalt, nach Meinung der Zeitgenossen aber in der Entfaltung seiner spielerischen und deklamatorischen Qualitäten einem Garrick oder Lekain ebenbürtig, war selbst von theaterpädagogischem Impetus beseelt. Seine Bemühungen um die Begründung einer Schauspieler-Akademie in Schwerin sind bekannt, und das leider nur in einer Fotokopie überlieferte *Journal der Academie der Schönemannischen Gesellschaft* von 1753 gibt Zeugnis von seiner Auffassung von Schauspielkunst als einem der „Gramatik" analogen Funktionsgefüge: „Lassen Sie uns also, meine Herren und Damen, die Gramatik der Schauspielkunst studieren." So sein Aufruf im *Journal* an die Mitglieder der Truppe Schönemanns, denen er den Rang von „Freykünstlern" zu sichern wünschte.[257] Bedenkt man, daß die Grammatik seit eh und je zum Trivium der septem artes liberales gehörte, so impliziert Ekhofs Forderung eine Standeserhöhung der ars histrionalis heraus aus dem Bereich eines durchaus anrüchigen Handwerks in die Höhe der freien Künste.

Für Lessing mag sich Mitte und Ende der sechziger Jahre die Frage nach Rang und Bedeutung der Schauspielkunst nicht mehr in der Dringlichkeit stellen wie noch 1753 für Ekhof. Zwar hatte sich am Sozialstatus der Spieler – vor allem

---

256 In der Theaterpublizistik finden sich allein für den Zeitraum von 1750 bis 1790 mehr als 500 Eintragungen zu Konrad Ekhof. Vgl. dazu Bender, Bushuven, Huesmann: Theaterperiodika des 18. Jahrhunderts (Anm. 91).

257 Vgl. Heinz Kindermann: Conrad Ekhofs Schauspieler-Akademie. Wien 1956 (Österreichische Akademie der Wissenschaften, Philosophisch-historische Klasse 230,2). Die von Ekhof auf der ersten Seite signierte ‚Copia' gehört zu den Kriegsverlusten der Forschungs- und Landesbibliothek Gotha. Kindermann veranlaßte kurz vor Kriegsende die Fertigung einer Fotokopie (Sign.: Chart. B 1254). Zit. nach dem wortgetreuen Abdruck des ‚Journals der Academie der Schönemannischen Gesellschaft', S. 36. Zum Entwurf einer neuen Schauspieler-Ästhetik vgl. Erika Fischer-Lichte: Entwicklung einer neuen Schauspielkunst (Anm. 86).

der Spielerinnen – wenig geändert,[258] doch deren „Kunst" siedelt er nun wie selbstverständlich „zwischen den bildenden Künsten und der Poesie" an, als „sichtbare" und gleichermassen „transitorische Malerei", gebunden einerseits an das „höchste Gesetz" der Schönheit und doch gleichzeitig befreit von der Statik, „welche die alten Kunstwerke so imponierend macht". So im 5. Stück.

Damit löst er sich auch von der Statik des ganz der rhetorischen Tradition verpflichteten Fragments *Der Schauspieler* von 1754/55, das die Gebärde einem Regelsystem unterwarf. Daß er damit keineswegs die Lernbarkeit der Schauspielkunst in Abrede stellt, daß er, ganz im Gegenteil, wie gegen Ende der *Hamburgischen Dramaturgie* bemerkt, „spezielle, von jedermann erkannte, mit Deutlichkeit und Präzision abgefaßte Regeln" (410) für notwendig erachtete, daß er keineswegs dem Spiel aus der bloßen Empfindung das Wort redete, steht außer Zweifel, war doch für ihn „Empfindung" – so im 3. Stück der *Dramaturgie* – ohnehin „das streitigste unter den Talenten des Schauspielers"; denn da sie „etwas Inneres" sei (35), entziehe sich ihre Echtheit oder Unechtheit der sicheren Erkenntnis des Zuschauers.

4 „influxus animae" – „influxus corporis". Der medizinisch- „seelenkundliche" Kontext: Georg Friedrich Meier, Johann August Unzer, Henry Home

Eben diesem dritten Stück kommt mit Blick auf Lessings Schauspielerkonzeption essentielle Bedeutung zu insofern, als er hier anknüpft an seine Pierre Rémond de Sainte-Albine-Kritik gegen Ende des *Auszugs*, wo die Rede war von bestimmten „äußerlichen Modifikationen des Körpers" als „natürlichen Folgen von der inneren Beschaffenheit der Seele" sowie von der vom ihm erwünschten „um[zu]kehrenden Einflußnahme".[259] Das war 1754 in der *Theatralischen Bibliothek* zu lesen. 1767 greift er den Gedanken erneut auf. Wieder sind es „Modifikationen", dieses Mal die „der Seele", auf die Lessing sein Augenmerk richtet. Er war vertraut mit der medizinischen und „seelenkundlichen" Literatur seiner Zeit, auf deren Bedeutung für die Begründung und Weiterentwicklung einer „modernen" Anthropologie die Forschung seit Beginn der neunziger Jahre des

---

258 Zur Situation der Schauspielerin vgl. Ursula Geitner (Hg.): Schauspielerinnen. Der theatralische Eintritt der Frau in die Moderne. Bielefeld 1988; ferner Renate Möhrmann (Hg.): Die Schauspielerin. Zur Kulturgeschichte der weiblichen Bühnenkunst. Frankfurt a. M. 1989. Zum Sozialstatus der Schauspieler insgesamt Peter Heßelmann: Gereinigtes Theater? (Anm. 40), S. 253–277.
259 Sainte-Albine: Auszug aus dem Schauspieler (Anm. 216), S. 249.

vergangenen Jahrhunderts hingewiesen hat. Nicht zuletzt gewähren die Arbeiten Alexander Košeninas Einblick in ein vielschichtiges Gefüge von traditions-
gebundener rhetorischer Konzeption, medizinisch-philosophischer und neuer,
empiriegestützter anthropologischer Argumentation.[260]

Bereits die erwähnte Skizze zur Gebärdensprache von 1754/55 dokumentiert
Lessings Überzeugung vom leib-seelischen Zusammenhang. Anfang und Mitte
der sechziger Jahre des 18. Jahrhunderts dürfte das Wissen um den Konnex von
Leib und Seele für einen breiten Kreis von Philosophen und philosophisch ge-
bildeten Ärzten außer Frage gestanden haben. Erinnert sei an Georg Friedrich
Meier (1718–1777) und seine *Theoretische Lehre von den Gemüthsbewegungen
überhaupt* (1744), deren „Nutzen" er so definiert: „Der erste Nutzen, den diese
Wissenschaft verursachen kan [sic!], ist eine genaue Erkenntniß der menschlichen Seele, ja, des ganzen Menschen überhaupt." Und, bezogen auf die „Leidenschaften", fährt er fort: „Sie sind eine Quelle, woraus ein Strom unzäliger [!]
Veränderungen entsteht."[261] Anläßlich seiner weiteren Ausführungen zu den
Leidenschaften, zu den in ihnen wirksamen, Lust und Unlust erregenden „Begierden" und „Verabscheuungen", fällt dann auch der Begriff „modificatio-
nes".[262]

Košenina verweist im theoretisch-historischen Teil seiner Darstellung auf
Lessings Zeitgenossen Johann August Unzer (1729–1799), einen der philosophischen Ärzte, der sich selbst zum Kreis der Influxionisten bekannte, d. h. derer,
die den Einfluß seelischer Befindlichkeit auf den Körper für gegeben ansahen.
In Unzers *Gedancken vom Einfluß der Seele in den Körper* (1746) sieht Košenina
„beide Richtungen des Einflusses" wirksam, sowohl den der Seele auf den Körper, den „influxus animae", als auch den des Körpers auf die Seele", d. h. den
„influxus corporis". Er vermag im Text Indizien dafür auszumachen, daß der
philosophisch orientierte Mediziner Unzer „den selbstinduzierenden Einfluß
des Körpers auf die Seele [...] in die Argumentation" mit einbezogen habe.[263]

Damit ist der Hintergrund skizziert, vor dem Lessings Einlassungen zur
schauspielerischen Praxis a u c h gelesen werden wollen. Nach einigen kurzen
Bemerkungen zur Bedeutung des äußeren Erscheinungsbilds für den Schauspieler spitzt er die Frage nach der Eignung respektive Nichteignung des Spie-

---

260 Alexander Košenina: Anthropologie und Schauspielkunst (Anm. 86). Vgl. ferner Hans-
Jürgen Schings (Hg.): Der ganze Mensch. Anthropologie und Literatur im 18. Jahrhundert. DFG-
Symposium 1992. Stuttgart, Weimar 1994.
261 Georg Friedrich Meier: Theoretische Lehre von den Gemüthsbewegungen überhaupt.
Halle 1744 (Neudruck Frankfurt a. M. 1971), § 12, S. 13.
262 Ebd., § 31, S. 35.
263 Košenina: Anthropologie und Schauspielkunst (Anm. 86), S. 94.

lers für eine ihm aufgetragene Rolle auf den Kontrast von stark empfindenden und dem bloß Empfindung vorgebenden, „mechanische Nachäffung" betreibenden Darsteller zu. Wem von beiden er für die Theaterpraxis den Vorrang einzuräumen bereit war, dürfte, rückblickend auf seine Annotationen zu Rémond de Sainte-Albine und Antoine-François Riccoboni, klar sein.

Riccoboni selbst hat freilich an keiner Stelle seiner schauspieltheoretischen Abhandlung „mechanischer Nachäffung" das Wort geredet. In den Kapiteln „Die Einsicht" („l'intelligence") und „Der Ausdruck" („l'expression") fordert er lediglich die einsichtsvolle, gleichsam durch Reflexion moderat-leidenschaftliche Rollenpräsentation, die dann beim Zuschauer den Eindruck der Echtheit auszulösen vermag: „L'on appelle expression, l'adresse par laquelle on fait sentir au Spectateur tous les mouvements dont on veut paroître pénétré."[264] Lessing bewegt sich also einerseits durchaus im Rahmen der Anforderungen Riccobonis, ergänzt sie aber durch die bei Unzer bereits anklingende Idee psychophysischer Wechselwirkung, d. h. der Wechselwirkung von „influxus animae" und „influxus corporis". Und so beschreibt er in einem längeren Abschnitts des 3. Stücks der *Dramaturgie* den Prozeß willentlicher Erzeugung von „einer Art von Empfindung", eines „dunklen Gefühls" einer Leidenschaft, die dann ihrerseits auf die Psyche zurückwirke. Zur Frage der besseren Eignung des Gefühls- oder Verstandesschauspielers für die praktische Theaterarbeit schreibt er dann im 5. Stück der *Hamburgischen Dramaturgie*:

> Ohne Zweifel ist dieser, ungeachtet seiner Gleichgültigkeit und Kälte, dennoch auf dem Theater weit brauchbarer, als jener. Wenn er lange genug nichts als nachgeäfft hat, haben sich endlich eine Menge kleiner Regeln bei ihm gesammelt, nach denen er selbst zu handeln anfängt, und durch deren Beobachtung (zufolge dem Gesetze, daß eben die Modifikationen der Seele, welche gewisse Veränderungen des Körpers hervorbringen, hinwiederum durch diese körperliche Veränderungen bewirket werden) er zu einer Art von Empfindung gelangt, die zwar die Dauer, das Feuer derjenigen, die in der Seele ihren Anfang nimmt, nicht haben kann, aber doch in dem Augenblicke der Vorstellung kräftig genug ist, etwas von den nicht freiwilligen Veränderungen des Körpers hervorzubringen, aus deren Dasein wir fast allein auf das innere Gefühl zuverläßig schließen zu können glauben. (36).

Wie erwähnt: Lessing war mit dem medizinisch-philosophischen Schrifttum seiner Zeit vertraut, und so spricht er hier über den psycho-physischen Konnex und die Möglichkeit der Wechselwirkung von seelischer Befindlichkeit und körperlichem Zustand wie über ein „Gesetz".

---

264 Riccoboni: L'Art du Théâtre (Anm. 238), S. 36. Lessing übersetzt wie folgt: „Den Ausdruck nennt man diejenige Geschicklichkeit, durch welche man den Zuschauern diejenigen Bewegungen, worein man selbst versetzt zu sein scheint, empfinden läßt." In: PO 12, S. 90.

Ohne an dieser Stelle in extenso auf das breitgefächerte Schrifttum zum „ganzen Menschen" einzugehen, sei hier indes paradigmatisch auf Henry Home, Lord Kames (1696–1782), den schottischen Gelehrten verwiesen. Lessing erwähnt ihn im „Beschluß des 332. Briefes" der von ihm, Mendelssohn und Nicolai herausgegebenen *Briefe die Neueste Litteratur betreffend*, wobei er dem Übersetzer, Johann Nikolaus Meinhard, einem Theologen aus Erlangen, hohes Lob zollt: „Hier mußte sich der schöne Geist des Philosophen in dem Übersetzer vereinigen."[265] Der Brief weist das Datum „Den 4. Juli 1765" auf, gehört mithin in den weiteren Umkreis der *Dramaturgie*. Und Homes Einfluß auf das deutsche Geistesleben dürfte nicht hoch genug einzuschätzen sein.[266] Die Begründung und systematische Durchführung seiner Ästhetik der Bewegung auf der Grundlage psychologischer Tatsachen wurde von den Zeitgenossen als die ihm eigene Leistung anerkannt. Wie nahezu alle gelehrten Autoren seiner Zeit beruft er sich auf die Autorität eines Cicero, dessen Hinweis auf das Zusammenspiel von psychischer Bewegtheit, Ausdruck, Mimik, Sprache und Gebärde nachgerade zum klassischen Zitat avanciert, das in keinem philosophischen, poetologischen oder medizinisch-philosophischen Text fehlen darf: „Omnis enim motus animi suum quendam a natura habet vultum et sonum et gestum."[267]

In der ersten Fußnote zum Kapitel „Von den äußerlichen Kennzeichen der Bewegungen und Leidenschaften" seines Buchs *Elements of Criticism* (3 Bde., 1762) – *Grundsätze der Critik, in drey Theylen* – verweist er auf das rhetorisch Tradierte, wählt genau dieses Cicero-Zitat zum Ausgangspunkt seiner ferneren Analysen, indem er es in vielfältiger Weise um empirisch fundierte Beobachtung ergänzt. Zum psychophysischen Zusammenhang konnte Lessing dem Eingang des genannten Kapitels folgende These entnehmen: „So genau ist die Seele mit dem Körper verbunden, daß nicht eine Bewegung in ihr entsteht, die nicht eine sichtbare Wirkung auf diesen hervorbringt."[268] Home, dessen Einfluß auf Herder, Schiller und Lenz bedeutend war, sieht in der Verbindung von „Lei-

---

265 Lessing: Briefe, die Neueste Litteratur betreffend. Beschluß des 332. Briefes. In: PO 4, S. 273.

266 Vgl. Košenina: Anthropologie und Schauspielkunst (Anm. 86), S. 88–99. Zur Gesamtwirkung vor allem Nobert Bachleitner: Die Rezeption von Henry Homes ‚Elements of Criticism' in Deutschland 1763–1793. In: arcadia 20 (1985), S. 113–133.

267 Marcus Tullius Cicero: De oratore, III, 216. Übers.: „Denn jede Regung des Gemüts hat von Natur ihren charakteristischen Ausdruck in Miene, Tonfall und Gebärde". In: M. T. Cicero: De oratore. Übersetzt und hg. von Harald Merklin. 2 Aufl. Stuttgart 1976.

268 [Henry Home]: Grundsätze der Critik in drey Theylen. Aus dem Englischen übersetzt [von Johann Nikolaus Meinhard], Zweyter Theyl. Leipzig 1763, Das XV. Cap., S. 131–167, Zit. S. 131. Teil I: 1763, Teil III: 1766. Eine von Christian Garve und Johann Jakob Engel überarbeitete Auflage erschien in Leipzig 1772.

denschaften" und deren „äußerlichen Kennzeichen" einen „Actus", der „weit ausser der Sphäre der Augen ist" und fragt nach dem „Lehrer, der diese geheime Verbindung enthüllen kann", um dann sogleich diesen zu benennen: es sei dieser „Lehrer" die „Natur", deren Gesetze freilich nur durch „Erfahrung" und „fleissige Beobachtung" zu ergründen seien.[269] Immer den Blick auf seinen „Endzweck", die Förderung gesellschaftlicher Tugenden gerichtet, entwirft er eine Art Gattungslehre der Gebärden, der „äußeren Kennzeichen der Leidenschaften", wobei er von „zwei Gattungen" spricht:

> Einige [Kennzeichen sind] willkührlich, und andere natürlich. Die Worte sind willkührliche Kennzeichen, ausser einigen wenigen einfachen Tönen, die gewisse innerliche Bewegungen ausdrücken. Diese Töne [...] müssen das Werk der Natur seyn.

Doch einschränkend gibt er zu bedenken:

> Aber obgleich die Worte willkührlich sind, so ist es doch die Art, sie zu brauchen, nicht gänzlich; denn jede Leidenschaft hat von der Natur ihre besondern, ihre angemeßenen Ausdrücke und Töne.[270]

„Willkührliche" und „natürliche" Zeichen oder, wie es auch heißt, „freywillige" und „nothwendige" Kennzeichen:[271] Am Beispiel dieser „zwo Gattungen",[272] die, ungeachtet des Orts und der Zeit sowie der „Verschiedenheit der Nationen" allen Menschen als eine „allgemeine Sprache"[273] verständlich sei, entwickelt Home seine Bewegungslehre, in der er in einem Katalog von Exempeln die psychische Befindlichkeit und die von ihr bewirkten körperlichen Veränderungen als von der „ursprünglichen Einrichtung der menschlichen Natur"[274] aufeinander bezogen beschreibt.

Konsequent verfolgt Home seinen sensualistischen Ansatz und vermeidet jeden Anschein einer philosophischen Begründung seiner Argumentation. Sowohl „ergetzende" als auch „verdrüßliche Leidenschaften" wie Zorn, Haß oder Furcht zeigen sich nach ihm im Mienenspiel, Gestus und Ausdruck der Stimme als Zeichen, die jeder Mensch abzulesen und zu deuten vermöge. Daß dies von Home als Erkenntnisakt eigener Art verstanden wird, macht folgender Satz deutlich: „Und es ist der Analogie der Natur gemäß, dass wir die Leidenschaften an ihren äußerlichen Kennzeichen anschauend erkennen sollten."[275]

---

269 Ebd., S. 132.
270 Ebd., S. 134.
271 Ebd., S. 142.
272 Ebd., S. 141.
273 Ebd., S. 142.
274 Ebd., S. 163.
275 Ebd., S. 154.

Über die speziell schauspieltheoretischen Einlassungen der Franzosen hinaus ist damit das weitere kunsttheoretische Beziehungsgeflecht skizziert, in dem Lessings Einsichten gleichsam zu verorten sind. Selbstredend war ihm die Zeichenlehre seiner Zeit mit ihrer Unterscheidung von „natürlichen" und „willkürlichen" Zeichen vertraut. Vertraut war ihm auch die von Home hervorgehobene Differenz von „freywilligen" und „nothwendigen", d. h. „unvorbedachten" Bewegungsabläufen. Freilich ergänzt er Homes Vorstellung vom naturgegebenen Einfluß der Seele auf den Körper, ablesbar an bestimmten „äußeren Kennzeichen", durch den umgekehrten Vorgang, den „influxus corporis", den Johann August Unzer (1729–1799), der sich selbst „Schüler der Artzneiwissenschaft" nannte, nach einem Tierversuche und Neurologie einbeziehenden Schlußverfahren für erwiesen ansah, wenn er den „mechanischen Ärzten" entgegenhielt: „Ist es noch nicht genug bestätiget, daß die Sele [sic!] in den Körper, und dieser wiederum in sie zurück würcke?"[276]

5 „Sonus" und „Gestus": Zur Physiognomik der Stimme

„Sonus" und „Gestus", Stimme und Gebärde, seit Cicero und Quintilian untrennbar aufeinander bezogene Ausdrucksmittel,[277] garantieren im harmonischen Zusammenspiel die erwünschte emotionale Wirkung der Rede. Sowohl der „Bewegung aller Teile des Körpers" als auch der „Stimme" galt auch die Aufmerksamkeit Antoine-François Riccobonis in seiner Schrift *L'Art du Théâtre* (1750).[278] Aufnehmen konnte er hier die Gedanken seines Vaters Louis (Lodovico), gen. Lelio (1677–1713). In der Grußadresse „An die Madame ***" erinnert er sich an „ein kleines Werk" seines Vaters, welches *Gedanken über die Deklamation* heißt. „Es ist voller feinen und zärtlichen Betrachtungen",[279] und er betont das Unterrichtende dieser Abhandlung. Nur fünfundvierzig Seiten umfassend und ausgestattet mit einer Widmung an den Gouverneur von Paris, den Duc de Gesures, sind die *Pensées sur la Déclamation* 1738 erschienen. Selbstredend führt Louis Riccoboni die Zeugnisse der Alten ins Feld, um die Bedeutsamkeit von gekonnter „éloquence" und „déclamation" für zahlreiche Berufsstände und Institutionen – „les Orateurs sacrés, le Barreau, les Académies, les Collèges [...]

---

276 Johann August Unzer: Gedancken vom Einfluß der Seele in ihren Körper. Halle 1746, § 40, S.105.
277 Vgl. dazu Cicero: De oratore (Anm. 267), III, 216.
278 Riccoboni: L'Art du Théâtre (Anm. 238). Lessings Übersetzung in: Die Schauspielkunst. In: PO 12, S. 77–114.
279 Ebd., S. 79.

les Théâtres publics" – hervorzuheben. Deklamatorischer und gestischer Ausdruck, aufeinander abgestimmt, vermögen Gedanken sinnenfällig zu machen. Gleich zu Beginn seiner Schrift definiert er sein Anliegen wie folgt: „L'Art de la Déclamation consiste à joindre à une pronunciation variée l'expression du geste, pour mieux faire sentir toute la force de la pensée." Und mit Blick auf die Aufnahmebereitschaft von Zuhörern und Zuschauern resümiert er:

Les tons de l'expression, et les mouvemens du corps et des bras sont d'une parfaite intelligence, et marchent toujours conjointement: ils agissent avec une telle harmonie, que si l'un se dérange, la faute en réjaillit sur l'autre.[280]

Bewegungsablauf und Stimmführung in vollkommener Übereinstimmung, im Einvernehmen so quasi, im harmonischen Zusammenspiel so, daß ein „Dérangement" des einen Elements das des anderen notwendig zur Folge haben würde. Nur ein Aufeinander-abgestimmt-Sein vermag die vom „Orateur" oder „Comédien" intendierte Wirkung zu erzielen.

Lessing dürfte also vertraut gewesen sein mit Fragen zur Physiognomik der Stimme;[281] zum einen aufgrund seiner intimen Kenntnis der bis weit ins 18. Jahrhundert tradierten und Autorität gebietenden Leitsätze antiker Autoren zum Themenbereich des Zusammenspiels von Stimme, Gestus und Mimik mit dem Ziel emotionaler Wirkung auf ein Publikum: „Adfect omnes languescant necesse est, nisi voce, vultu, totius prope habitu corporis inardescunt." So eine der Kernaussagen des Rhetoriklehrers Quintilian.[282] Zum andern kann man seine Vertrautheit mit dem französischen Schrifttum zu Fragen der Schauspielerei und des beredten Vortrags voraussetzen.

Hier mochte ihn wiederum Dubos angeregt haben. Im vierten „Abschnitt" – *De l'art ou de la Musique poétique* – des dritten, von Lessing übersetzten Bandes der *Réflexions* bietet er, gestützt auf die spätrömischen Autoritäten Aristides Quintilianus (ca. 300 n. Chr.), Martianus Capella (nach 410 n. Chr.) und Boethius (480–524) einen musikhistorischen Exkurs über die Möglichkeit eines Notationssystems sowohl für den Gesang als auch für die Deklamation sowie über die

---

280 Louis Riccoboni: Pensées sur la Déclamation. Paris 1738, Zit. S. 3 und 27.
281 Einen weit ausgreifenden Überblick zur Physiognomik der Stimme legte vor Reinhart Meyer-Kalkus: Stimme und Sprechkünste im 20. Jahrhundert. Berlin 2001. Hier sei besonders verwiesen auf das bis zur Zeit der Weimarer Klassik reichende, einleitende Kapitel „Rückblick auf die Geschichte der Physiognomik der Stimme", S. 13–28.
282 Quintilianus: Institutio oratoria (Anm. 251), XI, 3,2. Übersetzt nach Quintilianus: Ausbildung des Redners (Anm. 251): „Alle Gefühlswirkungen müssen matt werden, wenn sie nicht ihr Feuer erhalten durch die Stimme, das Mienenspiel und nahezu alles in der Haltung des Körpers."

„Wirkungen, deren die Stimme fähig ist".[283] Im Anschluß an Martianus Capella entwirft Dubos eine Art Gattungslehre der Stimme:

> Der Klang der Stimme kann in zwei Arten eingeteilet werden, nämlich in den stetigen und in den nach gewissen Intervallen abgeteilten Klang. Der stetige ist der Klang der einfachen Aussprache bei gewöhnlichen Unterredungen. Der abgesonderte aber ist der Klang der Aussprache eines Menschen, welcher eine Modulation ausführet. [...] Zwischen diesen zwei Arten ist noch noch mittlere Art, welche etwas von der stetigen und etwas von der abgeteilten hat. Dieser Mittelklang der Stimme ist nicht so unterbrochen als der Gesang, er fließt aber auch nicht so unterbrochen als der Gesang, er fließt aber auch nicht so in einem fort als der Klang eines gemeinen Gesprächs.[284]

Und Dubos kommentiert dieses für den weiteren angesprochenen Kontext bedeutsame Zitat aus Capellas siebenbändiger Enzyklopädie *Liber de nupttis Mercurii et Philologiae* (ca. 520 n. Chr.), indem er an dieser Stelle den Begriff „carmen" im Sinne einer rhythmisch gebundenen Spruchrede einbringt. „Carmen", so Dubos weiter, bedeute „eigentlich die angemessene Deklamation der Verse, die nicht gesungen wurden", wobei er die Vorstellung der „Modulation", verstanden als Abstufung von Tonstärken und Klangfarben nicht nur im „musikalischen Gesang", mit in die Erörterung einbezieht.[285] Daß hier die spätantike Überlieferung der Bühnensprache seiner Zeitgenossen durchaus förderlich sein könnte mit ihrer Lehre vom „mittleren Klang", dokumentiert das Resümee zu Capellas Ausführungen aufs eindrücklichste: „Besser könnte man unsre Deklamation, welche zwischen dem musikalischen Gesange und der einfachen Sprechart in gemeinen Reden das Mittel hält, nicht beschreiben, als sie Capella unter dem Namen eines mittleren Klanges beschreibt."[286]

Es ist nun genau diese extreme Ausschläge meidende mittlere Stimmlage, verbunden mit einem „abwechselnden Mouvement der Stimme" (56), die Lessing im 8. Stück der *Hamburgischen Dramaturgie* anläßlich einer Vorstellung der fünfaktigen Komödie *Mélanide* des Pierre Claude Nivelle de la Chaussée (1692–1754) als besondere künstlerische Gabe der Eleonore Luise Löwen (1738–1783) hervorhebt, eine Gabe, die, vergleichbar „jener natürlichen Musik, gegen die sich unfehlbar unser Herz eröffnet", von „unglaublichde[r]" Wirkung sei. Das entspricht denn auch der auf Mäßigung hinzielenden Tendenz, die Hamlet in der zweiten Szene des dritten Akts seinen drei Schauspielern zu beherzigen nahelegt: „Sprecht die Rede so, wie ich sie euch vorsagte; die Zunge muß nur

---

283 Dubos/Lessing: Ausschweifung (Anm. 245), S. 267.
284 Ebd., S. 268.
285 Ebd.
286 Ebd.

eben darüber hinlaufen." Und, das Zusammenspiel von Stimme und Gebärde fordernd, heißt es im 5. Stück der *Dramaturgie* weiter: „Auch durchsägt mir mit eurer Hand nicht so sehr die Luft, sondern macht es hübsch artig; denn mitten in dem Strome, mitten in dem Sturme, mitten, so zu reden, in dem Wirbelwinde der Leidenschaften, müßt ihr noch einen Grad von Mäßigung beobachten, der ihnen das Glatte und Geschmeidige gibt." (44)

Hier also, im 5. Stück, mit den Worten Shakespeares, das Credo Lessings mit Blick auf das schauspielerische Geschäft, „eine goldene Regel für alle Schauspieler, denen an einem vernünftigen Beifalle gelegen ist". Anspielend sowohl auf die „Heftigkeit der Stimme" als auch auf ihre „Bewegungen" verpflichtet er die Darsteller zu ebenjener „Mäßigung, zu der sie die Kunst auch in den heftigsten Leidenschaften verbindet" (45 f.).

6 Schauspielkunst im Kontext der zeichentheoretischen Explikationen: Laokoon

Damit ist die Blickrichtung auf den *Laokoon*, jene „unordentlichen", annähernd zeitgleich mit der *Dramaturgie* entstandenen Kollektaneen „zu einem Buche" vorgegeben, in dem sich das Erkenntnisinteresse Lessings auf die Poesie – mit ihren Gattungen – sowie auf die den bildenden Künsten eigentümlichen Möglichkeiten und Grenzen richtet.

Malerei und Poesie, beide von Lessing als „freundschaftliche Nachbarn" bezeichnet, die indes in „wechselseitiger Nachsicht [...] des anderen Gerechtsame" zu respektieren gehalten sind,[287] um der Gefahr einer Grenzüberschreitung zu entgehen, die er im Kapitel XVII des *Laokoon* als „Kollision" des „Koexistierenden des Körpers mit dem Konsekutiven der Rede" beschreibt.[288] Die Schauspielkunst, im 5. Stück der *Dramaturgie* von Lessing als gleichermassen „sichtbare" wie auch „transitorische Malerei" definiert, vermag dann mit den ihr eigenen „Mitteln, oder Zeichen" das Koexistierende der Körper „mit ihren sichtbaren Eigenschaften" mit dem „Konsekutiven" der Handlungen, als den „eigentlichen Gegenständen der Poesie" gleichsam zu versöhnen.[289] Sind bildende Künste und Dichtung jeweils eigenen Gesetzen verpflichtet, einerseits

---

287 G. E. Lessing: Laokoon: oder über die Grenzen der Mahlerey und Poesie. Berlin 1766, Kap. XVIII; Abdruck in: PO 4, S. 291–425, Zit. S. 371.
288 Ebd., S. 368. Verwiesen sei hier auf die Studien Friedrich Vollhardts zum *Laokoon*, besonders zum zentralen Kapitel XVI in der von ihm herausgegebenen kommentierten Studienausgabe (Anm. 19), S. 452–457.
289 Lessing: Laokoon (Anm. 287), Kap. XVI, S. 360.

dem der Schönheit, andererseits dem Gebot der „Wahrheit und [dem] Ausdruck",[290] so hat die Schauspielkunst Anteil an den „Gerechtsamen" der beiden benachbarten Künste. Sie vermag sowohl Körper in ihrer raumzeitlichen
Dimension als auch Handlungen, soweit sie „gewissen Wesen anhängen",
nachzuahmen.[291]

Blicken wir zurück auf die Bewegungslehre Henry Homes mit ihrer Unterscheidung zwischen „freywilligen" und „nothwendigen" Zeichen, beziehen wir
darüberhinaus Lessings im *Laokoon* entwickelte Zeichenlehre mit ein in unseren Kontext, so vermag dies die besondere, die „Kollision" des „Koexistierenden" mit dem „Konsekutiven" überbrückende Mittelstellung der Schauspielkunst zum einen und den Aufgabenbereich des Schauspielers zum andern zu
erhellen. „Die Zeichen der Poesie", so Lessing das Kapitel XVII des *Laokoon*
einleitend, „sind nicht bloß aufeinanderfolgend, sie sind auch willkührlich;
und als willkührliche Zeichen sind sie allerdings fähig, Körper, so wie sie im
Raume existieren, auszudrücken".[292] Und noch einmal, drei Jahre nach dem
Laokoon, im Brief an Friedrich Nicolai vom 26. Mai 1769, ist er um Präzisierung
seiner Ausführungen zur Zeichenlehre bemüht. Indem er einerseits die Über-
schneidung, d.h. die Vermischung des Konsekutiven mit dem Koexistierenden,
der natürlichen mit den willkürlichen Zeichen als Möglichkeit einzuräumen bereit ist – „beyde", Malerei und Poesie, können „im Gebrauche ihrer Zeichen [...]
eben sowohl natürlich, als willkührlich seyn" –, gesteht er andererseits diesen
„vermischten" Darstellungsweisen nur den Rang einer „niedrigen Gattung"
zu.[293] Im Kontext seiner zeichentheoretischen Explikationen kontrastiert er
dann diese gleichsam mindere „Gattung", mit der sich, wie es im XIX. Kapitel
des *Laokoon* heißt, „der Prosaist" begnügen mag, mit der „Vollkommenheit"
einer „höheren Gattung". Und er ist sich dessen „gewiß, daß je mehr sich die
Malerey von den natürlichen Zeichen entfernt, oder die natürlichen mit willkührlichen vermischt, desto mehr entfernt sie sich von ihrer Vollkommenheit:
wie hingegen die Poesie sich um so mehr ihrer Vollkommenheit nähert, je mehr
ihre willkührlichen Zeichen den natürlichen näher bringt".[294] Und nochmals
hebt er ab an anderer Stelle des Briefs auf die qualitative Differenz von „Prose"
einerseits und „Poesie" andererseits, wenn er schreibt:

---

290 Ebd., Kap. III, S. 305.
291 Ebd., S. 360.
292 Ebd., S. 365 f.
293 Lessings Brief an Friedrich Nicolai vom 26. Mai 1769. In: G. E. Lessing: Sämtliche Schriften
(Anm. 174), Bd. 17, S. 290 f.
294 Ebd., S. 290.

> Die Poesie muß schlechterdings ihre willkührlichen Zeichen zu natürlichen zu erheben suchen; und nur dadurch unterscheiden sie sich von der Prose, und wird Poesie. Die Mittel, wodurch sie dieses thut, sind der Ton, die Worte, die Stellung der Worte, das Sylbenmaß, die Figuren und Tropen, Gleichnisse usw. Alle diese Dinge bringen die willkührlichen Zeichen den natürlichen näher; aber sie machen sie nicht zu naürlichen Zeichen: folglich sind alle Gattungen, die sich nur dieser Mittel bedienen, als die niedern Gattungen der Poesie zu betrachten; und die höchste Gattung der Poesie ist die, welche die willkührlichen Zeichen gänzlich zu natürlichen Zeichen macht. Das aber ist die dramatische; denn in dieser hören die Worte auf, willkührliche Zeichen zu seyn, und werden natürliche Zeichen willkührlicher Dinge.[295]

Die dramatische Poesie als „die höchste [...] ja die einzige", wie er abschließend, gestützt auf Aristoteles, konstatiert. Es sind diese Einlassungen Lessings sowohl im *Laokoon* als auch im Brief an Nicolai, die aufs deutlichste zeigen, in welchem kunsttheoretischen Beziehungsgeflecht die Schauspielkunst ihren Aufgabenbereich findet.

Mit aller gebotenen Zurückhaltung mag sich der Vergleich mit der Aufführungspraxis der Musik anbieten. So wie die Partitur mit all ihren vom Komponisten eingeschriebenen Vortragszeichen erst durch die vokale und instrumentale Wiedergabe ihre volle, den Zuhörer berührende Wirkung erzielen kann, so harrt gleichsam das syntaktisch-semantische Textgefüge der Dramenpartitur der Wiedergabe durch den Schauspieler. Ihm obliegt die Verwandlung der willkürlichen in natürliche Zeichen, um so jene den Zuschauer illudierende Kraft zu erreichen, die das Mitleid als tragischen Affekt erst hervorzurufen vermag.

Aus der Ambivalenz des Transitorischen entwickelt Lessing das Offizium des Schauspielers. Im dialektischen Spiel von „willkührlichen" und „natürlichen" Zeichen wird er zum Vermittler, zum produktiv Mitwirkenden, von dem im gegebenen Fall erwartet wird, dort „kühnlich" das zu tun, „was der Dichter hätte tun sollen". So beispielhaft in der Besprechung der Vorstellung von Jean Baptiste Gressets dreiaktigem Versdrama *Sidney* (1745) im 17. Stück der *Dramaturgie*. Statt „Politesse" und „Rangordnung", wie die Textvorlage den Dialog zwischen Herrn (Sidney) und Diener (Dumont) vorschreibt, wünscht sich Lessing hier eine Geste der „Menschlichkeit". Und so wendet er ein:

> Ist es erlaubt, die Dankbarkeit der Politesse aufzuopfern? Der Bediente hat ihn gerettet; dem Bedienten gehört das erste Wort, der erste Ausdruck der Freude. [...] Wenn ich Schauspieler wäre, hier würde ich es kühnlich wagen, zu tun, was der Dichter hätte tun sollen. Wenn ich schon, wider seine Vorschrift, nicht das erste Wort an meinen Erretter richten dürfte, so würde ich ihm wenigstens den ersten gerührten Blick zuschicken, mit der ersten dankbaren Umarmung auf ihn zueilen. (88)

---

295 Ebd., S. 291.

Bei allem Vorbehalt gegenüber Rémond de Sainte-Albines Präferenz für ein Spiel aus der Empfindung: hier konnte sich Lessing dessen Ansicht zum Selbstverständnis des Schauspielers anschließen. Die auszugsweise Übersetzung der Schrift *Le Comédien* (1747) im ersten Stück der *Theatralischen Bibliothek* (1754) spricht für Rémonds Aufgeschlossenheit für Fragen zur Schauspielerei – verstanden als „freye Kunst", als Kunstübung sui generis. Und wenn Lessing gegen Ende der „Ankündigung" zu einer *Hamburgischen Dramaturgie* abhebt auf das wünschenswerte intellektuelle Potential des Darstellers – „Er muß überall mit dem Dichter denken: er muß da, wo dem Dichter etwas Menschliches widerfahren ist, für ihn denken" –, dann erweist er sich als Teilnehmer an der europäischen Theoriediskussion über Bühnenkunst. Zur Zeit seiner Hamburger Dramaturgentätigkeit konnte er, vertraut mit der Fachliteratur des frühen und mittleren 18. Jahrhunderts, auf deren Erkenntnisse zurückgreifen. Mindestens seit Rémonds Buch, das noch 1825 in Paris eine Neuauflage erfuhr, kann seine Auffassung in puncto Schöpfungspotential des Schauspielers als geklärt gelten: „Il ne doit pas se contenter de suivre fidèlement son Auteur: il faut qu'il l'aide, et qu'il le soutienne. Il faut qu'il devienne Auteur lui-même."[296] Lessing übersetzt die Stelle wie folgt:

> Es ist nicht hinreichend, daß er bloß seinem Verfasser treulich folgt; er muß ihm nachhelfen; er muß ihn unterstützen. Er muß selbst Verfasser werden; er muß nicht bloß alle Feinheiten seiner Rolle ausdrücken; er muß auch neue hinzutun; er muß nicht bloß ausführen; er muß selbst schaffen.[297]

7 „Eine sehr geistreiche und belebte Unterhaltung" – Johann Jakob Engel, August Wilhelm Iffland, Friedrich Schiller

Lessings der Schauspielkunst gewidmete Beobachtungen bleiben fragmentarisch, lassen, wie das Ganze seines dramaturgischen Hauptwerks, keine Systematik erkennen. Und doch vermitteln sie bedeutende Anstöße, die in den späten Dezennien des 18. Jahrhunderts aufgegriffen und produktiv weitergeführt werden sollten. Spuren werden lesbar in August Wilhelm Ifflands *Briefen über die Schauspielkunst* (1781/82) sowie in dessen *Fragmenten über Menschendarstellung* (1785) mit der Empfehlung „der Natur nichts [zu] benehmen, und doch im Ganzen eine gewisse Grazie, eine Rundung des Spiels bei[zu] behal-

---

296 Sainte-Albine: Le Comédien (Anm. 227), S. 16 des Neudrucks.
297 Sainte-Albine: Auszug aus dem Schauspieler (Anm. 216), S. 223.

ten".[298] Allen voran war es freilich Johann Jakob Engel (1741–1802), seines Zeichens Professor am Joachimsthalschen Gymnasium, seit 1788 der tonangebende Mann im Königlichen Nationaltheater zu Berlin, der Lessings Prolegomena zu einer Schauspielkunst aufzunehmen und systematisch weiterzuführen vermochte. Seinen 1785 und 1786 in zwei Bänden publizierten *Ideen zu einer Mimik*, zu denen Johann Wilhelm Meil (1733–1805) erläuternde Kupfer beisteuerte, schenkte die Forschung seit den neunziger Jahren Aufmerksamkeit.[299]

Wie Lessing nimmt Engel sowohl die rhetorische Tradition als auch die zeitgenössische Theoriedebatte in seine Konzeption auf. So begründet er beispielsweise seinen Vorbehalt gegen den bloß nachahmenden Gestus mit der Mahnung Quintilians, nachahmende Rednergebärden zu vermeiden.[300] Geläufig ist ihm auch das Schrifttum, das Lessing zur Verfügung stand: Pierre Rémond de Sainte-Albine, Antoine-François Riccoboni, Dubos und Jean Georges Noverre. Darüberhinaus beruft er sich auf Descartes' Traktat *Les Passions de l'Ame* (1649), Henry Homes *Elements of Criticisme* (1762), zieht Werke aus dem Grenzbereich zur bildenden Kunst heran wie Charles Le Bruns *Conférences sur l'expressions des différents caractères des passions* (1667) sowie Gérard de Lairesses *Grosses Mahler Buch* (*Het groot Schilderboek*, 1707). Nicht zuletzt ist es Johann Nikolaus Tetens (1736–1807), einer der Begründer der auf Beobachtung beruhenden „Erfahrungs-Seelenlehre", dessen *Philosophische Versuche über die menschliche Natur und ihre Entwicklung* (1777) seinem Interesse entgegenkommt. Die Seele, von Tetens als „immaterielles Ich, als wirkende und bewegende Kraft" definiert,[301] ist gleichermaßen „wirksam" und aufnehmend; denn „sie leidet, indem sie Eindrücke und Veränderungen in sich aufnimmt, die von fremden Ursachen in ihr entstehen". Demgegenüber stehe ihr Wirken „außer sich heraus auf den Körper". „Gemüths-Zustände und Empfindnisse" ließen sich aus ihrem Verhalten ablesen.[302]

---

298 Eine Neuedition der Schauspielerschriften besorgte Alexander Košenina: August Wilhelm Iffland: Beiträge zur Schauspielkunst. Briefe über die Schauspielkunst. Fragmente über Menschendarstellung auf den deutschen Bühnen. Mit einem Nachwort hg. von Alexander Košenina. Hannover 2009 (Theatertexte 20), Zit. S. 10.

299 Die hier lediglich skizzenhafte Darstellung der Konzeption Engels stützt sich im Wesentlichen auf folgende genannte Arbeiten: Wolfgang F. Bender: Vom „tollen Handwerk" zur Kunstübung (Anm. 86); Erika Fischer-Lichte: Entwicklung einer neuen Schauspielkunst (Anm. 86); Alexander Košenina: Anthropologie und Schauspielkunst (Anm. 86), bes. S. 152–182.

300 Quintilianus: Institutio oratoria (Anm. 251), XI 3,88: „Quod est genus quam longissime in actione fugiendum." Übersetzt nach Quintilianus: Ausbildung des Redners (Anm. 251): „Diese Art von Gebärden ist beim Vortrag aufs äußerste zu vermeiden."

301 Johann Nikolaus Tetens: Philosophische Versuche über die menschliche Natur und ihre Entwicklung. Bd. 1. Leipzig 1777 (Nachdruck Hildesheim 1978), S. IV.

302 Ebd., 1. Versuch, „Über die Natur der Vorstellungen", S. 13.

Abb. 7: Johann Jakob Engel. Blatt in Schabmanier von Johann Elias Haid nach Daniel Nikolaus Chodowiecki.

Angeregt von Lessing Überlegungen zur Wechselwirkung von Physis und Psyche und wissenschaftlich fundiert durch Tetens' Erkenntnis menschlicher „Seelenvermögen", sieht Engel in der „Fertigkeit",[303] in der Beherrschung der Gebärde die Möglichkeit für den Schauspieler, sich die „inneren Veränderungen unsrer Seele",[304] die wechselnden Empfindungen derselben verfügbar zu machen. Dabei betont er die Absicht, „alles zu Specielle" zugunsten „allgemeiner Grundsätze" zu vermeiden, alles „zu Eigenthümliche", zu Historische „fahren [zu] lassen", um das „Wesentliche, dieses Natürliche, welches nach Absonderung aller Verschiedenheit unter den Menschen übrig bleibt" zu akzentuieren.[305]

Hatte Lessing im 3. Stück der *Dramaturgie* die der Leibniz-Wolff'schen Tradition eigene Vorstellung von den „Modifikationen der Seele" als ein „Gesetz" aufgegriffen, so führt Engel diesen Ansatz weiter und entwickelt aus ihm sein Konzept einer Schauspielkunst als Ausdruckskunst. Bemüht um „Grundsätze", reduziert er im 12. Brief die Vielzahl der „Affekte", verstanden als „alle lebhaftere Wirksamkeit der Seele, die eben ihrer Lebhaftigkeit wegen mit einem merklichen Grade von Vergnügen oder Mißvergnügen verbunden ist", auf zwei: die „Begierde des Verstandes" sowie die „des Herzens":[306] – Grundaffekte gewissermaßen. Und er fügt im 13. Brief hinzu, „daß alle diese Begierden unnennbar mannichfaltige Modifikationen leiden und durch unzählich viel Stufen gehn".[307] Mit Blick auf ebendiese Mannigfaltigkeit und ihre Abstufungen trifft er die Unterscheidung zwischen Malerei und Ausdruck:

> Malerey ist mir […] jede sinnliche Darstellung der Sache selbst, welche die Seele denkt; Ausdruk [sic!] jede sinnliche Darstellung der Fassung, der Gesinnung, womit sie sie denkt; des ganzen Zustands, worinnen sie durch ihr Denken versetzet wird.[308]

Kaum zu übersehen, daß Engel hier Anschluß findet an das 5. Stück der *Hamburgischen Dramaturgie*, in dem Lessing die Mittelstellung der Schauspielkunst zwischen „sichtbarer", der „Schönheit" verpflichteter Malerei einerseits und „transitorische[r] Malerei" andererseits, der „das Wilde eines Tempesta, das Freche eines Bernini öfters" erlaubt sei, klar herausstellt. Und in Fortsetzung dieses Satzes heißt es: „Es hat bei ihr alle das Ausdrückende, welches ihm [d. h.

---

303 Johann Jakob Engel: Ideen zu einer Mimik. 2 Teile. Berlin 1785/86. Nachdruck Darmstadt 1968; Zit., Teil 1, 2. Brief, S. 20 f.

304 Ebd., Teil 1, 7. Brief, S. 73.

305 Ebd., Teil 1, 4. Brief, S. 39 f.

306 Ebd., Teil 1, 12. Brief, S. 138.

307 Ebd., Teil 1, 13. Brief, S. 154.

308 Ebd., Teil 1, 8. Brief, S. 79.

Bernini] eigentümlich ist, ohne das Beleidigende zu haben, das es in den bildenden Künsten durch den permanenten Stand erhält." (45)

„Malerey" und „Ausdruk": Im „zweyten Theil" seiner *Mimik* bringt Engel die Möglichkeiten und Grenzen einer „Zusammensetzung malender und ausdruckender Gebehrden" in die Diskussion ein und fragt:

> Müssen denn [...] Ausdruk und Malerey immer unvereinbar, immer im Streit seyn? Kann es nicht Fälle geben, wo beyde sich entweder vollständig oder doch einigermaßen verbinden lassen, und andere Fälle, wo sie völlig in Eins verfliessen?

Die Frage ist rhetorisch, enthält in ihrer Formulierung bereits die Antwort. Die Lizenzen für die genannten Fälle sind indes eng gezogen, präzisiert im Begriff der „homogenen Empfindungen" und festgelegt in der „Regel",

> daß da, wo die Seele sich wirklich ganz im Object befindet und ihr eigenes Selbst von der Vorstellung dieses Objects nicht unterscheidet, oder kürzer: daß bey allen homogenen Empfindungen die Malerey eben deßwegen erlaubt ist, weil sie sich nicht vom Ausdruke trennen läßt, weil eben durch sie der Ausdruk geschieht.[309]

Weder die bloße „Darstellung der Natur" – „ein Grundsatz, der nirgends hinreicht", wie Engel klarstellt[310] – noch ein Spiel, das der bloßen Empfindung, diesem nach Lessing „streitigsten unter den Talenten eines Schauspielers" (35) freien Lauf läßt, entspricht seiner Aufassung. Sondern es ist in Analogie zur „Pflicht des Dichters" eine die „Auswüchse" und „kleinen Disharmonien der Natur meidende, wegschneidende" Rolleninterpretationm,[311] die erst jene Vollkommenheit des Spiels zu erreichen vermag, die sowohl Lessing als auch Engel als die besondere Leistung eines Konrad Ekhof rühmen. Im Blick auf das im Schauspielerdiskurs allenthalben thematisierte Problem der Empfindung wird dann das Rollenverständnis dieses „vortrefflichsten Schauspieler[s]" in seiner Vorbildlichkeit beschrieben:

> Von unserm Ekhoff weiß ich, daß er sich, weder in Ansehung der Deklamation noch des Spiels, auf die blosse Empfindung verließ; daß er sich vielmehr, während der Vorstellung, in Acht nahm, nicht zu sehr in Empfindung zu gerathen, damit er nicht, bey ermangelnder Besonnenheit, mit weniger Wahrheit, Ausdruk, Harmonie und Haltung spielte.[312]

Im ersten seiner fiktiven Briefe lenkt Engel die Aufmerksamkeit des Lesers auf Lessings Sainte-Albine-Kritik in der *Theatralischen Bibliothek* und auf dessen

---

309 Ebd., Teil 2, 28. Brief; beide Zit. S. 1 f. und 4.
310 Ebd., Teil 1, 2. Brief, S. 17.
311 Ebd., S. 19.
312 Ebd., S. 16.

nie verwirklichtes Vorhaben, „ein kleines Werk über die körperliche Beredsamkeit"[313] vorzulegen. Engel selbst, der Mann des Theaters, ist um vermittelnde Anschauung seiner Ideen bemüht. Zahlreiche literarische Beispiele, begrenzte und doch prägende Szenenabfolgen u. a. aus Werken Lessings (*Emilia Galotti, Der Schatz*), Goethes (*Clavigo*), Gotters (*Medea*), v. Cronegks (*Olint und Sophronia*), v. Törrings (*Agnes Bernauer*) und Shakespeares (*König Johann*) machen den besondern Reiz der *Ideen zu einer Mimik* aus. Nicht zuletzt mögen die erläuternden Kupfer, die der Zeichner, Stecher und Radierer Johann Wilhelm Meil beisteuerte, den Eindruck erwecken, als liege hier ein Lehrbuch vor, eine Anleitung so quasi zu einer dem jeweiligen Dramentext adäquaten Darstellung. Dies ist indes mitnichten der Fall. Zwar spricht Engel gegen Ende seiner „Betrachtungen" vom „practischen Nutzen" dieser „Beyspiele", jedoch vor allem, wie er hinzufügt, um „nachdenkende Künstler zu weiterm Betrachten zu reizen".[314]

Vertraut mit den neuen Erkenntnissen einer wissenschaftlich abgesicherten Psychologie, geht es Engel, dessen *Ideen* noch bis ins 19. Jahrhundert eine positive Aufnahme finden sollten, nicht um Lehranweisungen, sondern, wie er gegen Ende betont, um eine „Theorie der Mimik", eingeschränkt „nur auf das Allgemeinste" oder, wie er mit Blick auf mögliche Erwartungen an den „nachdenkenden Künstler" schreibt, um „leitende Ideen". Es sei dann „die Sache des Schauspielers selbst [...], sich sorgfältig in das Eigenthümliche seiner Rolle hinein[zu]studiren, und des Seelenlehrers, der ihm, zur Erleichterung dieses Studiums, die allgemeinen leitenden Ideen an die Hand geben soll".[315] Innerhalb des ästhetisch klar begrenzten Bereichs eines dichterischen Textes eröffnet sich dem Schauspieler oder der Schauspielerin eine Fülle schöpferischer Darstellungsmöglichkeiten, durch die der Text überhaupt erst zur Anschauung und illudierender Wirkung gelangt; denn dann erst entstehe – so im 2. Brief – der „höchst mögliche Grad der Wahrheit, und durch diese Wahrheit die höchst mögliche Täuschung".[316]

Von „Wahrheit und Täuschung" auf der Bühne ist auch die Rede in August WilhelmIfflands *Briefen über die Schauspielkunst* (1781/82), doch er sieht beide Kriterien weder im Raisonnement eines Rémond de Sainte-Albine noch im „gemisbrauchten Feldgeschrei Natur" der Bühne seiner Zeit verwirklicht.[317] Seine eigene Bühnenpräsenz, verpflichtet der „Menschenkunde" als dem „Inbegriff

---

313 Ebd., Teil 1, 1. Brief, S. 11.
314 Ebd., Teil 2, 43. Brief, S. 258 f.
315 Ebd., Teil 1, 26. Brief, S. 339 f.
316 Ebd., Teil 1, 2. Brief, S. 20.
317 Iffland: Beiträge zur Schauspielkunst (Anm. 298), S. 9 und 11.

menschenbildender Darstellung",[318] war Gegenstand einläßlicher Beobachtung, die Karl August Böttiger (1760–1835), Archäologe und Altphilologe in
Dresden und Weimar, in einem Buch über dessen Gastspiel im Großherzog-
lichen Hoftheater zu Weimar veröffentlichte mit dem Titel *Entwickelung des
Ifflandischen Spiels in vierzehn Darstellungen auf dem Weimarischen Hoftheater
im Aprillmonath 1796*. Böttiger, der sich mehrfach auf Engel beruft, hebt als
besondere schauspielerische Leistung Ifflands dessen Kunst der Motivierung
durch „Mienen- und Geberdenspiel"[319] hervor sowie – begründet durch „Beobachtungen der Psychologie"[320] – die Meisterschaft einer die Zuschauer über-
zeugenden, „genau berechneten Abstufung"[321] gegensätzlicher Leidenschaften. Ganz ähnlich hatte das ein gutes Jahrzehnt zuvor bereits Engel formuliert,
dessen Kriterien sich Böttiger zueigen macht, um dem Leser das Spiel Ifflands
vergegenwärtigend nahezubringen. Daß er dabei dem Malerischen ein gewisses Maß an Lizenzen einzuräumen bereit war, konnte er ebenfalls bei Engel
nachlesen.

Iffland war es denn auch, der ob des differenzierten Spiels des jungen Schillers Auffassung vom Beruf des Schauspielers entscheidend prägte. Wenn er in
der „Vorrede zur ersten Auflage" seines Schauspiels *Die Räuber* die „Vortheile
der dramatischen Methode" darin sieht, „die Seele gleichsam bei ihren geheimsten Operationen zu ertappen" und „das Laster [...] mit samt seinem ganzen innern Räderwerk" zu entfalten,[322] so ist dies auch als ein Appell an den
Schauspieler zu verstehen, ebendieses „Räderwerk" sinnenfällig zu machen, zu
zeigen, „wie sich die Geschöpfe der Fantasie im S p i e l e r verkörpern". So in
der Abhandlung *Ueber das gegenwärtige teutsche Theater*, die 1782 in der Vierteljahrsschrift *Wirtembergisches Repertorium der Litteratur* erschien. Deutlich
hier die Ablehnung der „altklugen Pedanten" eines „Peter Korneille", des „lei-
digen Anstands in Frankreich" mit seinen „verschnittenen Naturmenschen",[323]
deutlich aber auch die Abstinenz gegenüber Lessings Katharsis-Theorie. Und
doch ist eine Übereinstimmung des jungen Schiller mit Lessing hinsichtlich ihrer Vorstellung vom Kunstwerk als einem verkleinerten Abbild des Universums

---

318 Iffland: Beiträge zur Schauspielkunst (Anm. 298), S. 35 („Fragmente über Menschendarstellung auf den deutschen Bühnen (1785). Zweyter Abschnitt: Ueber die Entstehung der deutschen Bühne und ihren Fortgang").
319 Böttiger: Entwickelung des Ifflandischen Spiels (Anm. 115), S. 31.
320 Ebd., S. 305.
321 Ebd., S. 267.
322 Friedrich Schiller: Die Räuber, „Vorrede zur ersten Auflage". In: Schillers Werke. Nationalausgabe. Bd. 3. Hg. von Herbert Stubenrauch. Weimar 1953, S. 5 f.
323 Ueber das gegenwärtige teutsche Theater. In: Schillers Werke. Nationalausgabe. Bd. 20
(Anm. 6), S. 79–86, Zit. S. 82. Zu diesem Kontext vgl. Gerhard Kluge: Schauspielkunst in Schillers Jugenddramen. In: Schauspielkunst im 18. Jahrhundert (Anm. 86), S. 237–260.

Abb. 8: August Wilhelm Iffland. Kreide-Lithographie.

kaum zu überlesen. Ist bei Schiller die Rede vom Dichter, der dem „Gesichtskreis" der „Ameisenaugen" den Blick für die „Harmonie des Kleinen auf die Harmonie des Grossen" eröffne, um die „Symmetrie des Theils auf die Symmetrie des Ganzen" wahrzunehmen mit dem Ziel, „letztere in der erstern [zu] bewundern",[324] so hatte Lessing diese Ansicht vom Dichterberuf bereits 1768 im 70., dann im 79. Stück seiner *Hamburgischen Dramaturgie* in einprägsamer Metaphorik zusammengefaßt; denn „das Ganze dieses sterblichen Schöpfers" solle „ein Schattenriß von dem Ganzen des ewigen Schöpfers sein".

Ohne an dieser Stelle Schillers Auffassung zur Ästhetik der Schauspielkunst in extenso nachgehen zu wollen – hier sei nur an die Rezension *Über Bürgers Gedichte* (1791) aus seiner Jenaer Zeit erinnert, die die Distanz betont: „Ein erzürnter Schauspieler wird uns schwerlich ein edler Repräsentant des Unwillens werden"[325] –, so belegt seine Analyse schauspielerischen Auftretens in der Theaterschrift von 1782 die Affinität zu Lessings anthropologisch fundierter Sichtweise. Als „schwer aber nothwendig" für den Spieler erachtet Schiller „zwei Dinge": Einmal müsse „er sich selbst, und die horchende Menge vergessen; um in der Rolle zu leben", doch dann müsse er „wiederum sich selbst und den Zuschauer gegenwärtig denken, auf den Geschmack des letztern reflektiren, und die Natur mässigen". Es ist, wie es im weiteren Text heißt, die Balance zwischen „a n s c h e i n e n d e [r] völlige[r] Abwesenheit des Bewußtseyns" und „grösseste[r] Geistesgegenwart", die er dem Schauspieler zur Aufgabe macht.[326] Und es ist ebendiese „Mäßigung", die Lessing im 5. Stück seiner *Dramaturgie* anläßlich seiner Auseinandersetzung mit Cronegks Tragödie *Olint und Sophronia* (1758) dem Schauspieler als ein Gebot auferlegt, damit „weder unsere Augen noch unsere Ohren beleidiget werden".[327] Konsequent hergeleitet aus seinen zeichentheoretischen Überlegungen zur Transitorik sowohl im *Laokoon* als auch in der „Ankündigung" zur *Hamburgischen Dramaturgie*, faßt er das Offizium des Schauspielers im 3. Stück nach einläßlicher Diskussion über die psychophysische Selbstinduktion präzis in der Formel „mit Begeisterung und Gelassenheit, mit Feuer und Kälte" (37) zusammen.

---

324 Ebd., S. 83.

325 Über Bürgers Gedichte. In: Schillers Werke. Nationalausgabe. Bd. 22. Hg. von Herbert Meyer. Weimar 1958, S. 255 f.

326 „Schiller analysiert die Aufgabe des Schauspielers als Psychologe", so Gerhard Kluge, bezogen auf das *Wirtembergische Repertorium*, in: Schauspielkunst in Schillers Jugenddramen (Anm. 323), S. 242.

327 Zu Lessings Cronegk-Kritik vgl. Peter Heßelmann: „Cronegk starb allerdings für unsere Bühne zu früh". Lessings Auseinandersetzung mit Johann Friedrich von Cronegks Tragödien ‚Olint und Sophronia' und ‚Codrus'. In: Lessings ‚Hamburgische Dramaturgie' im Kontext des europäischen Theaters (Anm. 114), S. 63–86.

Grundlage für die Erwartungen hinsichtlich eines neuen, den Schauspieler und die Schauspielerin aus dem Prokrustesbett körpersprachlicher Rhetorik befreienden Aufgabenbereichs – und damit der Emanzipation der Schauspielkunst – sind, wie beschrieben, die im 18. Jahrhundert verbreiteten Schriften anthropologisch ambitionierter Philosophen und philosophisch orientierter Ärzte: Henry Home, Georg Friedrich Meier, Johann August Unzer sowie Johann Nicolaus Tetens. Friedrich Schiller, Eleve der Medizin in der Karlsschule, durch die Vorlesungen seiner Lehrer, vor allem durch den Unterricht Jakob Friedrich Abels – seit 1772 in der Karlsschule tätig – bestens ausgebildet, kannte das breite Spektrum anthropologischer, medizinischer, philosophischer sowie seelen- und charakterkundlicher Forschungspositionen, wie sie beispielsweise der Leipziger philosophische Arzt Ernst Platner (1744–1818)[328] oder Johann Georg Sulzer (1720–1779), einer der wichtigsten „Vordenker der psychologisch-anthropologischen Zentrierung des Wissens in der deutschen Spätaufklärung" vertraten.[329]

Im Teil B seiner dritten Dissertation (1780), dem *Versuch über den Zusammenhang der thierischen Natur des Menschen mit seiner geistigen*, richtet er die Aufmersamkeit in § 22 auf die „Physiognomik der Empfindungen", auf die „innige Korrespondenz der beiden Naturen", auf die „geheimsten Rührungen der Seele", die er „auf der Aussenseits des Körpers geoffenbahrt" zu erkennen sicher ist. Und indem er die „Aehnlichkeit" der „körperlichen Erscheinungen mit den Affekten" – so etwa „Heldenmuth", „Furcht", „Stolz", „Haß" oder „Kleinmuth" – in einer Beispielreihe erörtert, die durchaus Nähe zu Engels, die Kupfer begleitenden Beobachtungen aufweist, konstatiert er mit Blick auf den leibseelischen Konnex: „Wird der Affekt, der diese Bewegungen der Maschine sympathetisch erwekte, öfters erneuert, wird diese Empfindungsart der Seele habituell, so werden es auch diese Bewegungen dem Körper."[330]

Schillers Bewunderung für Lessings *Hamburgische Dramaturgie*, die ihm, wie sein Brief an Goethe vom Juni 1799 zeigt, „eine sehr geistreiche und belebte

---

328 Zur Biographie des „Influxionisten" Platner sowie zu dessen anthropologischem Programm vgl. Alexander Košenina: Ernst Platners Anthropologie und Philosophie. Der philosophische Arzt und seine Wirkung auf Johann Karl Wezel und Jean Paul. Würzburg 1989 (Epistemata. Würzburger wissenschaftliche Schriften, Reihe Literaturwissenschaft XXXV).
329 Wolfgang Riedel: Erkennen und Empfinden. Anthropologische Achsendrehung und Wende zur Ästhetik bei Johann Georg Sulzer. In: Der ganze Mensch (Anm. 260), S. 410–453, Zit. S. 427. Zu Schillers Karlsschulzeit vor allem Peter André Alt: Schiller. Leben – Werk – Zeit. Bd. 1. 2. durchgesehene Aufl. Stuttgart 2004, S. 113–188; zur dritten Dissertation vgl. S. 177–188.
330 Schiller: Versuch über den Zusammenhang der thierischen Natur des Menschen mit seiner geistigen. In: Schillers Werke. Nationalausgabe. Bd. 20 (Anm. 322), S. 68 f.

Unterhaltung" bot, ist dokumentiert.[331] Kein Zweifel: Schillers Anliegen in Sachen Schauspielkunst, eingebettet in den oben skizzierten anthropologischen Diskurs seiner Zeit, sein Wissen um die erwähnte „Korrespondenz" von Körper und Seele, läßt aufs deutlichste die Nähe zu Lessings influxionistischem Leitgedanken im 3. Stück der *Dramaturgie* erkennen, zu dem „Gesetze", das davon ausgehe, „daß eben die Modifikationen der Seele, welche gewisse Veränderungen des Körpers hervorbringen, hinwiederum durch diese körperliche Veränderungen bewirket werden".[332] Das war 1767. In den Bann gezogen haben ihn Fragen zur psychophysischen Wechselwirkung sowie zur sich daraus eröffnenden Möglichkeit einer Selbstinduktion des Schauspielers schon seit den fünfziger Jahren, angeregt, wie beschrieben, durch die Rezeption der beiden Riccoboni, Pierre Rémond de Sainte-Albine, des Theoretikers Aaron Hill sowie philosophisch orientierter Ärzte und medizinisch interessierter Philosophen.

Die Affinität der Überlegungen Schillers und Lessings zum Schauspielerdiskurs liegt auf der Hand. Indes wäre es abwegig, mit Blick auf die hier skizierten Gemeinsamkeiten nur von direkter Einflußnahme zu sprechen. Beide sind Zeitgenossen einer anthropologischen Wende des Denkens schlechthin, d. h. einer Wende, die – und darauf sei abschließend hingewiesen – alle Bereiche der sogenannten Schönen Künste und Wissenschaften betraf. Das gilt beispielsweise für die Ausdrucksqualitäten des Tanzes, deren Erscheinungsformen Jean Georges Noverre (1727–1810) in seinen tanztheoretischen *Lettres sur la Danse* (1760) erörterte.[333] Dies gilt nicht weniger für die Bildgattung Portrait und den Meister in diesem Fach, Anton Graff (1736–1811) aus Winterthur, dessen Bildnisse einer aufgeklärten sowohl bürgerlichen als auch adeligen Elite ob ihrer seelenkundlichen Durchdringung die Bewunderung seiner Zeitgenossen erregte – nicht zuletzt die seines Schwiegervaters Johann Georg Sulzer. Anton Graff, der Portraitist Lessings, ein „empirisch verfahrender Anthropologe", dessen Portraitkunst in ihrer Nähe „zu dem großen menschenkundlichen Projekt" des Romans *Anton Reiser* (1785–90) von Karl Philipp Moritz die neuere Forschung zu belegen wußte.[334]

---

331 Schillers Brief an Goethe vom 4. Juni 1799. In: Schillers Werke. Nationalausgabe. Bd. 30. Hg. von Lieselotte Blumenthal. Weimar 1961, S. 52 f.
332 Zu diesem Passus vgl. Alexander Košenina: Anthropologie und Schauspielkunst (Anm. 86), S. 130. Košenina spricht hier von einem für „das gesamte Argument [...] zentralen Gesetz".
333 Dazu Claudia Jeschke: Noverre, Lessing, Engel. Zur Theorie der Körperbewegung in der zweiten Hälfte des Jahrhunderts. In: Schauspielkunst im 18. Jahrhundert (Anm. 86), S. 85–111.
334 So Ernst Osterkamp: Ganze Menschen. Anton Graffs Portraitkunst und die Anthropologie der deutschen Spätaufklärung. In: Anton Graff. Gesichter einer Epoche. Für das Museum Oskar Reinhart Winterthur hg. von Marc Fehlmann. Für die Nationalgalerie – Staatliche Museen zu Berlin hg. von Birgit Verwiebe. München 2013, S. 201–209, Zit. S. 202 und 207.

V „Ausschweifungen" – Merope: Adaption eines antiken Mythos: Voltaire und Scipione Maffei

1 „Erwartungen" der Leser

Eine „Ausschweifung" nannte Lessing den dritten, theaterhistorischen Teil der für ihn so bedeutsamen *Réflexions critiques sur la poésie et sur la peinture* (1719) des Abbé Dubos.[335] Den Eindruck von „Ausschweifungen" mochte beim zeitgenössischen Leser der *Hamburgischen Dramaturgie* wohl auch die Lektüre solcher Textsequenzen erweckt haben, die den Umfang von zwei oder maximal drei Publikations- respektive Lieferungseinheiten – genannt „Stücke" – überschritten. Dabei war sich Lessing im Klaren über sein Abweichen von der gängigen Publikationspraxis. Das zeigt der Gestus des Bedauerns am Ende der manchen Zeitgenossen womöglich ermüdenden Abhandlung über den von Scipione Maffei und Voltaire dramatisierten *Merope*-Mythos: „Aber immer noch *Merope*! – Wahrlich, ich bedaure meine Leser, die sich an diesem Blatte eine theatralische Zeitung versprochen haben, so mancherlei und bunt, so unterhaltend und schnurrig, als eine theatralische Zeitung nur sein kann." So im 50. Stück. Statt dessen, so fährt er fort, „trockne Kritiken" und „schwerfällige Untersuchungen über das, was in einer Tragödie sein sollte und nicht sein sollte; mitunter wohl gar Erklärungen des Aristoteles". Und gegen Schluß dieses langen, rhetorisch geschickt aufgebauten Textabschnitts nochmals der Gestus des Bedauerns, diesmal mit ironischem Unterton: „Wie gesagt, ich bedaure sie: sie sind gewaltig angeführt."[336] (215)

Ein Spiel nur mit den „Erwartungen" der Leser, mit „Erwartungen", die sich Lessing jedoch nicht „zum Gesetze machen" will (215) oder doch im Falle der *Merope*-Kritik eine der nie enden wollenden Abhandlungen, für die er die Denkfigur „Ausschweifung" bereithält? „Ausschweifungen", d. h. ausgedehnte Exkurse teils gelehrt-philologischer, teils Inhalte referierender Art, machen nachgerade die Makrostruktur des gesamten Textkorpus' der *Hamburgischen Dramaturgie* aus. Ein Blick in die Inhaltsverzeichnisse der seit einigen Jahren bibliographisch-inhaltlich erschlossenen Theaterperiodika des 18. Jahrhunderts zeigt, daß die in

---

335 Lessing/Dubos: Ausschweifung (Anm. 245). Lessings „Vorbericht", ebd., S. 232 f.
336 Zur Lesererwartung vgl. Klaus L. Berghahn: Der kritisierte Kritiker. Zur Lesererwartung, historischen Bedingung und Form von Lessings Hamburgischer Dramaturgie. In: Humanität und Dialog. Lessing und Mendelssohn in neuer Sicht. Beiträge zum Internationalen Lessing-Mendelssohn-Symposion anläßlich des 250. Geburtstags von Lessing und Mendelssohn, veranstaltet im November 1979 in Los Angeles. Hg. von Erhard Bahr, Edward P. Harris und Laurence G. Lyon. Detroit, München 1982 (Beiheft Lessing Yearbook), S. 155–164.

https://doi.org/10.1515/9783110610291-005

ihnen vorgestellten sehr verschiedenen Theatralia – Kritiken, Ensembleverzeichnisse, abgedruckte Texte, Dramaturgisches und Anekdotisches etc. – jeweils auf ein, zwei, maximal drei Lieferungseinheiten begrenzt bleiben, die Überschriften wie „Stück", „Teil", „Heft", „Brief" oder „Schreiben" aufweisen. Ganz anders in Lessings *Dramaturgie*, deren Periodizität und damit Aktualität durch das Raubdruckerunwesen verhindert wurde. Hier entwickeln sich kurze Mitteilungen über stattgehabte Aufführungen nicht selten zu ebenjenen „Ausschweifungen", die er bereits 1755 als charakteristisch für die Darstellungsweise eines Jean-Baptiste Dubos erkannt hatte. Dreizehn Jahre später, im 91. Stück, unter dem Datum vom 15. März 1768, hebt er selbst das gelegentlich Ausschweifende seiner eigenen Schreibstrategie hervor: „Doch ich muß mich nicht aus einer Ausschweifung in die andere verlieren" (373), um dann freilich gleich anschließend „nur noch" eine ebenso ausschweifende „Anwendung auf die wahren Namen der Tragödie zu machen".

Können die Besprechungen der ersten Nummern der *Dramaturgie* noch als richtungsweisend für das Gros späterer Theaterperiodika angesehen werden, so kann man dies für die späteren, insbesonders die im zweiten Band des Werks versammelten kaum mehr behaupten.[337] Weder in den Blättern eines so prominenten Kritikers wie Johann Friedrich Schink (1755–1835) noch in den erfolgreichen und längerlebigen Journalen eines Heinrich August Ottokar Reichard (1751–1828) – so im *Theater-Kalender* (1775–1800), so im *Theater-Journal für Deutschland* (1777–1784) – lassen sich philologisch, historisch, komparatistisch ausgestattete „Ausschweifungen", wie sie Lessing eigen sind, nachweisen.

„Meine Leser wünschen von der Stelle zu kommen; und ich mit ihnen", heißt es im 32. Stück am Schluß einer Besprechung von Pierre Corneilles *Rodogune* (1647). Die Ausführungen über das „Meisterstück dieses großen Mannes" (135) mit ihrer Ausdehnung über vier Nummern – 29. bis 32. Stück – dürften wohl kaum dem Wunsch der Leser, „von der Stelle zu kommen", entsprochen haben. Dabei handelt es sich im Falle der *Rodogune*-Kritik um einen vergleichsweise überschaubaren Text. Es sind indes, wie erwähnt, die kürzeren, auf ein einziges Bühnenstück fokussierten Auslassungen, die am ehesten den Lesererwartungen entgegengekommen sein mochten – teils Tadelndes, teils Lobendes zu Nivelle de la Chaussées *Mélanide*, zu Destouches' *L'obstacle imprévue ou l'obstacle sans obstacle* (*Das unvermutete Hindernis oder das Hindernis ohne Hindernis*), zu Franz Heufelds *Julie*, zu Jean-François Regnards *Démocrite amou-*

---

337 Auf die richtungsweisende Struktur gerade der ersten Nummern macht aufmerksam Roland Krebs: Die frühe Theaterkritik zwischen Bestandsaufnahme der Bühnenpraxis und Normierungsprogramm. In: Theater im Kulturwandel des 18. Jahrhunderts. Inszenierungen und Wahrnehmung von Körper-Musik-Sprache. Hg. von Erika Fischer-Lichte und Jörg Schönert. Göttingen 1999 (Das 18. Jahrhundert. Supplementa 5), S. 463–482.

reux, zur *Cénie* der Françoise de Graffigny, zu Gellerts „Familiengemälde" *Die kranke Frau*, zum *Héritier de Village* (*Der Bauer mit der Erbschaft*) von Marivaux, um nur die seinerzeit häufig gespielten Autoren der Gattung Lustspiel zu nennen. Und immer wieder Annotationen zu Übersetzungsproblemen wie im Falle der Luise Adelgunde Viktorie Gottsched, der das „vortreffliche Stück der Graffigny" – gemeint ist das erwähnte Lustspiel *Cénie* – unglücklicherweise „zum Übersetzen in die Hände fallen" mußte. So im 20. Stück.

Wenn Lessing anläßlich seiner *Merope*-Analyse das „Unterhaltende" und „Schnurrige" als Charakteristikum „theatralischer Zeitung[en]" herausstellt, so mag das den Eindruck erwecken, als habe diese Art publizistischer Gattung Mitte der sechziger Jahre des 18. Jahrhunderts bereits in Blüte gestanden. Doch die bibliographische Aufarbeitung und inhaltliche Erschließung der kontinuierlich erschienenen oder wenigstens Kontinuität intendierenden Theaterperiodika der zweiten Jahrhunderthälfte macht deutlich, daß es die von Lessing so dargestellten Blätter noch keineswegs gab.[338] Sieht man ab von den 1750 in Stuttgart erschienenen *Beyträgen zur Historie und Aufnahme des Theaters*, so kann man sagen, daß sich Theatralzeitschriften, die sich dem Publikum durch Unterhaltung – „so mancherlei und bunt" – anzubieten suchten, erst im letzten Drittel des Säkulums auf dem Markt empfahlen. Deren Beiträger und Herausgeber, beide nicht selten in Personalunion, konnten sich dann freilich an den erwähnten kürzeren und überschaubaren Texteinheiten der *Hamburgischen Dramaturgie* orientieren, zumal dann, wenn diese Ansätze zur Rollenanalyse und Gedanken zum Thema Schauspielkunst darboten. Auf der Suche nach „Schnurrigem" werden sie dabei kaum fündig geworden sein.

2 „Hauptweg und Nebenwege" – Lessing, der Spaziergänger

„Hauptweg und Nebenwege": so einer der einprägsamsten Bildtitel der Klassischen Moderne. Gemeint ist das mittelgroße Tafelbild von Paul Klee, heute im Besitz des Museums Ludwig in Köln. In ein fein angelegtes Netz von „Haupt-" und „Nebenwegen" sieht sich der Leser hineingezogen in jene auf den ersten Blick labyrinthisch wirkenden Textfolgen, für deren Struktur Lessing die Denkfigur „Ausschweifung" bereithält, – nicht nur, wie angemerkt, im Verlauf seiner

---

338 Vgl. Bender, Bushuven, Huesmann: Theaterperiodika des 18. Jahrhunderts (Anm. 91), Teil 1, Einleitender Essay, S. XXIII f. Möglicherweise rekurriert Lessing auf andere, verwandte Zeitschriften, die gelegentlich Theaternachrichten kolportierten, die indes kaum den bibliographischen Kriterien genuiner Theaterperiodika entsprechen. Vgl. auch Peter Heßelmann: Gereinigtes Theater? (Anm. 40), S. 13. Ausführliches zur Vita Reichards ebd., S. 49.

Terenz-Diskussion im 91. Stück, sondern bereits im 4. Stück. Indem er sich dort selbst anmahnt, nach einem Exkurs über die Bewegungsabläufe auf der römischen Bühne – über die „Chironomie der Alten" – wieder zur Sache zurückzukommen, nämlich zur Kritik der Rollenpräsentation in Cronegks *Olint und Sophronia*, gesteht er: „Es ist Zeit, daß ich von dieser Ausschweifung über den Vortrag der moralischen Stellen wieder zurückkomme." So im 4. Stück. Und so verläßt er gleichsam den „Nebenweg", um erneut den „Hauptweg" zu betreten.

Mit aller gebührenden Einschränkung lassen sich „Ausschweifungen" der geschilderten Art im Ganzen des Texts ausmachen. Bereits die dem christlichen Trauerspiel *Olint und Sophronia* des frühverstorbenen Johann Friedrich von Cronegk (1731–1758) gewidmete Kritik umfaßt mit ihren sieben Nummern in der Originalausgabe nicht weniger als 56 Textseiten. Es folgt, bis zur ersten Besprechung der *Essex*-Tragödie des Thomas Corneille im 22. Stück, eine Reihe von teils kurz gefaßten, teils ausgiebigeren, noch am Aufführungsereignis orientierten Beiträgen, die weitgehend den programmatischen Vorstellungen der „Ankündigung" entsprechen: „Diese Dramaturgie soll ein kritisches Register von allen aufzuführenden Stücken halten und jeden Schritt begleiten, den die Kunst, sowohl des Dichters, als des Schauspielers, hier tun wird." (25)

Sehen wir ab von der *Olint und Sophronia*-Besprechung, die man füglich eine „Ausschweifung" nennen kann, so vermitteln die Berichte über die dann folgenden Aufführungen des dritten Abends, aufgezeichnet im 8. Stück, bis zum neunundzwanzigsten Abend im 22. Stück – dort datiert „Mittewochs, den 3. Junius" – ein lebendiges, für den Leser gut nachvollziehbares Bild des Bühnengeschehens. Das beginnt am dritten Abend mit Nivelle de la Chaussées *Mélanide* und reicht bis zu Theodor Gottlieb von Hippels Lustspiel *Der Mann mit der Uhr, oder der ordentliche Mann*. Einige wenige deutschsprachige Autoren mit ihren Lustspielen – Gellert, Franz Heufeld, Lessing (*Der Freigeist*), Johann Elias Schlegel (*Die stumme Schönheit*), Gottlieb Konrad Pfeffel und Christian Friedrich Weisse. Den Spielplan dominieren indes die Franzosen –: L'Affichard, Destouches, Françoise de Graffigny, Gresset, Marivaux, Quinault, Voltaire, den Vorlieben des Publikums entsprechend vertreten mit Lustspielen. Sie dominieren auch im ernsten Fach. In je zwei Nummern – Stücke 15 bis 16 sowie 18 und 19 – wendet sich Lessing den Aufführungen von Voltaires Liebes- und Eifersuchtstragödie *Zaire* (1732) und Pierre Laurent de Belloys fünfaktiger Tragödie *Zelmire* (1762) am 13. und 21. Mai 1767 zu. Sie nehmen freilich eine „Mittelstellung" zwischen den kürzeren Rezensionen einerseits und den extensiven, oftmals mit schwerem philologischen Rüstzeug bewehrten Exkursen andererseits ein.[339] Sie

---

[339] Eine Analyse der argumentativen Strategien in der *Zelmire* bei Wilfried Zieger: „Doch ich vergesse mich. Wie gehört das alles zur ‚Zelmire'? Argumentation und Aufbau in Lessings

Abb. 9: Paul Klee: *Hauptweg und Nebenwege*. Tafelbild.

Besprechung der *Zelmire* von Dormont de Belloy im 18. und 19. Stück der ‚Hamburgischen Dramaturgie'. In: Streitkultur (Anm. 96), S. 552–562. Dort zur „Mittelstellung" einiger Rezensionen, S. 553. Zum Spielplan des Hamburger Nationaltheaters vgl. Monika Fick: Lessing-Handbuch (Anm. 6), S. 305–308.

verwickeln indes auch hier den Leser in jenes Geflecht von „Haupt-" und „Nebenwegen" mit ihren kritischen Auslassungen zu Grundpositionen von Dramentheorie und Schauspielkunst beispielsweise in der *Zelmire*-Rezension sowie zu Fragen der Wertschätzung des Theaters in Frankreich und Deutschland. Auch hier, etwa nach einem Seitenblick auf den „Kanzleistil" Voltaires einerseits und den „flammenden Scheiterhaufen des Shakespeare" andererseits, sehr oft die Erinnerung daran, zum Ausgangspunkt zurückzukehren: „Doch wieder zur *Zaire*." So im 15. Stück. Oder jenes „Doch ich vergesse mich" in der *Zelmire*-Besprechung, nachdem er Sarkastisches zum kulturellen Gefälle zwischen Deutschen und Fanzosen angemerkt, zur *Zelmire*-Aufführung hingegen noch nichts gesagt hat.

Losgelöst von jeder Aktualität, datiert „den 2. Juni 1767", also im beträchtlichen zeitlichen Abstand vom Aufführungsabend am 29. April desselben Jahres, ist der kritische Kommentar zu Voltaires Tragödie *Semiramis* (1748). Kein Bericht über das Bühnengeschehen, sondern ein Kommentar wird hier dem Leser vorgelegt, in dem der poetologische „Hauptweg" – die Klärung des Verhältnisses von theatraler „Täuschung" zur philosophischen Erkenntnis „der kalten Vernunft" (66) mit Blick auf den sympathisierenden Zuschauer – in einigen Partien durch „Nebenwege" mit invektiven Äußerungen über den Verfasser dieser Tragödie aus dem Blickfeld gerät. Erst am Schluß dieses Kommentars, der ihm erstmals die Gelegenheit bietet, Voltaires „poetische Maschine" (68) gegen Shakespeares „Gespenst" als „eine wirklich handelnde Person" auszuspielen, am Schluß also dann im 12. Stück das gewiß vom zeitgenössischen Leser erwartete „Wort" zur Vorstellung, eine Art resümierender Kurzbericht, der an Lakonismus nichts zu wünschen übrig läßt:

> Doch ich will mich bei dem Stücke nicht länger verweilen, um noch ein Wort von der Art zu sagen, wie es hier aufgeführet worden. Man hat alles Ursache, damit zufrieden zu sein. Die Bühne ist geräumlich genug, die Menge von Personen ohne Verwirrung zu fassen, die der Dichter in verschiedenen Szenen auftreten läßt. Die Verzierungen sind neu, von dem besten Geschmacke, und sammeln den so oft abwechselnden Ort so gut als möglich in einen. (69)

„Meine Leser wünschen von der Stelle zu kommen; und ich mit ihnen", hieß es am Schluß seiner Gedanken zur *Rodogune*-Vorstellung im 32. Stück. Der Wunsch geht indes selten in Erfüllung, kann nur selten in Erfüllung gehen, steht doch die Denkfigur „Ausschweifung" für Lessings Argumentationsverfahren, für das „Nachdenken", wie es gelegentlich heißt, „mit der Feder in der Hand",[340] für

---

340 So Lessing im Text ‚Über eine zeitige Aufgabe' zu drei im Januar-Heft des ‚Teutschen Merkurs' von 1776 gestellten Fragen. In: PO 24, S. 146.

eine Gedankenführung und ihre sprachliche Entfaltung, die rationalistischen Diskursmodellen zuwiderläuft.[341] Denken als Bewegungsvorgang, der „ausschweifen" kann, zu dem das „Sich-Vergessen" gehört, wie es in der *Zelmire*-Rezension heißt oder das „Sich-Verweilen". „Hauptweg und Nebenwege": Lessing selbst spielt an auf die Wegmetaphorik. Im XX. Kapitel des *Laokoon* ruft er das Bild vom „Spaziergänger" auf, nachdem er sich „der Mühe" begeben, „zerstreute Anmerkungen über einen Punkt zu sammeln": „Ich lenke mich vielmehr wieder in meinen Weg, wenn ein Spaziergänger anders einen Weg hat."[342] Spaziergänge unternimmt der Hamburger „Dramaturgist", Spaziergänge, die sich ausweiten zu Erkundungsreisen, zu Streifzügen durch die westeuropäische Literaturlandschaft. Zum Spaziergang, zum Reisen gehört dann auch, wie bemerkt, das „Sich-Verweilen", das „Sich-Vergessen" und – nach allzu langer Verweildauer – das spontane „Sich-Erinnern", an das Reiseziel. „Über die *Merope*" müsse er „freilich einmal wegzukommen suchen". So im 50. Stück, und „eigentlich" wolle er „nur erweisen, daß die *Merope* des Voltaire im Grunde nichts als die *Merope* des Maffei sei". Um diesen Erweis „eigentlich" zu erbringen, bedarf es der mikrologisch vergleichenden Analyse zweier Versionen eines bekannten literarischen Stoffs, die sich, beginnend mit dem 36. Stück, über fünfzehn Stücke hinzieht. Der zweite Band der *Dramaturgie*, wie angedeutet, dann nachgerade eine Folge von Spaziergängen. Vom 54. (6. November 1767) bis zum 68. Stück (25. Dezember 1767) reicht eine Textsequenz, die ausgelöst wird durch eine vier Monate zurückliegende Aufführung von Thomas Corneilles Tragödie *Le Comte d'Essex* (1678) – d. h. der Rückgriff und die Weiterführung der in den Stücken 22 bis 25 eröffneten Diskussion über die Relation von Geschichte und Tragödie, die sich als „dialogierte Geschichte" (115) ihres philosophischen Rangs begeben würde.

Berücksichtigt man die fast achtzig Seiten zählenden Erörterungen zum Thema Eleos und Phobos bei Aristoteles – 74. bis 83. Stück –, berücksichtigt man darüberhinaus die sich daran anschließende Akkumulation von Textbelegen zu Diderot, zu Richard Hurds Horaz-Kommentar und wiederum zu Aristoteles vorzüglich mit dem Blick auf Terenz, so wird evident, wie sehr der sich zur „Ausschweifung" erweiternde „Spaziergang" die Makrostruktur der *Hamburgischen Dramaturgie* prägt. Sie stellt sich dar als ein Netzwerk von gelehrten Exkursionen, die sich teilweise ergänzen, gelegentlich auch unvermittelt einander folgen oder gar abbrechen, um das Weitere dem Urteilsvermögen des Lesers zu

---

341 Dazu Thomas Althaus: Der Streit der Worte. Das Problem diskursiver Gedankenführung und die sprachliche Entfaltung der Vernunft in Lessings dialogischer Prosa. In: Streitkultur (Anm. 96), S. 121–128.

342 Lessing: Laokoon (Anm. 287), XX. In: PO 4, S. 381.

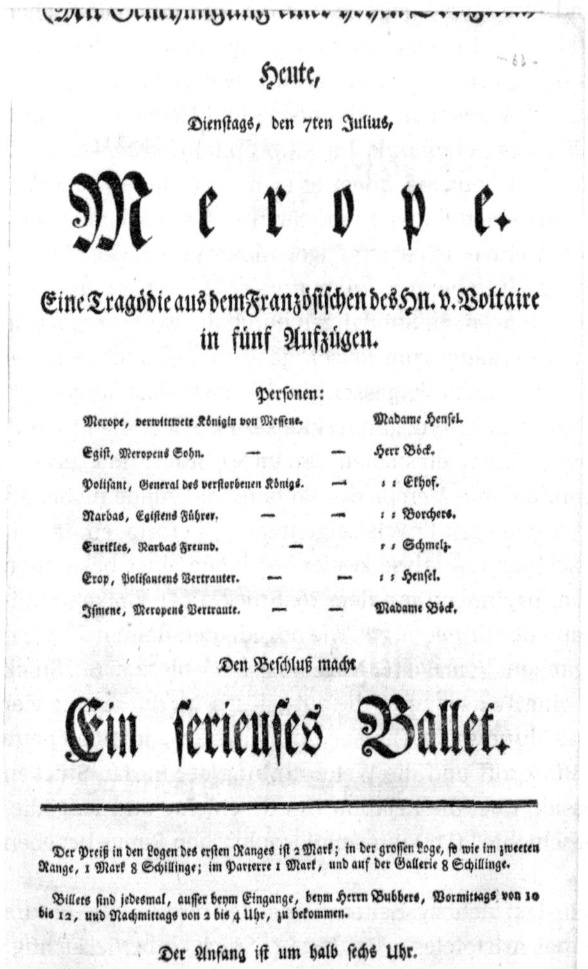

(Mit Genehmigung einer hohen Obrigkeit)

Heute,

Dienstags, den 7ten Julius,

Merope.

Eine Tragödie aus dem Französischen des Hn. v. Voltaire
in fünf Aufzügen.

Personen:

Merope, verwittwete Königin von Messene.	Madame Hensel.
Egist, Meropens Sohn. —— ——	Herr Böck.
Polifant, General des verstorbenen Königs. ——	: : Ekhof.
Narbas, Egistens Führer. —— ——	: : Borchers.
Euritles, Narbas Freund. ——	: : Schmelz.
Erop, Polifantens Vertrauter. —— ——	: : Hensel.
Ismene, Meropens Vertraute. —— ——	Madame Böck.

Den Beschluß macht

Ein serieuses Ballet.

Der Preiß in den Logen des ersten Ranges ist 2 Mark; in der grossen Loge, so wie im zweeten
Range, 1 Mark 8 Schillinge; im Parterre 1 Mark, und auf der Gallerie 8 Schillinge.

Billets sind jedesmal, ausser beym Eingange, beym Herrn Bubbers, Vormittags von 10
bis 12, und Nachmittags von 2 bis 4 Uhr, zu bekommen.

Der Anfang ist um halb sechs Uhr.

Abb. 10: Theaterzettel zur Aufführung der *Merope* vom 7. Juli 1767. Am oberen Rand
beschnitten, wodurch die Textzeile „Mit Genehmigung einer hohen Obrigkeit" nur
bruchstückhaft zu erkennen ist.

überlassen. So etwa am Schluß des Aristoteles-Komplexes: „Hier will ich die Materie abbrechen. Wer ihr gewachsen ist, mag die Anwendung auf unsern Richard machen." So im 83. Stück.

Treten schon im Verlauf des ersten Bandes, mindestens nach dem 22. Stück, die dem Ankündigungsprogramm entsprechenden Rezensionen merklich in den Hintergrund, so verlieren sie im zweiten Band vollends an strukturprägendem Gewicht. Im weiteren Verlauf dieses Bandes erinnern dann nur noch wenige Berichte an die sich selbst gegebene Aufgabe des Dramaturgen Lessing: so im 73. Stück des 46. Abends (20. Juli 1767) mit halbjährlicher Verspätung eine kritische Einlassung zum Problem der Titelgebung von Marivaux' Einakter *Der unvermutete Ausgang* (*Le Dénouement imprévue*, 1724), im 83. Stück einige polemische Notizen zur Personenkonstallation und zum Intrigenspiel in Marc-Antoine Le Grands Komödie *Der sehende Blinde* (*L'Aveugle clair-voyant*, 1725), die schon deshalb bemerkenswert ist, weil Lessing hier den Text eines seiner Handbücher – freilich bei Nennung seiner Quelle – in Paraphrase übernimmt: die *Histoire du Théâtre Français* (Paris 1745–49) der Brüder Claude und François Parfaict.[343]

3 „Wer ist denn dieser Tournemine?" Ein Abweichen von der „alten Simplizität" – ein „Fehltritt!"

Lessing, der „poeta doctus", dem weniger am Erfinden als am Finden gelegen ist, der klassische Philologe, Antiquar und Kritiker, der die geborgten Schätze nicht nur um ihrer selbst willen „ans Licht" stellt, sondern zuvörderst um ihrer produktiven Aneignung willen im Kontext seines kritischen Geschäfts, seiner poetologischen Gegenentwürfe. Nicht das Zur-Schau-Stellen gelehrten Wissens treibt ihn, das „vermeintliche Kompilations-Genie"[344] an zu jenen „Ausschweifungen". Nicht barockes Prunken mit Angelesenem aus dem Thesaurus antiker Überlieferung, sondern Beweggrund ist der Wille, falsch Verstandenes zu korrigieren, angemaßte Autorität bloßzustellen.

---

343 Die für Lessing relevanten Passagen aus der *Histoire* im Kommentar der Übersetzung von Jean Marie Valentin, vgl. Gotthold Ephraim Lessing: Dramaturgie de Hambourg (Anm. 38), S. 400 f.

344 Walter Jens hat im Rahmen einer Rede hingewiesen auf Lessings revolutionäre Leistung für eine Neubesinnung der klassischen Philologie im 18. Jahrhundert: Lessing und die Antike. Rede zur Eröffnung der 15. Tagung der Mommsen-Gesellschaft am 16. Mai 1978 (Wolfenbütteler Hefte 7). Ebenso Eduard Norden: Lessing als klassischer Philologe. In: Eduard Norden: Kleine Schriften zum klassischen Altertum. Berlin 1966, S. 621–638.

Erwartet der Leser im 36. Stück – datiert 1. September 1767 – eine Kritik über die Aufführung von Voltaires *Mérope* – „Dienstags, den 7. Julius" –, vielleicht eine Bewertung von schauspielerischer Präsentation, Kostüm, Bühnenbild oder gar Bühnenmusik, so sieht er sich statt dessen unvermittelt in eine extensive Erörterung über den *Merope*-Stoff in antiker Überlieferung und moderner Adaption hineingezogen. Bereits im darauf folgenden Stück steht dann das Fazit des immerhin fünfzehn Nummern umfassenden Exkurses fest. Verglichen mit Scipione Maffeis *Merope* (1745), dem „Original des Italieners" (164), zieht Voltaires Version (1743) des antiken Stoffs nicht nur eindeutig den kürzeren, sondern sie wird nachgerade als Plagiat bezeichnet: „Fabel, Plan und Sitten gehören dem Maffei; Voltaire würde ohne ihn gar keine oder doch eine ganz andere Merope geschrieben haben." (164) Die Zielrichtung ist damit klar. Im 41. Stück steigert und verdichtet sich der ironische Ton gegenüber Voltaire zur Polemik im Bild des zweigesichtigen römischen Gottes Janus. Mit Blick auf den von Voltaire fingierten Brief eines gewissen Monsieur de la Lindelle, hinter dem Lessing Voltaire selbst erkennt, heißt es: „Wer einen französischen Januskopf sehen will, der vorne auf die einschmeichelndste Weise lächelt und hinten die hämischsten Grimassen schneidet, der lese beide Briefe in einem Zuge." (181) Gemeint ist neben dem Lindelle-Brief die kritische Auseinandersetzung Voltaires mit Maffeis *Merope*, eine Kritik, die er in Form eines Briefes seiner eigenen Alexandriner-Tragödie *Mérope* voraufgeschickt hatte: „A M. le Marquis Scipion Maffei, Auteur de la Mérope italienne, et de beaucoup d'autres ouvrages célèbres."

Die Frage ist, was Lessing dazu gereizt haben mag, dem Leser weder eine Vorstellung der Inszenierung noch der darstellerischen Leistung zu vermitteln, sondern ihm die Anstrengung der Lektüre eines nachgerade mikrologischen Exkurses zuzumuten, dessen Fazit „eigentlich", d. h. von vornherein darauf hinausläuft, die Autorität Voltaires in Sachen Tragödie zu unterlaufen?[345]

Doch um zum Stück selbst zukommen, dessen „Fabel" Lessing weder in der Version Voltaires noch in der Maffeis „für eine vollkommene tragische zu erkennen vermag" (173). Richtungsweisend sind für ihn die überlieferten Werke der „Alten". Ob in der Plautus-und Terenz-Diskussion im zweiten Band der *Dramaturgie*, ob in der durch Christian Felix Weißes *Richard den Dritten* veranlaßten Aristoteles-Interpretation, ob in der *Merope*-Kritik: die „alte Simplizität" (173) wird zur Richtschnur für Güte oder Mißlingen „moderner" Dramenproduktion. Sie zu mißachten heißt für ihn, die den dramatischen Gattungen eigenen Geset-

---

345 Zur Konfrontation Lessings mit Autoritäten vgl. die Abhandlung von Wilfried Barner: Autorität und Anmaßung. Über Lessings polemische Strategien, vornehmlich im antiquarischen Streit. In: Streitkultur (Anm. 96), S. 15–37.

Abb. 11: Scipione Maffei. Schabkunst-Blatt von Johann Elias Haid.

ze verkennen, sich auf Abwege begeben. Die „griechische Simplizität" (200), ob wie hier ausgesprochen oder unausgesprochen, wird zum Paradigma, dem zeitübergreifende Gültigkeit eignet. So gesehen, sind die „Veränderungen", die Maffei „mit dem Plane des Euripides gemacht hat", für Lessing ein Irrweg. Und so kann er dann im 47. Stück „behaupten", daß „jeder Tritt, den er aus den Fußstapfen der Griechen zu tun gewagt, ein Fehltritt geworden" (206). Weder Maffei und schon gar nicht Voltaire konnten somit Lessings Anforderungen genügen.

Daß Lessings Prämissen keineswegs frei von Widersprüchen sind, dürfte opinio communis der Forschung sein. Auf die Zeitgebundenheit von Literatur hat er gelegentlich selbst verwiesen. Auch wenn ein zeitlicher Abstand von dreizehn Jahren zu berücksichtigen ist, so gibt doch seine Seneca-Abhandlung im zweiten Stück 1754 der *Theatralischen Bibliothek* zu denken. Dort hatte er Euripides' Verstragödie *Heracles* (421–415 v.Chr) mit Senecas fünfaktiger Tragödie *Hercules furens* (um 53 n. Chr.) verglichen, hatte aufgezeigt, wie es dem Römer gelungen sei, „durch eine kleine Veränderung ein zusammenhängendes Stück" zu machen.[346] Dann die philologisch abgesicherte Wendung gegen ein „unbilliges Urteil des Pater Brumoy" (1683–1742),[347] seines Zeichens Professor am Lycée Louis-Le-Grand in Paris und Herausgeber der dreibändigen Sammlung *Théâtre des Grecs* (1730), der Seneca an der eigenen Gegenwart gemessen hatte. „Allein, ist es billig", so Lessing, „einen Dichter anders als nach den Umständen seiner Zeit zu beurteilen?"[348] Und er erwähnt in diesem Kontext „die Regeln der Bühne", denen sich Seneca anzupassen gewußt habe.[349] In seiner Hamburger Zeit gilt dann solches Bedenken offenbar nicht mehr. So wie Seneca andere „Regeln der Bühne" vorfand als Euripides, sahen sich auch Voltaire und Maffei einer anderen gesellschaftlichen Wirklichkeit, anderen Publikumserwartungen gegenüber als Lessing in einem reichsstädtischen, von bürgerlichen „Entrepreneurs" geförderten Theater.

Am Abend, „den 7. Julius" 1767, wird Voltaires *Mérope* aufgeführt, eine Tragödie, deren griechisch-mythologischer Kern im Europa des 16., 17. und 18. Jahrhunderts in vielfacher Abwandlung rezipiert wurde.[350] Lessing geht sowohl auf

---

346 Von den lateinischen Trauerspielen, welche unter dem Namen des Seneca bekannt sind. In: Theatralische Bibliothek, 2. Stück 1754, S. 3–134; Abdruck in: PO 13, S. 162–231, Zit. S. 183.
347 Ebd.
348 Ebd., S. 181.
349 Zur Seneca-Rezeption vgl. Wilfried Barner: Produktive Rezeption. Lessing und die Tragödien Senecas. München 1973; ferner Monika Fick: Lessing-Handbuch (Anm. 6), S. 117 ff.
350 An älteren Arbeiten ist zu nennen Max Gubler: Merope. Maffei, Voltaire, Lessing. Zu einem Literaturstreit des 18. Jahrhunderts. Phil. Diss. Zürich 1955. Die Bedeutung des antiken Stoffs für die dramaturgischen Entscheidungen Lessings untersucht Domenico Mugnolo: Die

die fragmentarischen antiken Zeugnisse als auch auf die Druckgeschichte ein, ohne diese in Gänze zu beschreiben. Vor allem erwähnt er im 39. Stück den römischen Grammatiker Gaius Julius Hyginus (geb. um 60 v. Chr., gest. 10 n. Chr.), in dessen Kompilation *Fabulae* – gemeint ist hier die Nummer 184 – er die Erzählung *Merope* in „alter echter Tradition" (176) zu erkennen sicher ist. Ja er sieht, gestützt auf die Meinung des humanistischen Altertumsforschers Thomas Reinesius (1587–1667), in dieser Fabel das „Argument" einer „alten Tragödie" (175) und vermutet einen Zusammenhang zwischen ihr und den erhaltenen Fragmenten der Tragödie *Kresphontes* von Euripides: „Damit will ich jedoch nicht sagen, daß, weil über der hundertvierundachtzigsten Fabel der Name des Euripides nicht stehe, sie auch nicht aus dem *Kresphontes* desselben könne gezogen sein." Damit hat er gleichsam den Fixpunkt gefunden, von dem aus er Voltaire und Maffei zu beurteilen vermag. Es sei, wie bemerkt, der Plan der „alten Simplizität", der den Werken der „Alten" den Vorrang vor „allen neueren Meropen" sichere (176).

Zu den neueren zählen dann freilich auch die Italiener des Cinquecento, so etwa Giambattista Liviera (geb. um 1565) mit seinem *Cresfonte* (1588) und Pomponio Torelli (1539–1608) mit einer *Merope* von 1598.[351] Lessing erwähnt ihn im 40. Stück, in dem er überdies in einer Fußnote nicht nur die von ihm benutze Quelle, Johann Scheffers (1621–1779) Edition *Hygini fabularum liber* (1674) benennt, sondern die von Hyginus überlieferte Fassung des Mythos vollständig zitiert. Dessen Ereignisfolge sei hier skizziert:

Der Usurpator Polyphontes hat Kresphontes, den König von Messenien, und zwei seiner Söhne ermordet. Er bemächtigt sich des Reichs und der königlichen Witwe Merope. Dieser war es gelungen, den dritten Sohn, Telephontes, in Aetolien bei einem Vertrauten in Sicherheit zu bringen und erziehen zu lassen. Polyphontes setzt alles daran, dieses legiti-

---

Merope-Tragödien Maffeis und Voltaires in Lessings Hamburgischer Dramaturgie. In: Deutsche Aufklärung und Italien. Hg. von Michele Battafarano. Bern 1992 (IRIS. Ricerche di Cultura Europea 6), S. 165–189. Durchaus bedenkenswert im Rahmen der nicht eben reichhaltig vorliegenden Forschung ist die Abhandlung von Francesca Tucci: Lessing, Maffei und die „Perfekte Tragödie". In: Lessings ‚Hamburgische Dramaturgie' im Kontext des europäischen Theaters (Anm. 114), S. 109–124. Tucci erkennt in der „spettacolarità" das „wichtigste Merkmal" der Version Maffeis, das sich nur „zum Teil und äußerst ungenau" mit dem Begriff des „Wunderbaren" decke, „den Lessing in Bezug auf Maffeis Tragödie häufig und eher geringschätzig" verwende. „Spettacolorità hängt hier vielmehr mit einer Grundeinstellung gegenüber dem Theater zusammen, die das Theatralische als Verschmelzung von verschiedenen Künsten, vor allem aber von Literatur und Schauspielkunst versteht." (S. 111.)
351 Materialreich hinsichtlich der zahlreichen Bearbeitungen des Merope-Mythos immer noch die Studie von Gottfried Hartmann: Merope im italienischen und französischen Drama. Erlangen, Leipzig 1892 (Münchener Beiträge zur Romanischen und Englischen Philologie IV).

men Thronerbes habhaft zu werden und verspricht Gold als Belohung für dessen Ergreifung. Mannbar geworden, kehrt Telephontes nach Messenien zurück, um den Mord an Vater und Brüdern zu rächen. Vor Polyphontes geführt, gibt er vor, Telephontes getötet zu haben. Ehe er ihm die ausgesetzte Belohung aushändigt, bittet ihn Polyphontes, bei ihm zu bleiben, um Näheres über ihn zu erfahren. Während der ermüdete Jüngling in einer Vorhalle des Palastes einschläft, erscheint der getreue Alte, Telephontes Ziehvater, vor Merope und meldet, dass ihr Sohn aus Aetolien verschwunden sei. Sie glaubt nun, dass der Schlafende der Mörder ihres Sohnes sei, greift zu einem Beil, um den vermeintlichen Mörder zu erschlagen. Der Alte erscheint, erkennt im schlafenden Jüngling Telephontes und hindert im letzten Augenblick Merope daran, den eigenen Sohn zu töten. Sie sieht nun die Gelegenheit gekommen, sich an Polyphontes zu rächen. Zum Schein versöhnt sie sich mit ihm, der seinerseits aus Freude darüber ein Opferfest anordnet. Telephontes gibt vor, ein Opfertier schlachten zu wollen, erschlägt den Usurpator und gewinnt das Reich, sein legitimes Erbe zurück.[352]

Der Philologe Lessing beläßt es indes nicht beim spätrömischen Grammatiker Hyginus, sondern verweist auf weitere Textzeugnisse zum *Merope*-Mythos. Im 37. Stück geht er ein auf antike Autoren, die an der ein oder anderen Stelle ihrer Schriften der Gestalt einer *Merope* oder eines *Kresphontes* gedenken. Er erwähnt das 14. Kapitel der *Poetik* des Aristoteles, in dem der beabsichtigte und dann verhinderte Sohnesmord der Merope als Beispiel für eine Erkennungsszene erwähnt wird. Er nennt den Reiseschriftsteller Pausanias mit seiner Beschreibung Griechenlands, der *Graeciae descriptio* (*Hellados Periegêsis*, ca. 160–180 n. Chr.), den griechischen Gelehrten Apollodor von Athen (um 186 v. Chr.) mit seiner der griechischen Mythologie gewidmeten *Bibliotheca*, schließlich Plutarch (ca. 46– 120 n. Chr.) mit seinen beiden Abhandlungen vom Fleischgenuß (*De esu carnium*) in den Dialogen der *Moralia*.

Nach diesen Quellen mußte Lessing nicht lange suchen. In einer Zueignungsschrift vom 10. Juni 1713, gerichtet an Herzog Rinaldo I. von Modena, hatte Maffei, der gelehrte Antiquar, auf die eher spärliche Überlieferung des *Merope*-

---

352 In einer Fußnote zum 40. Stück, einem Kabinettstück philologischen Scharfsinns, verweist Lessing auf seine Textvorlage, die von Johannes Scheffer (1621–1679) veranstaltete Ausgabe „Hamburgi & Amsterodami. MDCLXXIV". Gleichzeitig benennt er die Unstimmigkeiten in der Überlieferung. Die 184. Fabel enthalte Erzählungen, „die nicht die geringste Verbindung unter sich haben" (177). Es handelt sich um die Erzählungen ‚Pentheus et Agave' (184. Fabel) und ‚Merope' (137. Fabel). Seine in der Fußnote vorgeschlagene Emendation führt zu einer Lesart, die die spätere Forschung im Wesentlichen bestätigte. Vgl. den Kommentar von Wilhelm Cosack: Materialien zu Gotthold Ephraim Lessings Hamburgischer Dramaturgie. Ausführlicher Kommentar nebst Einleitung, Anhang und Register. Paderborn 1876, S. 250 f. Zur Handschriftenüberlieferung und Druckgeschichte vor allem die mit einer „Praefatio" ausgestattete neuere Ausgabe von Peter K. Marshall: Hyginvs: Fabvlae. Edidit Peter K. Marshall. Stuttgardiae et Lipsiae MCMXCIII (Bibliotheca Scriptorum Graecorum et Romanorum Teubneriana).

Mythos hingewiesen. Lessing legt zum Beginn des 37. Stücks einen längeren Textausschnitt aus der besagten „Lettera dedicatoria" dem Leser in Übersetzung vor, um dann sogleich die philologische Unbedarftheit eines gewissen René (Renatus) Tournemine (1661–1739) hervorzuheben. Dieser, nach Ausweis von Jöchers *Allgemeinem Gelehrten-Lexicon*, Verfasser zahlreicher theologischer Traktate und Angehöriger des Jesuitenkollegs in Paris,[353] hatte in einem Schreiben an Pierre Brumoy Aristoteles eine Mitteilung des Plutarch über die Reaktion des Publikums angesichts der bevorstehenden Tötung des Sohnes durch die Mutter und der unvermuteten Wiedererkennung zugeschrieben: „Hübsche Phrases, aber nicht viel Wahrheit!" So Lessing im 37. Stück. Doch damit nicht genug. Was nämlich seinen ganzen Unwillen hervorruft, ist Tournemines, d. h. Voltaires Fehlinterpretation des Aristoteles mit Blick auf dessen Ausführungen zu den Absichten der Tragödie – zur Pathoserregung sowie zur Wiedererkennung, der Anagnorisis.

Konnte der Leser nach den einleitenden Sätzen des 37. Stücks erwarten, „zuvörderst das Original des Italieners kennen [zu] lernen", so sieht er sich nunmehr auf einen „Nebenweg" geführt, der erst im 39. Stück wieder in den „Hauptweg" einmündet und den mitzugehen ihm ein hohes Maß an Denkarbeit abverlangt haben mochte. Lessing, mit sicherem Gespür für das dem Leser Zugemutete, bemerkt denn auch am Ende seiner Aristoteles-Interpretation: „Doch Tournemine und Tournemine – Ich fürchte, meine Leser werden fragen: ‚Wer ist denn dieser Tournemine? Wir kennen keinen Tournemine." (173)

Den Anlaß zu diesem „Spaziergang" gab also jener Brief Tournemines an Brumoy (23. Dezember 1738), den Voltaire in die Edition seiner *Mérope* von 1746 übernommen hatte, auf den er aber bereits in der Ausgabe von 1744 inhaltlich rekurrierte, und zwar in der bereits erwähnten „Lettre à M. le Marquis Scipion Maffei, auteur de la Mérope italienne". Stein des Anstoßes ist die nach Lessing grundfalsche Auffassung von der *Merope*-Fabel als einem Höhepunkt der griechischen Tragödie, wenn Tournemine schreibe: „Aristote, ce sage législateur du théâtre, a mis ce sujet au premier rang de sujets tragiques."[354] Das mußte Lessing, der den Stagiriten selbst als höchste Autorität in Sachen Tragödie anerkannte, zum Widerspruch reizen, zumal wenn Voltaire, der „französische Janus-

---

353 Allgemeines Gelehrten-Lexicon. Vierter Theil: S–Z. Hg. von Christian Gottlieb Jöcher. Leipzig 1751, Sp. 1283–1285.
354 Die „Lettre du P.de Tournemine", Voltaires Dedikation an Maffei, d. h. die von ihm unter einem Decknamen fingierte „Lettre de M. de la Lindelle à M. de Voltaire" sowie der Text der ‚Mérope' in: Oeuvres de Voltaire. Avec préfaces, avertissements, notes, etc. par M. [Adrien Jean Quentin] Beuchot. Tome V. Théâtre Tome IV. Paris 1830, S. 93–194, Zit. S. 97. Zur Interpretation des 37. Stücks vgl. den Kommentar Jean-Marie Valentins (Anm. 38), S. 425–435.

kopf" (181), in seiner „Lettre" an Maffei sich der verfehlten Auslegung des Jesuiten anschloß, indem dieser nicht nur die Merope-Fabel, sondern innerhalb des Ganzen eine einzige Szene, die der Wiedererkennung, als den Gipfel des griechischen Theaters schlechthin bezeichnete, gleichsam als den „coup de théâtre" schlechthin: „Aristote, dans sa Poétique immortelle, ne balance pas á dire que la reconnaissance de Mérope et de son fils était le moment le plus intéressant de toute la scène grecque. Il donnait à ce coup de théâtre la préférence sur tous les autres."[355]

„Coups de théâtre" – „Theaterstreiche", die den nachvollziehbaren Gang des dramatischen Geschehens durch „Verwicklung" und unvermutete „Situationen" beeinträchtigen, wie es im 68. Stück heißt, sind dem Hamburger Dramaturgen ein Dorn im Auge. Allenthalben läßt sich seine Abneigung aus seinen Kritiken ablesen. „Ich will lieber ein einfaches als ein mit Zwischenfällen überhäuftes Stück", heißt es in Diderots *Entretiens sur le fils naturel* (anonym ersch. 1757), jenem dialogisierten Monolog, den Lessing 1760 zusammen mit dem *Fils naturel* in Übersetzung als *Unterredungen über den Natürlichen Sohn* veröffentlicht hatte.[356] Mit Blick sowohl auf Maffei als auch auf Voltaire konnte er daran sieben Jahre später anknüpfen. Beider „Fehltritt" rühre nicht zuletzt daher, daß sie dem Vorbild der „Alten" – in diesem Falle dem des Euripides – nicht gefolgt seien, daß sie es „gewagt" hätten, „aus den Fußstapfen der Griechen" zu treten. So im 48. Stück.

Sieht man ab von Ausnahmen wie Molière oder Marivaux, dem „oft zu Unrecht als oberflächlicher Rokokoautor" Verkannten,[357] so könnte man vom „coup de théâtre" als einem unverzichtbaren Ingredienz der französischen Komödie der ersten Hälfte des 18. Jahrhunderts mit ihrem Spiel von Kleidertausch, Maskierung und Demaskierung sprechen. Im Bereich der Tragödie, wo es galt, die Grenzen von Schicklichkeit und Wahrscheinlichkeit, „bienséance" und „vraisemblance" nicht zu überschreiten, war indes Zurückhaltung mit dramaturgischen Kniffen solcher Art geboten. In diesem Sinne ist denn auch des gelehrten Jesuiten Tournemines warnendes Bedenken zu lesen: „Les coups de théâtre ne sont point des situations forcées, dont le merveilleux choque la vraisemblance: ils naissent du sujet; c'est l'évenement historique vivement représenté."[358] Ein historisches Ereignis – in diesem Falle nach Messenien verlegt –

---

355 Voltaire: Oeuvres (Anm. 354), S. 101.

356 Lessing/Diderot: Das Theater des Herrn Diderot. Dorval und Ich. Erste Unterredung. In: PO 11, S. 95.

357 Vgl. dazu Jürgen Grimm (Hg.): Französische Literaturgeschichte. 4 Aufl. Stuttgart 1999, S. 197.

358 Voltaire: Oeuvres (Anm. 354), S. 98.

in lebhafter Darstellung vorgestellt, in der sich die „coups" aus dem „sujet" selbst entwickeln, ohne gezwungen und unnatürlich zu wirken, ohne die „vraisemblance" zu beleidigen: darin sah Tournemine die Leistung Voltaires. Den Verlust eines *Kresphontes* könne man nun getrost verschmerzen, denn „M. de Voltaire nous le rend".

Das freilich glich einem Fehdehandschuh, den Lessing aufgreifen mußte, war doch für ihn die „reconnaissance de Mérope et de son fils" keineswegs „le moment le plus intéresant de tout la scène grecque". Abgesichert durch Aristoteles' Aussagen zur Tragödie als der „Nachahmung einer guten und in sich geschlossenen Handlung" sowie, daraus folgernd, zur nachgeahmten Handlung, zum Mythos als der „Zusammensetzung von Geschehnissen",[359] sieht Lessing in der „reconnaissance", in der Wiederkennung, lediglich den „Teil eines Ganzen". So im 38. Stück.

Zu Beginn des Aristoteles-Exkurses, des „Nebenwegs", lenkt er den Blick auf das 14. Kapitel der *Poetik* mit der Beschreibung pathosträchtiger, „Schrecken und Mitleid" erregender „Begebenheiten", die sich „unter Freunden oder Feinden oder unter gleichgültigen Personen" (166) ereignen können, wobei allein „tragische Begebenheiten" unter Freunden und Verwandten „Arten des Leidens" (170) hervorzurufen vermögen. Sodann der Versuch Lessings, die von Aristoteles aufgezeigten Grundstrukturen dramatischen Handelns zu klassifizieren, d. h. „Klassen von Begebenheiten" zu benennen, „welche den Absichten des Trauerspiels mehr oder weniger entsprechen". So im 37. Stück. In kurzgefaßter, nur auf den ersten Blick pedantisch anmutender Systematik, faßt Lessing in diesem Stück die dramaturgischen Möglichkeiten zusammen, die sich aus der Begegnung einander nahestehender Personen, dem wissentlich oder unwissentlich erfolgten Vollzug oder Nichtvollzug einer „Tat" ergeben:

> Die erste: wenn die Tat wissentlich, mit völliger Kenntnis der Person, gegen welche sie vollzogen werden soll, unternommen, aber nicht vollzogen wird. Die zweite: wenn sie wissentlich unternommen und wirklich vollzogen wird. Die dritte: wenn die Tat unwissend, ohne Kenntnis des Gegenstandes, unternommen und vollzogen wird und der Täter die Person, an der sie vollzogen, zu spät kennen lernet. Die vierte: wenn die unwissend unternommene Tat nicht zur Vollziehung gelangt, indem die darein verwickelten Personen einander noch zur rechten Zeit erkennen. (166)

Der letzteren „Klasse", so Lessing, gebe Aristoteles „den Vorzug", freilich nur mit Blick auf die von ihm angeführte Wiedererkennungsszene im *Kresphontes* des Euripides. Die Zusammenfassung mag also pedantisch anmuten. Doch es ist

---

359 Aristoteles: Poetik. Übersetzt und hg. von Manfred Fuhrmann. Stuttgart 1994, Kap. 6, S. 23.

nicht zuletzt diese vierte „Klasse", mithin die vierte der von Lessing benannten Konfliktsituationen, deren Auslegung durch Tournemine und Voltaire der Kritik die Richtung weist. Er selbst sieht sich auf einem offenbar langen und mühseligen „Nebenweg", der sich mehr und mehr zu einem „Hauptweg" auszuweiten scheint. Deshalb der Wunsch zu verweilen und das von Aristoteles Angeführte nochmals prüfend nachzuvollziehen: „Ich bleibe also stehen, verfolge den Faden seiner Gedanken zurück, ponderiere ein jedes Wort." (169) So im 38. Stück.

Was dann folgt, das „Ponderieren" der Worte des Aristoteles, richtet sich, in mehrfacher Wiederholung zugespitzt, gegen Voltaires Versuch, der *Merope* eine Vorzugsstellung vor allen anderen griechischen Tragödien zu sichern. Ein „Mißverständnis" wie Lessing meint, das in Voltaires irriger Auffassung vom Ganzen und seinen Teilen seinen Grund habe. „Der Philosoph" rede „von verschiedenen Teilen: warum soll denn das, was er von diesem Teile behauptet, auch von jenen gelten müssen?" (171) Indem Voltaire die vierte der „Klassen von Begebenheiten" (166), bezogen auf die Wiedererkennungsszene von Mutter und Sohn, zum „interessantesten Augenblick der ganzen griechischen Bühne" stilisiere – so im 39. Stück –, dokumentiere er gleichsam sein falsches Verständnis von aristotelischer Tragödienkonzeption. Und dem vermag Lessing nur noch mit zum Sarkasmus gesteigerter Ironie zu begegnen, die den Gegner bloßstellt:

> Welche Ausdrücke: nicht anstehen, zu behaupten! Welche Hyperbel: der interessanteste Augenblick der ganzen griechischen Bühne! Sollte man hieraus nicht schließen: Aristoteles gehe mit Fleiß alle interesante [sic!] Augenblicke, welche ein Trauerspiel haben könne, durch, vergleiche einen mit dem andern […] und tue endlich so dreist als sicher den Ausspruch für diesen Augenblick bei dem Euripides. Gleichwohl ist es nur eine einzelne Art von interesanten Augenblicken, wovon er ihn zum Beispiele anführet. (174)

Lessing, der Spaziergänger, der verweilt, um „ein jedes Wort" des Aristoteles zu „ponderieren", schwenkt wieder ein auf den „Hauptweg". Gegen Ende des 39. Stücks, dann im 40. Stück kommt er nochmals auf Hyginus zurück und glaubt, in dessen 184. Fabel „den Plan des Kresphontes ziemlich genau" (175) zu erkennen – den Plan einer Tragödie des Euripides, die nur in wenigen Fragmenten überliefert ist.[360] In einer Fußnote zitiert er die Fabel, die in der Überlieferung die Überschrift „Pentheus et Agave" aufweist, in ihrem lateinischen Wortlaut und bekennt, „daß sie wirklich den Gang und die Verwicklung eines Trauerspiels" habe, so daß, „wenn sie keines gewesen" wäre, sie doch leicht eines werden könnte". Daß er sich hier in den Bereich des Hypothetischen begibt, signalisiert der Konjunktiv in seinen Aussagen. Auch wenn über der Fabel

---

360 Vgl. dazu den Beitrag „Euripides" von Arthur Wallace Pickard-Cambridge in: The Oxford Classical Dictionary. Oxford 1966, S. 347–350.

„der Name des Euripides nicht stehe", so „könne" sie dennoch „aus dem Kresphontes desselben gezogen sein" (176). Verweist Lessing in Sachen theoretisch-
poetologischer Beglaubigung auf Aristoteles' *Poetik*-Fragment, so erhebt er die
Tragödien des „tragischsten von allen tragischen Dichtern" – so im 48. Stück –
zu Werken von kanonischem Rang, auf deren Vorbildlichkeit er an entscheidenden Stellen seiner Auseinandersetzung mit Voltaires und Maffeis *Merope*-Versio-
nen verweist.

Zurück auf den „Hauptweg"? So scheint es zunächst; denn auch diesen
pflegt er immer wieder zu verlassen, sei es in kurzen philologisch-historischen
Exkursen, sei es in knappen biographischen Annotationen etwa zu Maffeis Ver-
diensten auf dem Felde der Diplomatik und Historiographie, so daß sich der
Leser gelegentlich in ein dichtes Wegenetz verstrickt fühlen mochte. Entscheidend bleibt indes bis gegen Ende der *Merope*-Kritik der Rekurs auf Euripides.
Vor dem Hintergrund eines verlorenen *Kresphontes*, eines *Ion* und einer *Iphigenie in Tauris* entwirft er eine auf wenige dramaturgisch-poetologische Kriterien
reduzierte Dramaturgie in nuce, eine Dramaturgie in der *Dramaturgie* gewissermaßen, in der er die nach seiner Einschätzung scheinbar „strengste Regelmäßigkeit" (201) der Tragödie Voltaires als dem Geist der dramatischen Gesetze der
„Alten" völlig inadäquat zu entlarven sucht. Es seien die Einheiten von Ort, Zeit
und Handlung, die diese „mit einer Biegsamkeit, mit einem Verstande" einzu-
halten wußten – so im 46. Stück –, daß sie „unter neun Malen, sieben mal weit
mehr dabei gewannen, als verloren". Es seien diese Gesetzmäßigkeiten, deren
Stimmigkeit er weder bei Maffei und schon gar nicht bei Voltaire verwirklicht
finde. So sieht er beispielsweise die Einheit der Zeit in dessen *Mérope* lediglich
im physikalischen Sinn beobachtet: „Die Worte dieser Regel hat er erfüllt, aber
nicht in ihrem Geist." (197)

Lessing wird nicht müde, auf die Ambivalenz von „Geist" und „Buchstabe"
hinzuweisen. Nicht zuletzt im „Spannungsfeld zwischen tradierter Norm", d. h.
normierter Begriffskonstruktionen und anthropologisch begründeter „individueller Erfahrung" bewegt sich seine Kritik an Voltaire und Corneille, den Vertre-
tern der Tragödie barocken und klassizistischen Zuschnitts.[361] Und so fordert er
im 45. Stück, an den „vernünftigern Menschen" appellierend, die Abkehr vom
physikalisch Messbaren und die Beachtung des individuell Nachvollziehbaren:
„Es ist an der physikalischen Einheit der Zeit nicht genug; es muß auch die
moralische dazu kommen, deren Verletzung allen und jeden empfindlich ist."
(197) So gesehen, haben sowohl Voltaire als auch Maffei „das Wesentliche dem
Zufälligen" aufgeopfert, indem sie die Chronologie des dramatischen Gesche-

---

361 Bohnen: Geist und Buchstabe (Anm. 27), S. 15.

hens – Werbung des Usurpators Polyphontes um die Hand der verwittweten Königin und übergangslose, mit Gewalt forcierte Hochzeitsvorbereitung – in ein zeitliches Prokrustesbett zwängten, in einen gedachten Zeitraum, der „keinen völligen Umlauf der Sonne erfordert" (197). Die Spitze richtet sich vor allem gegen Voltaire. Maffeis Vergehen gegen die dramaturgischen Anforderungen „moralischer Zeit" wird, wie oft im *Merope*-Komplex, mit milderem Tadel bedacht, wenn es heißt, er nehme „doch wenigstens noch eine Nacht zu Hilfe; und die Vermählung, die Polyphont der Merope heute" andeute, werde „erst am Morgen darauf vollzogen" (198).

4 Verletzung der „Menschlichkeit": Lessings Kritik im Kontext der Anthropologie seiner Zeit

Man mag darüber streiten, ob Lessing in Deutschland „unstreitig der erste moderne psychologische Dramatiker ist", wie Jürgen Schröder seinerzeit ausführte. Es bleibt zu bedenken, daß die Ergründung der Seele, des psychischen Lebens, im Drama der Moderne seit dem Ausgang des 19. Jahrhunderts von Voraussetzungen auch im Wissenschaftsbereich ausing, die einem Autor des 18. Jahrhunderts nicht vertraut sein konnten. Unstreitig indes dürfte es sein, daß im dramaturgischen opus magnum Lessings „zum ersten Mal in der Poetik des Dramas [...] der Einzelne und seine Menschlichkeit als die entscheidende Norm angesetzt" werden.[362] Verglichen mit Hyginus, in dessen Fabel er im Anschluß an den Humanisten Thomas Reinesius und auch in Übereinstimmung mit Maffeis Dedikationsschreiben von 1713 ein „Argument" (175), d. h. den „Auszug" eines „Stücks" des Euripides zu erkennen sicher ist – verglichen also mit der Tragödie des Griechen, haben sowohl der Franzose als auch der Italiener diese Norm der Menschlichkeit verletzt.

Ein eklatantes Beispiel für solcherart Normverletzung sieht er im Rachebegehren der Königin, wenn sie in Aegisth, dem seine eigene Identität zunächst verborgen bleibt, den Mörder ihres Sohnes zu erblicken sicher ist. Zwar erfordere „der Stoff" – so Lessing –, daß „Merope den Aegisth mit eigener Hand ermorden will", allein er erfordere nicht, „daß sie es mit aller Überlegung tun muß". So Lessing im 47. Stück. Mit „Überlegung" handle Voltaires Königin; mit „Überlegung" und Affekt handle sie in der Tragödie Maffeis, die deutlichen Sinns den Marterphantasien des zeitgenössischen Publikums entgegenkommt, wenn Merope ihren Rachegelüsten freien Lauf läßt:

---

362 Jürgen Schröder: Gotthold Ephraim Lessing. Sprache und Drama. München 1972, S. 209.

ma convien prima
sbramar l'avido cor con la verdetta:
quel scelerato in mio poter vorrei
per trarne prima s'ebbe parte in questo
assassinio il tiranno; io voglio poi
con una scure spalancargli il petto,
voglio strappargli il cor, voglio co'denti
lacerarlo e sbranarlo.[363]

Mit diesem nachgerade opernhaften Rachemonolog am Schluß des zweiten Akts reagiert Merope auf die Nachricht des Boten Euriso, daß der von Polyphontes in Haft genommene Jüngling, dessen Züge sie ja zunächst an den ermordeten Gemahl erinnert hatten, der Mörder ihres Sohnnes sei – ein Irrtum freilich, verursacht durch einen kostbaren Ring, den die Häscher bei ihm vorgefunden hatten, von dem sie glaubt, daß der Gefangene ihn ihrem Sohn geraubt habe.

Schon Voltaire, respektive M. de la Lindelle hatte Anstoß genommen an der Hypertrophie der Bildsprache Maffeis, die seiner Forderung nach Anstand, nach „décence" entschieden widersprechen mochte. Merope, so in der fingierten „Lettre a M.de Voltaire", „parle en cannibale plus enconre qu'en mère affligée, et qu'il faut de la décence partout".[364] Lessing stimmt dem zu, nicht ohne einzuwenden, daß die französische *Mérope* „im Grunde ebensogut Kannibalin" sei „als die italienische" (203). Warum also diese Gleichsetzung? Beide Protagonistinnen, Voltaires Mérope und Maffeis Merope reagieren in angespannter Situation, schwankend zwischen Bangen um das Leben des Sohnes und Thronerben Éghiste/Egisto und Hoffnung auf Rache am Usurpator Polyphonte/Polifonte. Daß sie die Rache, im tödlichen Irrtum befangen, zunächst am eigenen Sohn, den sie von Polyphontes geschützt glauben, zu vollziehen gedenken, gibt nach Lessing zwar die Überlieferung bei Hyginus her. Doch die Art der Vorbereitung zum Vollzug insbesonders in der Tragödie des Italieners, die Absicht, Rache grausam zu üben, gipfelnd in der Drohung, „la tua morte/ Fia il minor de' tuoi mali; a brano a brano/ Qui lacerar di vo'".[365] Das Zerreissen des Leibes also

---

363 Zitate nach der Ausgabe Scipione Maffei: Opere drammatiche e poesie varie. A cura di Antonio Avenna. Bari 1928, Atto II, Sc.VI, S. 29 f. Die (sehr freie) Übersetzung nach folgender Ausgabe: Merope, ein Trauerspiel des Herrn Marchese Scipion Maffei. Übersetzt von Friedrich Molter [...] Aufgeführet zu Wienn, in dem Kaiserl. Königlich-privilegirten Stadt-Theater. Zu finden in dem Kraußischen Buchladen, nächst der Kaiserl. Köngl. Burg 1751. „Allein der Rachbegier muß erst genug geschehn / Den Frevler wünscht ich erst in meiner Macht zu sehn / Aus dem unheilgen Mund Gewißheit zu bekommen / Ob der Tyrann am Mord verfluchten Theil genommen / Mit einem Dolch will ich sodann die wilde Brust / Ihm öffnen, und entflammt von bluthgierger Lust / Daraus das Herze ziehn, mit Zähnen es zerreißen."
364 Voltaire: Oeuvres (Anm. 354), S. 115.
365 Merope (Anm. 363), Atto III, Sc. IV, S. 38.

Stück um Stück, entspreche eher tierischer denn menschlicher Verhaltensweise. Merope, „dem bangsten Kummer" über das Schicksal ihres Sohnes ausgesetzt, sei gewiß „das schöne Ideal einer Mutter" – so im 47. Stück – aber, so wendet er ein, „Merope, die sich zu dieser Rache Zeit nimmt, Anstalten dazu vorkehret, Feierlichkeiten dazu anordnet und selbst Henkerin sein, nicht töten, sondern martern [...] will: ist das noch eine Mutter? Freilich wohl: aber eine Mutter [...], wie es jede Bärin ist."

Daß Lessing mit dem eben erst einsetzenden Schrifttum über die Natur des Menschen vertraut war, gehört, wie an anderer Stelle bereits erwähnt, zum Erkenntnisstand der neueren Forschung.[366] Und hier argumentiert er ganz im Sinne der Anthropologie seiner Zeit. Merope, „von ihrem Schmerz betäubt", handle „in der Hitze der Leidenschaft" (203) durchaus der Natur des Menschen entsprechend. In ihrem ausgeprägten Wunsch nach Martern sieht Lessing indes eine alle Erfahrung sprengende Grenzüberschreitung weg vom Menschen hin zum unvernünftigen Tier. Seine Kritik Maffeis ist somit im anthropologischen Kontext seiner Zeit zu lesen, in dem „Gemüthsbewegungen", vorzüglich die Relation von sinnlicher Erfahrung und Einbildungskraft, der Prüfung unterzogen werden. Bezeichnet er das vom Stoff der Fabel des Hyginus vorgegebene leidenschaftliche Handeln der Königin im 47. Stück als nachvollziehbar, als „sehr simpel und natürlich, sehr rührend und menschlich", so wertet er im Gegensatz dazu das Abweichen von der „Simplizität eines Euripides" bei Voltaire und Maffei, das durch übersteigerte Einbildungskraft hervorgerufene Rachegelüst als ein Abgleiten in den Bereich des Inhumanen: das „schöne Ideal einer Mutter" degeneriere zur „blutdürstigen Bestie", der man jeden Anflug von Sympathie verweigere. Sie wird im Sinne Georg Friedrich Meiers, des Hallenser Philosophen und Nachfolger Alexander Gottlieb Baumgartens „unsinnig (delirus)".

Meier, den man einreihen kann in eine lange Tradition der medizinischen Semiotik und Physiognomik, richtet im dritten „Hauptstück" seiner *Theoretischen Lehre von den Gemüthsbewegungen überhaupt* von 1744 seine Aufmerksamkeit auf die „Leidenschaften überhaupt" und ihre Wirkungen.[367] Das Überborden der Einbildungskraft, losgelöst von der Kontrollinstanz des Verstandes, führe zu kaum nachvollziehbaren Handlungen. „Die Leidenschaften können eine überaus klägliche Würckung haben", heißt es bei ihm und die Folge: „Ja,

---

366 Vgl. dazu Alexander Košenina: Anthropologie und Schauspielkunst (Anm. 86). Košenina weist an vielen Stellen seines Buchs Lessings Vertrautheit mit dem Gedankengut der Anthropologie nach.
367 Manfred Beetz: Georg Friedrich Meiers semiotische Hermeneutik. In: Die Hermeneutik im Zeitalter der Aufklärung. Hg. von Manfred Beetz und Giuseppe Cacciatore. Köln, Weimar, Wien 2000 (Collegium Hermeneuticum 3), S. 17–30, Zit. S. 28.

sind die Leidenschaften sehr stark und anhaltend, so kann dadurch der Gebrauch des Verstandes dergestalt unterdrückt werden, daß ein Mensch aberwitzig wird, und endlich gar in die Melancholie sinckt."[368]

Und zwischen „Aberwitz" und „Melancholie" schwankt Merope in der Tragödie Maffeis. Narbas, im Drama Voltaires der Vertraute der Königin und Ziehvater ihres Sohnes während seines geheimen Aufenthalts in Aetolien, sieht seine Herrin im dritten, eine Erkennung anbahnenden Akt, in einer Gemütsstimmung, die schwankt zwischen Freude, Liebe, plötzlicher Erregung und Gewissensnöten: „Hélas! ce juste excès de joie et de tendresse, / Ce trouble si soudain, ce remords qui la presse."[369] Unerwartete Freude und unmittelbar darauf folgende Enttäuschung, Marter des Herzens, angefacht durch die Leidenschaft der Liebe zum Sohn, dem rechtmäßigen Nachfolger des Königs Crephonte/Cresfonte, führen zu jenen „überaus kläglichen Würckung[en]", von denen in Georg Friedrich Meiers Schrift über die „Gemüthsbewegungen" die Rede ist. Auch sie schwelgt in der Vorstellung, den vermeintlichen Mörder ihres Sohnes zu quälen – „Inventions des tourments qui soient égaux au crime"[370] –, sieht sich selbst im Zustand der Raserei, von der man sie befreien möge, wenn sie ausruft: „Secondez la rage qui me guide."[371]

Im vierten „Hauptstück" – „Wie die Leidenschaften erregt und vermehrt werden können" – befaßt sich Meier mit Fragen der Darstellung von Affekten auf der Schaubühne und ihrer Wirkung auf die Zuschauer. Dabei geht er nicht nur auf die Lizenzen der Präsentation ein, sondern markiert auch deren Grenze, wenn er bemerkt: „Man pflegt [...] die Charactere auf der Schaubühne immer zu vergrössern, und wenn man in einer Tragödie den unglücklichen Helden aufführt, so muß seine Noth und Elend so sehr verwirrt und vergrössert werden, als es die Wahrscheinlichkeit erlauben will."[372] Der ersten Forderung genügten dann Maffei und Voltaire, der zweiten im Sinne eines Lessing wohl kaum, rügt er doch das Verhalten der Heldin in beiden Versionen der Tragödie als unwahrscheinlich, eben nicht als „simpel und natürlich". So im 47. Stück.

„Menschlich" und „natürlich" – das waren die Tragödien der „Alten", unter denen Lessing Euripides eine Vorzugsstellung einräumt. Im 47. und 48. Stück der *Hamburgischen Dramaturgie* rühmt er dessen Szenenführung und konfrontiert seine luzide, den Zuschauer als mitwissenden Dritten einbindende Kunst

---

368 Georg Friedrich Meier: Theoretische Lehre von den Gemüthsbewegungen überhaupt, Halle 1744 (Nachdruck Frankfurt a. M. 1971), § 130, S. 200 ff.
369 Voltaire: Oeuvres (Anm. 354), Acte III, Sc. IV, S. 157.
370 Ebd., S. 153.
371 Ebd., S. 155.
372 Meier: Theoretische Lehre von den Gemüthsbewegungen (Anm. 368), § 137, S. 216.

mit den Stücken Voltaires und Maffeis, deren Wirkungsintention er im „armseligen Vergnügen der Überraschung" zu erkennen sicher ist. Und wie so oft, wenn es um die Stützung der eigenen oder die Ablehung gegnerischer Ansichten geht, pflegt er dem Leser Zitate vorzulegen, mal kürzere, mal ausgiebigere, in dem sein Augenmerk dem Affekt der „plötzlichen Überraschung" (209) gilt.

5 Diderot, der Gewährsmann. Der wissende Zuschauer

Nur wenige Textseiten, nur zwei Stücke vor dem Schluß der *Merope*-Rezension, die mit dem Hinweis „Und nun für diesmal genug von der Merope" (218) immerhin die Aussicht auf Weiteres eröffnet, führt Lessing d e n Bundesgenossen ins Feld, dessen „unordentliche" Art des Schreibens es bereits dem Berliner Kritiker angetan zu haben scheint. Mit einiger Sicherheit kann man die Besprechung von Diderots *Schreiben über die Tauben und Stummen, zum Gebrauch derer, welche hören und reden* (*Lettre sur les Sourds et Muets*, 1751) im *Neuesten aus dem Reiche des Witzes* Lessing zuschreiben. Jedenfalls hat sie Karl S. Guthke nicht in die Liste früher Rezensionen aufgenommen, die er als bloße „Vorrede"-Exzerpte oder Inhaltsparaphrasen als wahrscheinlich nicht von Lessing stammende Texte nachweisen konnte.[373] Im dritten Stück der Nummer „Monat Junius 1751" hebt er nicht nur das Unordentliche als „Gewohnheit des Herrn Diderot" hervor, sondern betont zuvörderst den eigentümlichen Reiz, den dessen Art von „Ungebundenheit" auf den Leser ausgeübt haben könnte. Und bereits hier, sechzehn Jahre vor der *Dramaturgie*, die Vorstellung von „Ausschweifung" als einer Schreibstrategie, die die Fülle der Gedanken erst ermögliche. „Er", Diderot, „schweift überall aus, er springt von einem auf das andre, und das letzte Wort einer Periode ist ihm ein hinlänglicher Übergang." Und das Positive solcher „Ungebundenheit" zusammenfassend, heißt es weiter: „Die beste Entschuldigung aber ist, daß alle seine Ausschweifungen voller neuen und schönen Gedanken sind."[374] Eine „Ausschweifung" kann man füglich die letzten Nummern der *Merope*-Besprechung nennen, eine groß angelegte Attacke, die zielgerichtet Voltaire treffen soll. Hatte er diesem im 42. Stück angelastet, er wolle Maffei nicht nur kritisieren, sondern „ihn unter die Füße treten, vernich-

---

373 Karl S. Guthke: Lessings Rezensionen. Besuch in einem Kartenhaus. In: Jahrbuch des Freien Deutschen Hochstifts 1993, S. 1–59.
374 Das Neueste aus dem Reiche des Witzes, als eine Beylage zu den Berlinischen Staats- und Gelehrten Zeitungen. Monat Junius 1751. Lessings Diderot-Rezension in: PO, Teile 6–8, S. 49–56, Zit. S. 49.

ten", ja, er gehe „mit ihm so blind als treulos zu Werke" (188), so holt er nun seinerseits zu einem nachgerade vernichtenden Schlag aus.

Seine Abneigung gegen „Theaterstreiche und ausgesparteste Situationen", gegen „Verwicklungen" – so im 68. Stück – und sein entschiedenes Eintreten für das Einfache im Sinne Diderots erwähnten wir. Hier nun, im 48. Stück, läßt er seinen Zeugen in einer längeren Textpassage aus dem dialogisierten, einem die „Comédie en cinq Actes" *Le Père de famille* (1758) erläuternden Traktat, *Discours sur la poésie dramatique*, gleichsam als Fürsprech zu Wort kommen. Gilt Diderots Interesse in den *Entretiens* von 1757, den *Unterredungen* (*Dorval und Ich*), neben gattungsspezifischen Problemen vor allem der den Zuschauer affizierenden Bühnenillusion sowie der Wirkungsweise von „unvermutetem Zufall", dem „Theaterstreich" einerseits und theatralischem „Gemälde" andererseits,[375] so kann er 1758 im fiktiven Gespräch mit seinem Vertrauten, dem Baron Friedrich Melchior Grimm, an diese Themenbereiche anknüpfen. Rückblickend auf seine eigene Übersetzung des *Discours*, die 1760 als erläuternder Teil zum Schauspiel *Der Hausvater* (*Le Fils naturel*, 1757) unter dem Titel *Von der dramatischen Poesie* erschienen war, wählt Lessing für das 48. Stück Textstellen aus, die eine nach seiner Ansicht besondere dramaturgische Schwäche sowohl der italienischen als auch der französischen *Merope*-Tragödie auf den Punkt bringen. Die Argumentation für seine kritisch-polemische ausgedehnte Schlußsequenz, beginnend mit dem 48. und endend mit dem 50. Stück, vermittelte ihm Diderot. In einem kritischen Rekurs zur Handlungsführung in Voltaires Verstragödie *Zaïre* (1732) bemängelt er nicht nur das Nichtwissen der beteiligten Dramenfiguren – Lusignan, Zaïre und Nerestan – um ihre enge Verwandtschaft, sondern auch die Tatsache, daß dem Zuschauer die familiäre Verbindung über weite Strecken ein Geheimnis bleibe, so daß die „Erkennung" am Ende nichts als eine „kurze Überraschung" bewirke,[376] eine „überhingehende Überraschung", wie er an anderer Stelle moniert.[377]

„Überraschungen", „Theaterstreiche" oder der „Zusammenhang von kleinen Kunstgriffen" – so übersetzt Lessing Diderots „un tissu de petites finesses" – das

---

375 Lessing/Diderot: Dorval und Ich (Anm. 356), S. 100. Diderot legt dem „Ich", dem „Moi" des Dialogs, die folgende Bemerkung über „Zufall", „Theaterstreich" und „Gemälde" in den Mund: „J'entends. Un incident imprévue qui se passe en action et qui change subitement l'état des personnages, est un coup de théâtre. Une disposition de ces personnages sur la scène, si naturelle et si vraie, que rendue fidèlement par un peintre, elle me plairait sur la toile, est un tableau." Diderot: Oeuvres complètes. Tome X: Le drame bourgeois. Fiction II. Edition critique et annotée présentée par Jacques et Anne-Marie Chouillet. Paris 1980. Der Text *Dorval et Moi* S. 85–162, Zit. S. 92.
376 Lessing/Diderot: Von der dramatischen Dichtkunst. In: PO 11, S. 285.
377 Ebd., S. 287.

sind die „coups de théâtre", denen sowohl Lessing als auch sein Gewährsmann eine Absage erteilen, wobei Diderot dem „coup" sein Konzept des Tableaus entgegensetzt.[378] Für dieses bekundet Lessing indes kein Interesse, vielmehr greift er im 48. Stück die Forderung auf, den Zuschauer schon zur Eröffnung des dramatischen Geschehens „die nötige Kenntnis des Vergangenen und des Zukünftigen" wissen zu lassen, um ihm nicht bloß das kurzweilige Vergnügen an einem „coup" zu bieten, sondern um ihn, den Wissenden, in eine lang anhaltende Spannung zu versetzen, die dann, wie im 49. Stück mit Blick auf Aristoteles erklärt, die Affekte „Schrecken und Mitleid" erst ermögliche.

Auch in der großen Schlußsequenz im 49. Stück wird Euripides als nicht zu übertreffendes Vorbild aufgerufen, als „Meister", dessen Prologe zum *Ion* und zur *Hekuba* „in ihrer Vollkommenheit" (211) den Zuschauer als außer der Bühne Stehenden, indes aufgeklärten „Mitspieler" einzubeziehen wußten. Auch hier mag Diderot der Stichwortgeber gewesen sein; denn er verweist ja ausdrücklich auf den Verfasser der *Iphigenie bei den Taurern*, auf den „Mann von Genie", dem es gelungen sei, sein Publikum über „ganze fünf Aufzüge hindurch" in Erwartung zu halten.[379] Und die Frage, warum dies so sei, warum „gewissen Monologen eine so große Wirkung" zu erzielhen vermöchten, beantwortet Lessing im 48. Stück im Anschluß an Diderot so: „Darum, weil sie mir die geheimen Anschläge einer Person vertrauen, und diese Vertraulichkeit mich den Augenblick mit Furcht oder Hoffnung erfüllet." (209) Und weiter, gut aufklärerisch die Lichtmetapher ins Spiel bringend, sieht er den Zuschauer durch das ihm vermittelte Vorwissen in einen Zustand erwartungsvoller Spannung versetzt, in dem Intellekt und Emotion gleichermaßen wirksam sind. Das „Interesse" aber am dramatischen Vorgang – so Diderot – werde sich „für den Zuschauer verdoppeln, wenn er Licht genug hat und es fühlet, daß Handlung und Reden ganz anders sein würden, wenn sich die Personen kennten. Alsdenn nur werde ich

---

378 Vgl. dazu Peter Szondi: Tableau und coup des théâtre. Zur Sozialpsychologie des bürgerlichen Trauerspiels. Mit einem Exkurs über Lessing. In: Lektüren und Lektionen. Versuche über Literatur, Literaturtheorie und Literatursoziologie. Frankfurt a. M. 1973, S. 13–43. Szondi verweist mit Blick auf die Ablehnung des „Unvorhergesehenen" in Diderots Dramaturgie auf die Forderung „rationaler Lebensführung", die Max Weber in seinem Werk über ‚Die protestantische Ethik und [den] Geist des Kapitalismus' als dessen konstitutives Element analysiert habe. Dies intendiere „die Abschaffung des Zufalls" (S. 22). Zur Dramaturgie Diderots vgl. auch das Nachwort von Klaus Detlef Müller. In: Das Theater des Herrn Diderot. Aus dem Französischen übersetzt von Gotthold Ephraim Lessing. Stuttgart 1986 (Reclams UB 8683 [6]), S. 425–456.
379 In Diderots Abhandlung ‚De la Poésie dramatique' heißt es: „Le poète grec qui différa jusq' à la dernière scène la reconnaissance d'Oreste et de Iphigénie, fut un homme de génie." Der Augenblick der „reconnaissance" ist dann für ihn „le moment que le poète m'a fait attendre pendant cinq actes". In: Diderot: Oeuvres complètes (Anm. 375), X, S. 332–427, Zit. S. 370.

es kaum erwarten können, was aus ihnen werden wird, wenn ich das, was sie wirklich sind, mit dem, was sie tun oder tun wollen, vergleichen kann." (209)

Die Frage, die Lessing am Ende des umfänglichen Auszugs aus Diderots *Discours* stellt, „für welchen von beiden Planen" sich sein Gewährsmann erklären würde, „für den alten des Euripides [...] oder für den neuern des Francesco Scipione Maffei, den Voltaire so blindlings angenommen, wo Aegisth sich und den Zuschauern ein Rätsel ist" (209) – diese Frage ist rhetorisch, ergibt sich die Antwort doch aus der von Diderot vorgetragenen Argumentation. Und diese orientiert sich am Aufnahmevermögen des Publikums. Nicht zuletzt das 49. Stück der *Dramaturgie*, eine Anrede an die Adresse derer, die in der Kunst eines Euripides nichts als „Unvermögen" zu erblicken glauben, zeigt die wirkungsästhetische Motivation Diderots respektive Lessings aufs eindrücklichste. „Schrecken", verstanden als elementarer Affekt, und „Mitleid", das eigentliche Wirkungsziel der Tragödie, verstanden als „Ursprungsphänomen", wie er es „gerade von Rousseau kennen- und neu einschätzen gelernt hat".[380]

Beide setzen nicht etwa die „bloße Vermutung", sondern die „Gewißheit" (212) über den Status der dramatis personae voraus. Daß dabei Euripides miteinbezogen wird in die anthropologischen Überlegungen der Zeit, diesmal als derjenige, der „von dem Sokrates lernte", verleiht dem 49. Stück eine besondere Note. Versteht man die neue Lehre vom Menschen etwa im Sinne des philosophischen Arztes Ernst Platner als Erkundung von „Körper und Seele in ihren gegenseitigen Verhältnissen, Einschränkungen und Beziehungen",[381] dann wird die Affinität Lessings zur Menschenkunde seiner Zeit deutlich. Dann wird klar, daß das „Ausforschen" der Natur des Menschen vornehmste Aufgabe des Dichters ist. Nicht „schöne Sentenzen und Moralen" seien gefragt, wie es im 49. Stück heißt, sondern die Aufforderung ergeht an die „Dichter", die Beweggründe menschlichen Handelns zur Anschauung zu bringen, die Zuschauer „mit Mitleiden für die Personen einzunehmen" auch dann, wenn diesen die engen Familienbande noch unbekannt sind.

Lessings lebenslanges Interesse an Naturwissenschaften ist gut dokumentiert.[382] Er war Mediziner. Noch 1751/52 findet man ihn an der Universität Wittenberg als Student der Medizin immatrikuliert – wenn auch, wie er selbstironisch bemerkt haben soll, ein „verdorbener".[383] Und man kann davon

---

380 Schings: Der mitleidigste Mensch (Anm. 56), S. 38.
381 Ernst Platner: Anthropologie für Aerzte und Weltweise. Erster Theil. Leipzig 1772, XV–XVII. Zu Platner vgl. die Monographie von Košenina: Ernst Platners Anthropologie (Anm. 328).
382 Karl S. Guthke: „Nicht fremd seyn auf der Welt". Lessing und die Naturwissenschaften. In: Lessing Yearbook / Jahrbuch XXV (1993), S. 55–82.
383 Christian Nicolaus Naumann an Albrecht von Haller. In: Lessing im Gespräch (Anm. 179), Nr. 68.

ausgehen, daß ihm, wie beschrieben, Schrifttum zur neuen Menschenkunde vertraut war. Jedenfalls entspricht seine Empfehlung an diejenigen, die sich im Fach Tragödie zu versuchen wagen, dem Forschungsinteresse der sich etablierenden Anthropologie. Keine „schönen Sentenzen" also: „Aber den Menschen und uns selbst kennen; auf unsere Empfindungen aufmerksam sein; in allen die ebensten und kürzesten Wege der Natur ausforschen und lieben; jedes Ding nach seiner Absicht beurteilen: das ist es [...], was Euripides von dem Sokrates lernte, und was ihn zu dem Ersten in seiner Kunst machte." (213)

6 „Einige unbillige Urteile": Lessings Schiedsspruch in einem kunstrichterlichen Verfahren – historische Gerechtigkeit?

Zu den „Ersten" zählte Lessing sie nicht: Weder Maffei (1675–1755) und noch weniger Voltaire genügte den Kriterien, die er in den Haupt- und Nebenwegen seiner ausgedehnten Rezension ins Feld geführt hatte. Dabei ist, bezogen sowohl auf die Zuschauer als auch auf die Protagonisten, deren Ungewißheit über die Identität Egistos/Egisthes nicht der einzige – wenn auch schwerwiegendste – dramaturgische Fehler, den der Rezensent moniert. Die Liste der Gravamina ist länger. Es ist nicht zuletzt, wie er im 43. Stück schreibt, der „durch einen glücklichen ungefähren Zufall" verhinderte zweimalige Versuch Meropes, ihren Sohn töten zu wollen, den er beanstandet und ins Reich des „Wunderbaren" verweist. Immerhin ist es bemerkenswert, daß er den Verzicht auf die Wiederholung dieses „coup de théâtre" in der Voltaire'schen Version des *Merope*-Mythos als dessen einzige „Veränderung" erachtet, die „den Namen einer Verbesserung" verdiene. So im 50. Stück das Resümee am Ende seiner Rezension.

Dabei greift Lessing durchaus ungeniert die Liste von Ausstellungen auf, die sein Hauptgegner vor allem in jener fingierten „Lettre de M. de la Lindelle à M. de Voltaire" gegen Maffei aufgeführt hatte. In einem Katalog von fünfzehn Punkten hatte der von Voltaire fingierte Autor Lindelle dort ebenso sachkritisch wie polemisch die Schwachstellen im Drama des Italieners angesprochen, immer unter Berufung auf das Urteil „de tous les connaisseurs". Das gilt, um nur wenige zu nennen, für die Szenenabfolge – „Les scènes souvent ne sont point liées" –; das gilt für die Dialogführung vor allem der Nebenpersonen, die in der Tat oft das unfreiwillig Komische streifen; das gilt für die Wiederholung des Tötungsversuchs – „Cette situation, répétée deux fois, est le comble de la sterilité, comme le sommeil du jeune homme est le comble du ridicul" –; das gilt für das Auftreten von Dienern und Vertrauten an Leerstellen des Szenenablaufs. Kurz und gut: „Un très beau sujet, et un très mauvaise pièce."[384]

Wie oft in seinen Streitgesprächen greift auch hier Lessing die Beanstandungen seines Gegners auf, nicht um sie unkommentiert stehen zu lassen, sondern um sie – wie im 44. und 45. Stück – gegen diesen selbst in die Diskussion einzubringen.[385] „Ich komme auf den Tadel des Lindelle, welcher den Voltaire so gut als den Maffei trifft, dem er doch nur allein zugedacht war." So im 44. Stück zu Beginn seiner Auslassungen zur Szenenfolge, zur psychologischen Stimmigkeit der Charaktere und ihrer Handlungsweisen, zur „wahren Einheit der Handlung" – so im 46. Stück –, wobei die „griechische Simplizität" in allen Aspekten das Vorbild bleibt. Diese in ihrer Natürlichkeit erreicht zu haben, könne weder Voltaire noch Maffei für sich in Anspruch nehmen –: der erstere freilich noch weniger als der letztere; denn dieser habe, wenn auch vom griechischen Vorbild abweichend, durchaus Eigenes geschaffen, jener indes das so Umgeschaffene lediglich nachgeahmt, „entlehnt". Voltaire wird nachgerade vorgeführt als „Übersetzer und Nachahmer" Maffeis. Und so steigert sich im 50. Stück die Kritik an seinem Widersacher zu einem rhetorischen Feuerwerk mit einem siebenmaligen, anaphorisch gesetztem „Er entlehnte von ihm."[386]

Keineswegs ignoriert Lessing die Schwächen im Drama Maffeis. Er weist im 42. Stück hin auf die mangelhafte Motivation anläßlich des Auftretens der Personen, auf die Unausgewogenheit der einzelnen Szenen, auf die Tendenz, Leerstellen mit „Sittensprüchen" auszufüllen und in epischer Breite „schöne Stellen aus den Alten nachzuahmen". Gewiß hält Lessing als Gelehrter dem italienischen „Gelehrten von gutem Geschmacke" einiges zugute; doch gleichzeitig polemisiert er gegen den gelehrten „Versifikateur" mit seiner Neigung zu „Beschreibungen und Gleichnissen", die, an unangebrachter Stelle vorgetragen, „in die lächerlichsten Ungereimtheiten ausarten". So führt er dem Leser den von Egisto im zweiten Akt geschilderten Kampf mit dem Räuber und die Beseitigung von dessen Leichnam in einem Fluß als einen „selbst die allerkleinsten Phänomena" malenden Mißgriff vor. Er nimmt dann im 46. Stück durchaus die Polemik eines Lindelle auf, der recht habe, „über die heillosen

---

384 Alle Zitate in: Voltaire: Oeuvres (Anm. 354), S. 113–117.
385 Schon in der älteren Forschung wird auf die strukturellen und sprachgestischen Unterschiede zwischen Maffei und Voltaire hingewiesen; vgl. Gubler: Merope (Anm. 350).
386 Vgl. dazu Horst Albert Glaser: Lessings Streit mit Voltaire. Das Drama der Aufklärung in Deutschland und Frankreich. In: Voltaire und Deutschland. Quellen und Untersuchungen zur Rezeption der französischen Aufklärung. Internationales Kolloquium der Universität Mannheim zum 200. Todestag Voltaires. Hg. von Peter Brockmeier, Roland Desné, Jürgen Voss. Stuttgart 1979, S. 390–407.

TEATRO
DEL
SIG. MARCHESE SCIPIONE MAFFEI
CIOE' LA TRAGEDIA LA COMEDIA
E IL DRAMA
non più ſtampato

Aggiunta la ſpiegazione d'alcune Antichità
pertinenti al Teatro

ALL'ALTEZZA SERENISSIMA
DI
RINALDO I
DUCA DI MODENA &c. &c.

IN VERONA M DCC XXX.
Per Gio: Alberto Tumermani Librajo. Con Licenza de' Superiori.

Abb. 12: Titelblatt *Teatro del Sig. Marchese Scipione Maffei la cioè tragedia la comedia e il drama non più stampato*. Verona 1730.

Maximen zu spotten, die Maffei seinem Tyrannen [d. h. Polyfonte] in den Mund" lege, allerdings nicht ohne solche Deklamationen auch Voltaire anzukreiden. Dennoch wird man sine ira et studio Voltaire kaum als bloßen „Übersetzer und Nachahmer" bezeichnen können. Bezogen sowohl auf die Handlungsdichte als auch auf die Funktion der Nebenfiguren erweist sich Voltaire als der erfahrenere Dramatiker. Treten bei ihm diese als Mitwirkende auf, um Leerstellen erst gar nicht entstehen zu lassen, so in der Tragödie Maffeis als Erzählende. Sucht dieser mit der Wiederholung des Tötungsversuchs Meropes die Überraschung, so verzichtet Voltaire auf den zweiten Versuch, „sich an dem vermeinten Mörder ihres Sohnes zu rächen". So im 50. Stück. Wirkt der Handlungsverlauf in der französischen Version insgesamt straff, so verfällt Maffei immer wieder ins episch Betrachtende sowie ins Sentenziöse. Ungleich differenzierter als bei ihm zeigen sich die Protagonisten in der Tragödie Voltaires – hier ein machtbewuß-ter, verhandlungstüchtiger König Polyphonte, ein ernstzunehmender Widerpart Meropes, dort ein grobschlächtiger Haudegen mit der Tendenz zum Bramarba-sieren, wie gezeichnet nach irgendwelchen literarischen Vorlagen. Zwar konze-diert Lessing dem Franzosen ein bescheidenes Maß an Eigenständigkeit gegen-über dem Italiener, an „Veränderungen", die aber nur „die unerheblichsten Kleinigkeiten" beträfen. Der Schiedsspruch indes fällt trotz aller Kritik zuguns-ten Maffeis aus.

„Historische Gerechtigkeit war nicht Lessings Sache; noch weniger Scheu vor Personen, auch wenn sie Voltaire hießen, oder gar Scheu vor der Öffentlich-keit." So Rudolf Vierhaus in einem Tagungsvortrag zur „Streitkultur".[387] Daß Lessings polemische Kritik häufig eher der Person seiner Kontrahenten als der von diesen vertretenen Sache galt, wurde von der jüngeren Forschung mehrfach thematisiert. Der Mann, der einerseits „Rettungen" geschrieben hatte für Ver-kannte, scheute sich andererseits nicht vor vernichtenden, wenn auch rheto-risch brillanten Machtsprüchen über Person und Werk eines Zeitgenossen. Und so erhoben denn Skeptiker, die der Interesselosigkeit des „edlen Wahrheits-suchers"[388] nicht in jedem Streitfall uneingeschränkt Glauben schenken woll-ten, die Forderung nach Gerechtigkeit – nach Gerechtigkeit für Gottsched, für Wieland, für den Hauptpastor Johann Melchior Goeze, für Johann Jakob Dusch, Gymnasialdirektor im dänischen Altona, in der *Berlinischen Privilegierten Zei-*

---

387 Rudolf Vierhaus: Kritikbereitschaft und Konsensverlangen bei deutschen Aufklärern. In: Streitkultur (Anm. 96), S. 78–92, Zit. S. 81.
388 Über den „Wahrheitssucher, Wahrheitskenner, Wahrheitsverfechter" schreibt Johann Gottfried Herder im ‚Teutschen Merkur' (Weinmonat 1781). Zit. nach der Dokumentation: Les-sing – ein unpoetischer Dichter (Anm. 4), S. 123–134, Zit. S. 133.

tung vom Januar 1755 gelobt, später, 1759, in den *Briefen die Neueste Litteratur betreffend* als „listiger Skribent", als plumper Nachahmer hingestellt.[389] Und gerade der Fall Dusch hinterläßt, was die Sachlichkeit des Rezensenten angeht, einen zwiespältigen Eindruck.

Bemüht um eine detaillierte Beschreibung der sachlichen Position Lessings in den genannten *Briefen*, gab Peter Michelsen in einer engagiert geschriebenen Untersuchung der Forschung zur Aufgabe, „sich endlich einmal etwas eingehender mit den von Lessing Kritisierten zu beschäftigen". Das steht in einer seiner immer ergiebigen Fußnoten, in denen er auch das keineswegs rühmliche Verhalten Lessings Dusch gegenüber zur Sprache bringt.[390] Einen „Akt der Gerechtigkeit den Betroffenen gegenüber"[391] mahnte er an und meinte damit nicht nur Dusch, sondern auch das Verhalten Lessings in der Sache Christian Adolf Klotz.[392]

Von einer den gesamten *Merope*-Text durchgehenden Schmähung Voltaires kann selbstredend nur mit einiger Einschränkung die Rede sein. Im 44. Stück spricht Lessing immerhin vom „Werk des Genies", das zu kritisieren ihm „Überwindung" koste, und gegen Ende der Rezension zollt er sogar der Durchführung der zweiten Szene des vierten Akts mit dem das Geheimnis der Mutter-Sohnschaft lüftenden Ausruf Meropes gegenüber Polyphonte – „Barbare! il est mon fils" – großes Lob. Dabei bleibt es dann aber auch. Maffeis Tragödie wird mit Tadel bedacht, wobei sich Lessing durchaus, wie bemerkt, die Kritik de la Lindelles respektive Voltaires zu eigen macht. Verglichen mit diesem sparsamen Lob lassen dann wieder einige Sätze aufhorchen und Zweifel an der Interesselosigkeit des philologischen Geschäfts Lessings aufkommen. Wenn er nämlich Lindelle unterstellt, er wolle Maffei „unter die Füße treten, vernichten" – so im 41. Stück – und ihn mehrfach der Lüge bezichtigt, so nimmt sich das angesichts einiger tatsächlich seinem Opponenten unterlaufenen Irrtümer und Fehleinschätzungen überzogen aus. Umgekehrt, könnte man sagen, überschreitet hier

---

389 Lessing u. a.: Briefe die Neueste Litteratur betreffend, 41. Brief. In: PO 4, S. 106. Dort heißt es: „Ich kenne leicht keinen Skribenten, der listiger auszuziehen weiß."

390 Peter Michelsen: Der Kritiker des Details. Lessing in den „Briefen, die Neueste Litteratur betreffend". In: Michelsen: Der unruhige Bürger (Anm. 50), S. 70–103, Zit. S. 74 und 91, Fußnote 65. Dem Fall ‚Lessing-Dusch' widmet seine Aufmerksamkeit auch Gunter E. Grimm: „O der Polygraph." Satire als Disputationsinstrument in Lessings literaturkritischen Schriften. In: Streitkultur (Anm. 96), S. 258–268.

391 Michelsen: Der unruhige Bürger (Anm. 50), S. 91.

392 Ebd., S. 103, Fußnote 104: „Wer wird endlich einmal eine Rettung Klotz' (1738–1791) schreiben?" Zur Fehde Lessing-Klotz nimmt differenziert Stellung Wilfried Barner: Autorität und Anmaßung. Über Lessings polemische Strategien, vornehmlich im antiquarischen Streit. In: Streitkultur (Anm. 96), S. 15–37.

die Polemik die Grenze zur Ehrenrührigkeit, und man fragt sich abschließend, wie er es mit der Billigkeit hielt, die er, wie erwähnt, in der *Theatralischen Bibliothek* 1754 einforderte, als es darum ging, das Werk eines Dichters in seinem historischen Kontext zu würdigen. Der Jesuit Pierre Brumoy, Professor der Rhetorik am Lycée Louis-le-Grand in Paris, Herausgeber des *Théâtre des Grecs* (1730), der mit seinen Übersetzungen dem griechischen Drama in Frankreich den Weg geebnet hatte, habe Euripides dem Seneca entschieden vorgezogen, ohne diesen „nach den Umständen seiner Zeit zu beurteilen. Um einen „Vorzug"[393] des Griechen vor dem Römer ging es Lessing indessen gar nicht, wohl aber um den Nachweis qualitativer Gleichrangigkeit ihrer Tragödien trotz aller historisch bedingten Unterschiedlichkeit. „Ich glaube", so leitet er seine textkritische Widerlegung ein: „Es wird hier noch meine Pflicht sein, einige unbillige Urteile des Pater Brumoy zu widerlegen."[394]

Nach dem Diderot-Exkurs im 48. und 49. Stück, einem jener „Nebenwege", in denen Lessing den Vorrang der Alten vor den Neuern zu bekräftigen sucht, nimmt sich die Textsequenz der letzten der *Merope* gewidmeten Nummern wie das Schlußplädoyer eines langwierigen Verfahrens aus, in dem es zwar keine Freisprüche gibt, in dem aber mildernde Umstände Maffei, jedoch nicht Voltaire zugestanden werden –, trotz des gelegentlich gespendeten Lobes mit Blick auf die am Ende hervorgehobene „einzige Veränderung", die Aussparung des zweiten Tötungsversuchs der Königin.

Wie also steht es um die Billigkeit in diesem nachgerade kunstrichterlichen Verfahren? Einzuwenden wäre, daß es immerhin dreizehn Jahre waren, die die Rechtfertigung Senecas in der *Theatralischen Bibliothek* von der *Hamburgischen Dramaturgie* trennen. Doch die Vorstellung von Billigkeit, von Lessing nicht so sehr als Kategorie der Rechtsfindung aufgefaßt, sondern als Denkweise, zuständig für weite Bereiche des Gesellschaftlichen, des Religiösen und Ästhetischen, hatte für ihn Gültigkeit in allen seinen Schaffensperioden. Ein „billiges Urteil" in Sachen Voltaire-Maffei hätte vorausgesetzt, sich offen, ohne Fixierung auf ein bestimmtes Tragödienmodell – in diesem Falle das aristotelische – mit beiden *Merope*-Adaptionen zu befassen, Zeitumstände, Orte der Entstehung und Publikumserwartungen in den Diskurs einzubeziehen, um so der Forderung zu genügen, den „Dichter [...] nach den Umständen seiner Zeit zu beurteilen".[395] Gegen Ende dieses Kapitels V wird darauf zurückzukommen sein.

---

393 Von den lateinischen Trauerspielen, welche unter dem Namen des Seneca bekannt sind. Zuerst in: Theatralische Bibliothek, 2. Stück 1754, S. 3–134; Abdruck in: PO 13, S. 162–231, Zit. S. 183.
394 Ebd.
395 Ebd., S. 181.

7 „air naïf et rustique" versus „délicatesse": Affekterregung und staatspolitisches Kalkül

Großer Beifall begleitete die Uraufführungen der beiden Tragödien: am 12. Juni 1713 in Modena, am 20. März 1745 in der Comédie Française in Paris. Hatte sich Voltaire nach eigenem Bekunden zunächst mit dem Gedanken an eine Übersetzung des italienischen Werks getragen, so gab er diesen mit Blick auf die Erwartungen des Pariser Publikums an sein Theater sehr bald auf: „quand je voulus y travailler, je vis qu'il était absolutement impossible de la faire passer sur nôtre théâtre français". Der italienischen Tragödie mangele es an Kunstcharakter, sie zeichne sich mehr durch einen „air naïf et rustique" als durch „délicatesse" aus, die das Pariser Publikum nun einmal erwarte.[396]

Maffeis *Merope*, in der literarischen Entwicklung Italiens ein Versuch der Überwindung barocker Ausdrucksformen, wie sie sich insbesonders in der Oper darstellten, war Erfolg beschieden nicht zuletzt durch den von Voltaire gerügten „naiven" Ton. Daß Maffei, illustres Mitglied der Arcadia zu Verona, Verfasser der noch Goethe bekannten Sammlung *Verona illustrata* (1732), bemüht um ein literarisches Risorgimento des guten Geschmacks, sich im Wettstreit mit dem französischen Theater sah, bezeugen seine Zeitgenossen. In einer auf den 10. Juni 1713 datierten „Dedicatoria" und „Prefazione" geht Gian Gioseffo (Guiseppe) Orsi, vermutlich Compastore Maffeis in der Arcadia, nicht nur auf die sprachliche „purità" ein, die auch die Accademia della Crusca anerkannt habe, sondern auch auf den triumphalen Erfolg einer Aufführung in Venedig – deutlichen Sinnes hier eine Anspielung auf den Wettstreit mit der haute tragédie sowie ein Hinweis auf die literaturpolitische Tendenz, die Maffei verfolgte:

> Poscia la seconda sua Recita ha riportato indicibili applausi in Venezia: per lo che giunto è il suo Autore a provare quel compiacimento stesso, che nel Proemio dell' Iffigenia si dichiarò d'aver provato il famoso Tragico Franzese [sic!] Racine [...]. Si rallegri dunque l'Italia, e rallegrati Tu insieme, o amico Lettore, come interessato nella sua gloria; mentre vedi tolto ad altra dotta Nazione il pretesto di rimproverare alla nostra, che di Poeti nell'ordine Tragico scarsegiasse.[397]

---

396 Voltaire: Oeuvres (Anm. 354), A M. le Marquis Scipion Maffei, S. 100–112, Zit. S. 106.

397 Die ‚Prefazione del Marchese Giovan Gioseffo Orsi' in der Merope-Ausgabe Modena 1735 (Anm. 363), S. XXXIIf.: „Hernach wurde ihrer [d. h. der Tragödie] zweiten Aufführung in Venedig unbeschreiblicher Beifall zuteil: hierdurch hat ihr Autor dieselbe Anerkennung [auch: Zustimmung, Genugtuung, d. Vf.] erfahren, wie sie der berühmte französische Tragiker Racine im Proömium zur Iphigenie erfahren zu haben erklärte [...]. So möge denn Italien sich freuen, und Du, geschätzter Leser, mit ihm, da Du seines Ruhms teilhaftig bist, während Du andere gebildete Nationen des Vorwands beraubt siehst, der unsrigen vorzuwerfen, es mangele ihr an tragischen Dichtern." (Die Übersetzung dieses Passus übernahm Doris Langenohl-Ezilius.)

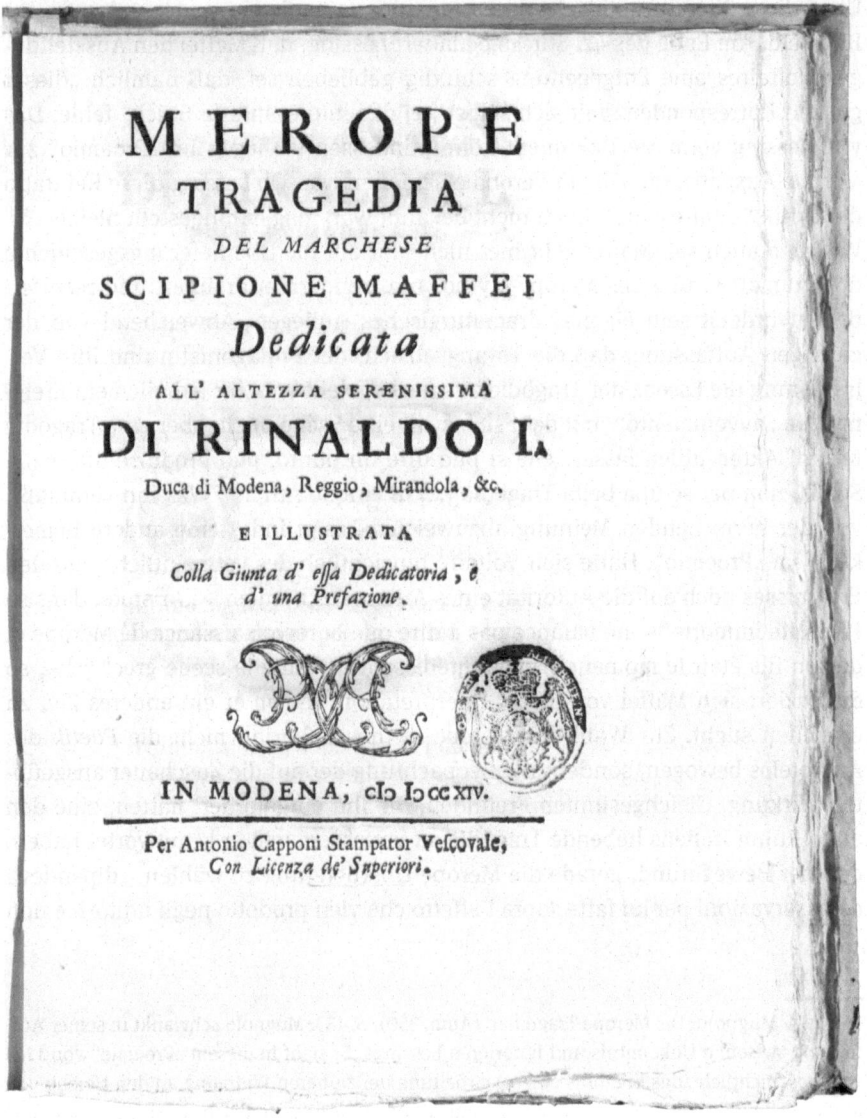

Abb. 13: Titelblatt *Merope Tragedia*. Modena 1714.

Zum Erfolgsautor Maffei vgl. Franco Longini: ‚Merope'. Genesi e parabola di un successo. In: Il letterato e la città. Cultura e Istituzioni nell' esperienza di Scipione Maffei. Hg. von Gian Paolo Marchi und Corrado Viola. Verona 2009, S. 75–112.

Über diese literaturpolitische Intention hinaus gerät ein anderer Aspekt ins Blickfeld. Am Ende des 42. Stücks bedauert Lessing, daß Maffei den Ausstellungen Voltaires eine Entgegnung schuldig geblieben sei, daß nämlich „dieser ganzen Korrespondenz mit sich selbst [...] das interessanteste Stück" fehle. Das von Lessing vermißte Dokument könnte indessen vorliegen im „Proemio" zur *Merope*-Ausgabe, die 1745 in Verona erschienen war. Ob Lessing diese Refutatio der Kritik Voltaires tatsächlich nicht bekannt war, mag dahingestellt bleiben.[398] Wie dem auch sei: Maffei geht hier nicht nur auf die Überlieferungsgeschichte der Dramatisierung des Merope-Mythos ein, sondern er erläutert und rechtfertigt zuvörderst sein eigenes dramaturgisches Anliegen. Abweichend von der gängigen Auffassung, daß die Tötungsabsicht der Protagonistin und ihre Verhinderung die Essenz der Tragödie ausmache, sieht er in ihr lediglich ein Ereignis, ein „avvenimento", mit dem sich zwar eine Szene, nicht aber eine Tragödie in fünf Akten füllen lasse, „che si può dire un punto, può produrre una bella Scena, non per sé una bella Tragedia [...] di cinque Atti".[399] Was ihn veranlaßt, von der herrschenden Meinung abzuweichen, zeigt indes eine andere Bemerkung im „Proemio". Hatte sich Voltaire hinsichtlich des vermeintlich zentralen Ereignisses noch auf die Autorität eines Aristoteles berufen – „Aristote, dans sa Poetique immortelle, ne balance pas à dire que la reconnaissance de Mérope et de son fils était le moment le plus intéressant de toute la scène grec"[400] –, so distanziert sich Maffei von dieser Interpretation, indem er ein anderes Ziel zu erreichen sucht. Zur Wahl des Merope-Mythos habe ihn nicht die *Poetik* des Aristoteles bewogen, sondern die Beobachtung der auf die Zuschauer ausgeübten Wirkung. Gleichgesinnten Freunden, die ihn aufgefordert hätten, eine den alten Ruhm Italiens hebende Tragödie zu verfassen, will er geantwortet haben, daß der Beweggrund, gerade die Merope-Überlieferung zu wählen, „dipendeva da osservazioni per lui fatte sopra l'effetto che vien prodotto negli uditori, e non

398 Vgl. Mugnolo: Die Merope-Tragödien (Anm. 350), S. 183. Mugnolo schwankt in seiner Auffassung zwischen Unkenntnis und Ignorieren Lessings. Er sieht in diesem „Proemio" von 1745 werkgeschichtlich „das Ergebnis einer Bearbeitung der früheren Widmung an den Herzog von Modena, Rinaldo I. d'Este", die „Lettera dedicatoria" von 1713. Zugleich weise das „Proemio" aber auch „Spuren der inzwischen entfachten Polemik mit Voltaire" auf (ebd.). Auf die Bedeutung des Proemiums machte freilich schon Wilhelm Cosack aufmerksam: Materialien zu Gotthold Ephraim Lessings Hamburgischer Dramaturgie. Paderborn 1876, S. 258. Jean Marie Valentin verweist ebenfalls auf die Edition von 1745, vgl. Gotthold Ephraim Lessing: Dramaturgie de Hambourg (Anm. 38), S. 431.
399 Scipione Maffei: De teatri antichi e moderni e altri scritti teatrali. A cura di Laura Sannia Nowé. Modena 1988; Abdruck des „Proemio alla Merope" S. 76–86, Zit. S. 77. In dieser Ausgabe auch eine detaillierte Nota Biografica (XLVII–LIII) sowie eine Nota Bibliografica (LIV–LXI).
400 Voltaire: Oeuvres (Anm. 354), S. 101.

tratte per verità dalla Poetica d' Aristotele".[401] Diese sei ohnehin unvollständig. Nicht die Worte des Aristoteles – „i detti d'Aristotele" – ließen den Schluß auf die Schönheit des Stoffes zu, sondern seine eigene Beobachtung, daß d i e Tragödie am ehesten vergnüge und ihren Zweck erreiche, „che prende a dipinger di proposito una passione e a vivamente esprimerla", die es also erreiche, zielbewußt eine Leidenschaft zu malen und lebhaft auszudrücken. Und unter den Leidenschaften vermöge keine die Gemüter mehr zu bewegen – „commover" – wie die Mutterliebe, von der jeder eine Vorstellung habe: „Ma dell'amor di madre abbiamo idea tutti."[402]

Das „dipinger una madre", das „dipinger" einer „passione – so formuliert Maffei sein Wirkungsziel. Dabei gerinnen dramatische Abläufe immer wieder zu weitläufigen Bildern. So beschwört er inmitten einer brenzligen Situation eine idyllisch-pastorale Erinnerung herauf, die eine ganze Szene des vierten Akts einnimmt:

> O di perigli piene,
> o di cure e d'affani ingombre e cinte
> case dei re! Mio pastoral ricetto,
> mio paterno tugurio, e dove sei?
> Che viver dolce in solitaria parte,
> godendo in pace in puro aperto cielo,
> della terra le natie ricchezze.[403]

Polydor, der Ziehvater Aegisths, für Lessing im 42. Stück eher ein „alter Salbader" denn ein homerischer Nestor, ergeht sich in herzrührenden Erinnerungen an bessere Tage, fügt im Gespräch mit Merope und dem Ziehsohn altersweise Sentenz an Sentenz. Im fünften Akt schließlich kommt die Aktion zum völligen Stillstand, wird der Vollzug der Rache am Usurpator nur noch episch vermittelt. Dennoch: nicht zuletzt die Akkumulation der Bilder, Gleichnisse und Sentenzen, hat ihre Wirkung auf das Publikum nicht verfehlt, wie der Bericht Gian Gioseffo Orsis vom Juni 1713 zeigt. Wie wäre auch sonst die Vielzahl von Editionen des Textes allein für das 18. Jahrhundert, wie sonst die Übersetzungen ins Deutsche, Englische, Französische, Russische, Spanische und Hebräische zu erklären?[404]

---

401 Maffei: De teatri antichi e moderni (Anm. 399), S. 79.
402 Ebd.
403 Maffei: Opere drammatiche (Anm. 363), Atto IV, Sc. III, S. 48. „O ihr Häuser der Könige, voll von Gefahren und eingeschnürt von Sorgen und Kummer. O du meine Hirtenwohnung, wo bist du, Hütte meines Vaters? Wie angenehm lebt man in stiller Einsamkeit, wo man in Frieden nur den offenen Himmel genießt, die der Erde eigenen Schätze." (Übers. des Vf.)
404 Laura Sannia Nowé erwähnt in der Nota Bibliografica allein für das 18. Jahrhundert dreizehn Ausgaben, vgl. Maffei: De teatri antichi e moderni (Anm. 399). Zu Maffei als Herausgeber einer dreibändigen Auswahl von italienischen Tragödien – Teatro italiano. Venezia 1746 – vgl.

Mit dem „dipinger" einer „passione" wie der Mutterliebe vermochte Maffei das Publikum zu erobern. Mutterliebe, aufgefaßt als Naturtrieb, erweist sich als Beweggrund des freilich spärlichen dramatischen Geschehens wie etwa im dritten Akt in der Begegnung Meropes mit ihrem vermeintlichen Sohnesmörder, den sie mit einem Speer zu töten bereit ist, während ihr Gegenüber sie ebenfalls nicht als seine Mutter erkennt:

Egisto:	O cara madre,
	se in questo punto mi vedessi!
Merope:	Hai madre?
Egisto:	Che gran dolor fia 'l tuo!
Merope:	Barbaro, madre
fui ben	anch' io e sol per tua cagione
	or nol son piu; quest' è ciò che ti perde.[405]

Der einer Mutter zugefügte Schmerz über den Tod ihres Sohnes sei es, der ihn, den vermeintlichen Mörder vernichten soll. Der „amor di madre", im zweiten Akt als „forza del destino", als Macht des Schicksals aufgerufen, diese überwältigende Leidenschaft, von der Merope indes glaubt, daß ein Mann sie nicht zu fühlen und zu verstehen vermöge – „un uomo non intendere può, non può sentire"[406] – sie in reicher Metaphorik und Sentenzen dem Publikum gleichsam vor Augen zu führen, um es zu affizieren; das war die Intention Maffeis. Und so hat er offenbar sein Publikum erreicht.

Kaum zu übersehen ist es, daß des Italieners Konzept der Erregung von Affekten, das „commovere", sich einfügt in eine Tendenz zur Sensualisierung, wie sie sich abzeichnet in der Poetik eines Vincenzo Gravina (1664–1718) – *Della ragion poetica,libri due* (1708), in Ludovico Antonio Muratoris *Della perfetta poesia italiana* (1706), schließlich in den Bestrebungen seines Zeitgenossen in Bergamo, Pietro dei Conti di Calepio (1693–1762), dessen Auffassung von der Tragödie als einer „arte populare" sich ausdrücklich gegen den Rationalismus des französischen Klassizismus richtete.[407] Kaum zu übersehen aber auch, daß das

---

Lea Ritter-Santini (Hg.): Eine Reise der Aufklärung. Lessing in Italien 1757. 2 Bde. Berlin 1993 (Ausstellungskataloge der Herzog August Bibliothek Wolfenbüttel 70). Im „Katalog der in Italien erworbenen Bücher", Nr. 64, heißt es, die Sammlung Maffeis stelle „für das 18. Jahrhundert einen genauen Orientierungspunkt dar" (S. 718).

405 Maffei: Opere drammatiche (Anm. 363), Atto III, Scena III, S. 39. „Egisto: O teure Mutter! Würdest du mich jetzt sehen! Merope: Hast du eine Mutter? Egisto: Wie maßlos wäre dein Schmerz! Merope: Barbar, auch ich war Mutter, durch deine Schuld allein bin ich es nicht mehr. Das ist es, was dich vernichtet." (Übers. des Vf.)

406 Ebd., Atto II, Scena VI, S. 28 f.

407 Vgl. dazu Johann Jacob Bodmer: Brief-Wechsel von der Natur des Poetischen Geschmackes. Zürich 1736. Zit. nach dem Neudruck (Anm. 19), S. 1–35. Zum weiteren Kontext vgl. Ulrich

von Maffei angesprochene Wirkungsziel korrespondiert mit dem Standpunkt, den Jahrzehnte später Friedrich Nicolai in seiner *Abhandlung vom Trauerspiele* vertreten sollte. Diese erschien, wie bereits an anderer Stelle erwähnt, 1757 im ersten Band der von ihm herausgegebenen *Bibliothek der schönen Wissenschaften und der freyen Künste* und bot Anlaß zur bekannten Korrespondenz mit Lessing und Moses Mendelssohn. Was Nicolai hier mit Blick auf die zu erzielende Wirkung des Trauerspiels formulierte, mußte Lessing zu entschiedenem Widerspruch herausfordern. Sich ähnlich wie Maffei auf „Erfahrung" berufend, löste sich Nicolai aus den Fesseln aristotelischer Poetik und erklärte, „daß die Erregung der Leidenschaften der wahre und einzige Zweck des Trauerspiels" sei. Zwar räumte er dessen „moralischen Nutzen" ein, möchte diesen freilich „nicht zu weit ausdehnen und zum Hauptzwecke desselben" machen.[408] Sittliche Verbesserung des Publikums? Für den Autor, dem es aufgegeben wurde, durch Affekte das „Herz in Bewegung zu setzen",[409] konnte diese sowohl von Gottsched als auch von Lessing, wenn auch in weniger rigider Form erhobene Forderung nur noch eine cura posterior sein.

Daß Nicolais entschiedenes Eintreten für die Erregung „heftiger Leidenschaften"[410] im weiteren westeuropäischen Kontext zu lesen ist, liegt auf der Hand, beruft er sich doch in seiner Trauerspiel-Abhandlung auf Jean Baptiste Dubos' *Réflexions critiques sur la poésie et sur la peinture* (1718), deren Postulat der Affekterregung er aufnimmt. Im ersten Band seiner Schrift deutet Dubos unmißverständlich auf das achte und neunte Buch der *Institutio oratoria* seines spätantiken Zeugen Marcus Fabius Quintilianus, um die These von der Erregung der Affekte („émouvoir") als das vornehmste Geschäft des Dichters zu untermauern.[411] Berücksichtigt man weiter, daß bereits Ludovico Muratori (1672–1750) und Gian Vincenzo Gravina in der Erregung des Gemüts die Quelle der ästhetischen Lust erkannt zu haben sicher waren, dann wird deutlich, in welch weiträumigem poetikgeschichtlichem Kontext auch Maffeis Bestreben zu sehen ist.[412]

Schulz-Buschhaus: Die Literatur der italienischen Aufklärung. In: Europäische Aufklärung III. Hg. von Jürgen v. Stackelberg. Wiesbaden 1980, S. 329–358.

408 G. E. Lessing, Moses Mendelssohn, Friedrich Nicolai: Briefwechsel über das Trauerspiel. Hg. von Jochen Schulte-Sasse. München 1972, S. 17.

409 Ebd., S. 24.

410 Ebd., S. 12.

411 Jean Baptiste Dubos: Réflexions critiques sur la poésie et sur la peinture. Paris 1718. Bd. 1, Section 33, S. 299.

412 Zur Bedeutung Dubos' für Nicolai und nicht nur für diesen vgl. Michelsen: Der unruhige Bürger (Anm. 50), S. 112.

Die Aufmerksamkeit auf die weitläufige Schilderung eines Kampfes zwischen Aegisth und den ihn verfolgenden Räubern auf einer Brücke gerichtet, rügt Lessing im 42. Stück als das nach seiner Ansicht Unangebrachte und Umständliche des Maffei'schen Verfahrens. Als „Versifikateur" laufe er „den Beschreibungen und Gleichnissen zu sehr nach". Zwar hebt er „ganz vortreffliche, wahre Gemälde" lobend hervor, die indes „in dem Munde seiner Personen unerträglich" seien. Das trifft für einige Dramenfiguren durchaus zu, verkennt aber die Intention des Italieners, durch Häufung von „Gemälden", unterbrochen von arkadisch-idyllisch anmutenden Ruhepunkten, ausgestattet mit einer Fülle von Sentenzen, jene heftige Affektstufe beim Publikum zu evozieren, die in der tradierten Rhetorik mit „commotio" bezeichnet wird.[413]

Diese Bewegung hat er erzielt, folgt man dem Bericht Gian Gioseffo Orsis. Lessing selbst informiert im 41. Stück die Leser über die Druckgeschichte des Textes und hebt auch den triumphalen Erfolg anläßlich der Inszenierung in Venedig hervor: „In Venedig ward 1714, das ganze Karneval hindurch, fast kein anderes Stück gespielt als *Merope*; die ganze Welt wollte die neue Tragödie sehen und wieder sehen; und selbst die Opernbühnen fanden sich darüber verlassen." Und wie oft in der *Hamburgischen Dramaturgie* referiert er hier, freilich ohne Angabe seiner Fundorte, aus seinen Informationsquellen. Da ist zum einen Giulio Cesare Becelli (1685–1750), dessen Einführung zu einer Maffei-Gesamtausgabe Lessing kurze Angaben zur Druck- und Bühnengeschichte lieferte,[414] zum andern Louis (Luigi) Riccoboni, der seit 1717 unter dem Künstlernamen Lelio die Comédie italienne in Paris leitete. Wie Orsi über den Erfolg in Venedig, berichtete er über die begeisterte Aufnahme auf seiner Bühne: „Je donnai la Mérope du même Marquis Maffei; on ne sçauroit exprimer le bruit qu'elle fit et les applaudissemens qu'elle reçut."[415]

Doch der Beifall sollte abebben. Sieht man ab vom französischen Libretto König Friedrichs II. von Preußen, das Carl Heinrich Graun 1756 vertonte, sieht man ab von Friedrich Wilhelm Gotters fünfaktigem Trauerspiel (1774), so war der *Merope* im deutschsprachigem Raum kein spektakulärer und anhaltender Erfolg beschieden. Zwar wird der Mythos in seinen dichterischen und musikalischen Bearbeitungen beispielsweise durch Niccolò Jomelli (1714–1774) – Auf-

---

413 Heinrich Lausberg: Elemente der literarischen Rhetorik. 4 Aufl. München 1971, §§ 67–70.
414 Teatro del Sig. Marchese Scipione Maffei cioè la tragedia la comedia e il drama non più stampato. Hg. von Giulio Cesare Becelli. Verona 1730, S. VIII f.
415 Louis (Luigi) Riccoboni: Histoire du Théâtre italien. Paris 1728, Bd. 1, Kap. VIII, S. 82. Zum Thema Lessing und die italienische Bühne vgl. die Ausführungen von Paolo Chiarini: Die italienische Tragikomödie und die Ohrfeige des Cid. In: Eine Reise der Aufklärung (Anm. 404), Bd. 1, S. 427–432.

führung im Dezember 1741 in Venedig – in der Theaterjournalistik mehrfach genannt,[416] doch der Stoff, bis zur Mitte des Jahrhunderts von besonderem Interesse, hatte an Attraktivität eingebüßt. Ob Lessings abschätzige Beurteilung insbesonders der französischen Version dazu beigetragen hat, muß eher bezweifelt werden; denn es war ja nicht die spätantike Erzählung als solche, der von Hyginus überlieferte Text, sondern es waren die „Entlehnungen", die sich Voltaire von der „von Maffei [...] umgeschaffenen Fabel" erlaubt hatte – so im 50. Stück –, ohne dabei Eigenes zu schaffen, die Lessing zu harscher Kritik herausforderte.

Der Vorwurf wiegt schwer und ist doch so nicht zu halten. Immerhin spricht er dort von der ein oder „anderen Wendung", die Voltaire eingebracht habe; er hebt, wie bereits erwähnt, die zweite Szene des vierten Akts hervor, in dem Aegisth in Gegenwart Polyphontes und Meropes seine wahre Identität erfährt. Voltaire blendet Zufälle aus, gestaltet einzelne Szenen von großer Handlungsdichte und motiviert Auftritt und Abtreten der Protagonisten und Nebenfiguren sehr viel konsequenter als Maffei. Ganz entschieden zurück tritt, verglichen mit diesem, das epische Element zu Gunsten des situationsbedingten, des den Zuschauer fesselnden rasch wechselnden Handlungsverlaufs. Abgesehen von allen dramatischen Finessen, spricht der Text des Franzosen eine andere Sprache als der des Italieners. Ist dieser um reiche Metaphorik bemüht, verwandelt immer wieder dramatische Abläufe in sorgfältig ausgearbeitete Bilder, um im Zuschauer – ganz im Sinne der von Calepio erwünschten „arte populare" – sympathetische Gefühle für Mutter und Sohn zu evozieren, so glaubt der andere darin einen „air naïf et rustique" zu vernehmen, der der „délicatesse" des Pariser Publikums ganz und gar zuwider sei. Er moniert Dialoge, die ihm ein Zuviel an „familiarité" aufzuweisen scheinen wie etwa gleich im ersten Akt die Unterredung Polyfonte-Merope über ihr fortgeschrittenes Alter und seine eher vorgetäuschte als echte Liebe zu ihr:

Polifonte:	io t'amo e del mio amore
	prova tu vedi che mentir non puote:
	ciò ch'io ti tolsi, a un tratto ti rendo
	e sposo e regno e figli ancor [...]
Merope:	Deh dimmi, o Polifonte: e come mai
	questo tuo amor si tardi nacque? E come
	desio di me mai non ti punse allora
	che giovinezza mi fioria sul volto.[417]

---

416 Vgl. dazu Bender, Bushuven, Huesmann: Theaterperiodika des 18. Jahrhunderts (Anm. 91); dort insbesondere die Gesamtregister unter dem Stichwort „Maffei".

417 „Polifonte: Ich liebe dich / Und die Probe meiner Liebe kann nicht lügen. / Was ich dir weggenommen habe, gebe ich dir mit einem Mal wieder / und den Gatten und das Reich und

Das, so Voltaire, seien Töne, die es in der Realität – „dans la nature" – wohl geben möge, die indes im Bereich des Artifiziellen unangemessen seien; erlaubt vielleicht in Verona, keineswegs jedoch vor einem Pariser Parterre. Und er bekräftigt seine Auffassung „encore une fois, que tout cela ne soit dans la nature; mai il faut que vous pardonniez à notre nation, qui exige que la nature soit toujours présentée avec certains traits de l'art, et ces traits sont bien différents à Paris et à Verone".[418] Die „certains traits de l'art" sind es, die er nicht zu erkennen vermag, die sublimierende Transformation des natürlich Gegebenen in die Sphäre der Kunst. „Simplicité" gewiß, betont er, aber keine „traits [...] dictés par pure nature".[419] Zwar gibt er vor, daß ihm der Text des Italieners Richtschnur gewesen sei, um gleichzeitig zu betonen, daß er einen anderen Weg, „une route différente" einschlagen mußte.[420] Über das auf dieser anderen Route Erreichte gibt das Schreiben an Maffei keine nähere Auskunft, doch die Textanalyse erhellt eine Konzeption, die von der italienischen abweicht. Rückblickend auf Jean Racines Tragödie *Athalie* (1691) – „le chef-d'oeuvre de notre théâtre"[421] – nennt er die „passion de l'amour" die theatralischste aller Leidenschaften: „C'est la passion la plus théâtrale de toutes, la plus fertile en sentiments [...]: elle doit être l'ame d'un ouvrage de théâtre."[422]

Programmatische Aussage und Textbefund stimmen im Falle der *Mérope* jedoch keineswegs überein. Erweist sich in der italienischen Version die „passione" der Mutterliebe als das eigentliche Movens der Handlung, so tritt der „amour di madre" in der Voltaire'schen Tragödie zurück, bleibt zwar noch Movens, indes Movens für politisches Handeln: Liebe als Beweggrund für einen politischen Diskurs zwischen einer zur Herrschaft legitimierten Königinwitwe und dem Usurpator Poliphonte. Wird der „cor di madre", das Mutterherz von Eurisio, einem Vertrauten Meropes als ein „affetto" aufgerufen, als Macht des Schicksals – „forza del destino" –, so richtet sich das Interesse des Autors Voltaire auf das staatspolitische Kalkül der Protagonisten seines Dramas, das als „haute tragédie" nur den Unmut Lessings hervorrufen konnte, war doch die Sphäre des Staatspolitischen, abgehandelt in einer Tragödie, nicht seine Sache. Könige, Königinnen und Inhaber bedeutender Staatsämter selbstredend – wie

---

auch die Kinder / Merope: doch sage mir Polyphontes, warum erwachte deine Liebe zu mir so spät? Und warum / spürtest du nicht Verlangen nach mir damals, / als noch Jugend blühte auf meinem Antlitz." (Übers. des Vf.)

418 Voltaire: Oeuvres (Anm. 354), S. 107 (A M. le Marquis Scipion Maffei).

419 Ebd.

420 Ebd., S. 111.

421 Ebd., S. 101.

422 Ebd.

wäre sonst sein Engagement für Shakespeare zu erklären? –, aber Könige und Königinnen als Mütter, Väter und Gatten, ganz so, wie er es im Anschluß an Jean François Marmontels *Poétique française* (1763) im 14. Stück formulierte: „Man tut dem menschlichen Herze unrecht [...], man verkennet die Natur, wenn man glaubt, daß sie Titel bedürfe, uns zu bewegen und zu rühren. Die geheiligten Namen des Freundes, des Vaters, der Geliebten, des Gatten, des Sohnes, der Mutter, des Menschen überhaupt: diese sind pathetischer als alles." (76)

Die Beweggründe des „menschlichen Herzens" erkunden – das heißt argumentieren im Sinne der Lessing vertrauten Anthropologie. Voltaire indes, der politisch ambitionierte Dichter und Historiker, Zeitgenosse Ludwigs XV., intendierte anderes. Während er das Motiv mütterlicher Liebe und aus ihr erwachsender Rachegefühle in den Hintergrund drängt, inszeniert er gleichsam auf einer Vorderbühne, ein facettenreiches Spektrum staatspolitischer Auseinandersetzung, in der sich „Défiance" und „Dissimulation", Argwohn und Verstellung als handlungstreibende Kräfte erweisen. Die Argumente der Protagonisten, unterstützt von den ihnen jeweils zugeordneten Nebenpersonen, lassen erkennen, worum es geht. Meropes Pochen auf ererbtes Recht, auf die Herkunft ihres Sohnes aus dem Stamm des Herakles, ihr Appell an das Vermächtnis des besten Königs Kresphontes – „Abandonnerez-vous ce reste précieux / Du plus juste des rois"[423] –, ihre Klage schließlich über Polyphontes – „Il usurpait mon rang"[424] –, sie finden beim Usurpator kein Gehör. Er weist sie von sich: „Qui sert bien son pays n'a pas besoin d'aïeux."[425] Der Ahnen bedarf es nicht und nicht besonderer Vorrechte: „Le droit de commander n'est plus un avantage."[426] Den Gefühlen einer Mutter, von ihm diffamiert als „caprices", hält er die „raison d'état" entgegen.[427]

Voltaire schreibt ein politisches Drama, dessen Spannung aus dem Antagonismus von willkürlicher und rechtmäßiger Herrschaftsausübung, Usurpation und Legitimation erwächst, ein Drama, an dessen Ende dann der durch quasi göttliche Herkunft und Geblüt – „le sang d'Alcide"[428] – legitimierte Held gefeiert und bewundert wird. Die Schlußszenen des fünften Akts, die Verkündigung des Rachevollzugs mehr durch Botenbericht als durch Handlung, rühmen die Kraft mütterlicher Liebe, erreichen indes ihren Gipfel in der Apotheose des bewunderten Helden. Freudentränen vergiesse das ungeduldige Volk; den König

---

423 Voltaire: Oeuvres (Anm. 354), S. 122 (Acte I, Scène I).
424 Ebd., S. 189 (Acte V, Scène VII).
425 Ebd., S. 128 (Acte I, Scène III).
426 Ebd., S. 129.
427 Ebd., S. 127.
428 Ebd., S. 129.

vergöttere es. Er sei der würdige Sproß der Götter, „le digne fils des dieux", der wiedererstandene König, den der Himmel seinem Volk schenkt:

> Le peuple impatient verse des pleures de joie;
> Il adore le roi que le ciel lui renvoi.[429]

Das ist im großen Schlußtableau, zu dem sich die Getreuen Meropes und Aegisths versammeln, die Feier der Inthronisation des legitimen Erben als Monarch und damit der Sieg über angemaßte Herrschaft.[430]

Zu oft und ausgiebig hatte sich Lessing schon 1756 und 1757 im Austausch mit Mendelssohn und Nicolai bedenklich gezeigt, wenn es um die Bewunderung ging, diesem bloß dem Heldenepos eigenen Affekt, um zehn Jahre später – der Plan zur *Emilia Galotti* war bereits in statu nascendi! – noch Gefallen zu finden an solcherart monarchischer Repräsentanz. Bewunderung, „admiration", von Pierre Corneille neben „pitié" und „crainte" zu einem gleichrangigen Affekt erhoben, bleibt für den Hamburger Dramaturgen ein kalter Affekt, ein Sklandalon nachgerade; denn welcher Zuschauer könnte sich mit dem bewunderten Helden identifizieren, wer die emotionale und soziale Distanz zwischen Bühnenhelden und Heldinnen einerseits und dem Parterre andererseits aufheben? Lessing, mit Blick auf seine Tragödienkonzeption, bemüht, sich „von der Richtschnur des Aristoteles keinen Schritt [zu] entfernen", wie es im 101. bis 104. Stück heißt, versagt der Bewunderung die Anerkennung als tragischem Affekt, ja er hält sie, wie bereits im Brief an Mendelssohn bemerkt, für unfruchtbar.[431]

Die Bewunderung, „ammirazione", schon von Calepio im Briefwechsel mit Bodmer sowie in seinem *Paragone della Poesia tragica d'Italia con quella di Francia* (1732) als seinem Konzept einer „arte populare" abträglich erachtet, degeneriert bei Lessing, zur „Schwundstufe", wie Albert Meier treffend herausstellt, nachgerade unnütz mit Blick auf die von ihm intendierte Entfaltung des tragischen Mitleids.[432] Damit ist dem Affekthaushalt der „haute tragédie" gleichsam der Boden entzogen. Mindestens bis zur Wiederaufnahme auf dem

---

429 Zitate ebd., S. 186 (Acte V, Scène VI) und S. 190 (Scène VIII).
430 Daß die legitimistische Tendenz der *Merope* im März 1793, zwei Monate nach der Hinrichtung Ludwigs XVI., die Mitglieder des Konvents in Rage versetzte und es zu einem Aufführungsverbot kam, teilt mit Horst Albert Glaser: Lessings Streit mit Voltaire (Anm. 386), S. 406 f.
431 Lessing, Mendelssohn, Nicolai: Briefwechsel über das Trauerspiel (Anm. 408), Lessings Brief an Mendelssohn vom 28. November 1756, S. 64.
432 Albert Meier: Dramaturgie der Bewunderung. Untersuchungen zur politisch-klassizistischen Tragödie des 18. Jahrhunderts. Frankfurt a. M. 1993 (Das Abendland N.F. 23), S. 200. Meier (S. 189) sieht in Calepios Abkehr vom klassizistischen Tragödiemodell eine Rückbesinnung auf Aristoteles.

Hoftheater zu Weimar unter der Direktion Goethes führt sie, unangesehen einiger Ausnahmen, ein Schattendasein. Nicht zuletzt die blendende Antithetik der Voltaire'schen Alexandriner, die gemessen-distanzierte Bühnensprache, vielleicht eine Antwort auf die revolutionären Wirren in Frankreich, mögen ein Grund sein für die Schätzung des klassizistischen Tragödienmodells am Weimarer Hof, dem Lessing vor allem im nord- und mitteldeutschen Raum ein vorläufiges Ende bereitete.[433]

8 „Man muß sich durchgängig an die Stelle seiner Zeitgenossen setzen" – das „billige Urteil"?

Paul Klees Bild mit dem Titel „Hauptweg und Nebenwege", eine „Chiffre" nach Heinz Berggruen, dem Kunstsammler, „ein magisches Topogramm", in dem er „die Verästelungen des Lebens" nachgezeichnet findet,[434] war Anlaß, die „Verästelungen" in Lessings dramaturgischem opus magnum aufzuspüren, den Spaziergänger Lessing auf seinen Haupt- und Nebenwegen zu begleiten. Was er „eigentlich nur erweisen" wollte – so im 50. Stück –, stand ja bereits zu Beginn dieses Spaziergangs fest: „Fabel, Plan und Sitten gehören dem Maffei; Voltaire würde ohne ihn gar keine oder doch sicherlich eine ganz andere Merope geschrieben haben." So im 37. Stück. Welchem der beiden Autoren am Ende sparsame Anerkennung gezollt werden könnte, wird dem Leser bereits hier klar sein, wo vom „Original des Italieners" und der „Kopie des Franzosen" die Rede ist. Und dann im weiteren Verlauf die Anlage dieses weitverzweigten Wegenetzes, die „Ausschweifungen", das gelegentliche Innehalten und der Appell an sich selbst, nun endlich „von der Stelle zu kommen" (148), wobei der Blick fixiert bleibt auf die „Erklärungen des Aristoteles" – so im 50. Stück –, auf Euripides, den „tragischsten von allen tragischen Dichtern", dem es durch die Freundschaft mit Sokrates gegeben war, „den Menschen und uns selbst [zu] kennen" und „die ebensten und kürzesten Wege der Natur aus[zu] forschen (213).

---

[433] Vgl. dazu die Zusammenfassung von Albrecht Betz: Voltaire-Übersetzungen: ‚Mahomet', ‚Tancred'. In: Goethe-Handbuch. Bd. 2: Dramen. Hg. von Theo Buck. Stuttgart, Weimar 1997, S. 304–308; ferner Gonthier-Louis Fink: Goethe und Voltaire. In: Goethe-Jahrbuch 101 (1984), S. 74–111. Daß die Verhältnisse im süddeutschen und österreichischen Raum sich in eine andere Richtung entwickelten, daß hier das Staatsinteresse von Bedeutung blieb, zeigt Albert Meier eindrucksvoll in seiner Darstellung, vgl. Meier: Dramaturgie der Bewunderung (Anm. 432).

[434] Heinz Berggruen: Hauptweg und Nebenwege. Erinnerungen eines Kunstsammlers, 7. Aufl. Berlin 2001, S. 9.

Mit „unversöhnlicher Schärfe" habe Lessing die Abkehr vom französischen Muster betrieben, so Max Kommerell in seinem immer wieder aufgelegtem Buch *Lessing und Aristoteles*, und er attestiert ihm dabei eine gewisse Blindheit für Corneilles Bestreben, den Widerspruch zwischen aristotelischer Theorie und eigener dramatischer Praxis zu überwinden.[435] Blindheit etwa auch für die Anliegen Maffeis und Voltaires? Deren Wirkungsintentionen sahen anders aus: das „dipinger" einer großen, die Zuhörerschaft affizierenden Leidenschaft, eine auf sinnliche Wirkung zielende, immer wieder eine ins Sentenziöse und Epische inklinierende dramatische Handlung bei dem einen; eine die Mutterliebe zwar noch thematisierende, indes das Staatsinteresse deutlich favorisierende, jedes Zuviel an „familiarité" vermeidende Alexandrinertragödie bei dem anderen. Eine dem spätklassizistischen Modell der „haute tragédie" verpflichtete politische Handlung mit der Bühnenfigur eines Erbprinzen hier, abgestimmt auf die „délicatesse" eines Pariser Publikums; eine deutlichen Sinnes antiklassizistische, den „air naïf et rustique" herausstellende Tragödie dort mit dem zunächst ziellos herumvagierenden Sohn einer passionierten Mutter. Kurzum: Hofkunst versus „arte populare", gedacht für ein sehr viel breiteres Publikum der Republik Venedig.[436] Weder Maffei, der offenkundig der Autorität eines Aristoteles so wenig Interesse entgegengebracht hatte, und noch weniger Voltaire mit seiner Tendenz zur staatsthematisierenden Bewunderungstragödie vermochten Lessing, den überzeugten Aristoteliker, den Verfechter eines identifikatorischen Tragödienmodells zu beeindrucken.

Auf seinem langen Weg, in immer wieder neu ansetzenden Exkursen, nimmt er das nach seiner Ansicht nicht Gelungene zum Anlaß der Klarstellung dramaturgischer Kardinalfragen, zur Richtigstellung im Sinne der Alten. Es mag dahingestellt bleiben, ob der zeitgenössische Leser, der, wie im Kapitel II über die Wirkungsmacht der *Hamburgischen Dramaturgie* beschrieben, gewöhnt an ganz andere publizistische Darbietungsformen, fähig und willens war, Lessings mit allem philologischen Detail bewehrten Argumentation zu folgen.[437] Die Fra-

---

435 Kommerell: Lessing und Aristoteles (Anm. 24), S. 12 und 37 ff. Ferner Dieter Borchmeyer: Lessing und das Problem der Auslegung der aristotelischen Poetik. In: Deutsche Vierteljahrsschrift für Literaturwissenschaft und Geistesgeschichte 51 (1977), S. 422–435.

436 Auf den höfischen Kontext, in dem Voltaires *Mérope* zu lesen ist, machte bereits sehr früh Hermann August Korff aufmerksam, wobei er das Postulat der Dämpfung von Leidenschaften betonte: „Eine Leidenschaft nicht haben, sondern sie geistvoll vertreten, darauf ruht der Nachdruck", vgl. Hermann August Korff: Voltaire im literarischen Deutschland des 18. Jahrhunderts. Ein Beitrag zur Geschichte des deutschen Geistes von Gottsched bis Goethe. Heidelberg 1917 (Beiträge zur Literaturgeschichte 10), S. 23 ff.

437 Zur Publikumsfrage immer noch der Beitrag von Wilfried Barner: Lessing und sein Publikum in den frühen kritischen Schriften. In: Lessing in heutiger Sicht. Beiträge zur Internationa-

ge, die er im 83. Stück, am Ende der bekannten Aristoteles-Exegese stellt, wer der „Materie [...] gewachsen" sei, stellt sich ebenso für die ausgedehnte Merope-Interpretation. Seine „Ausschweifungen", das im Sinne Diderots „Unordentliche" seiner Schreibstrategie, dürfte die meisten seiner Leser übermüdet, wenn nicht gar überfordert haben.

Doch noch einmal zurück zur Tugend der „Billigkeit", wie er sie 1754 Pierre Brumoy gegenüber in Sachen Seneca eingefordert hatte. Das war indes nicht das erste Mal. Vier Jahre zuvor, in den kurzlebigen *Beyträgen zur Historie und Aufnahme des Theaters* (1750) hatte er schon einmal „Gerechtigkeit" angemahnt. In einer Art Antikritik der Kritik eines fingierten Plautus-Gegners, der an der Sittenschilderung des Römers Anstoß genommen hatte, rügte er die „Ungerechtigkeit" des Kritikers, der den Autor der *Captivi* nach den „itzigen feineren Sitten" beurteilt habe: „Man muß sich durchgängig an die Stelle seiner Zeitgenossen setzen, wenn man ihm nicht Fehler andichten will, welche bei ihm keine sind."[438]

Hätte nicht Lessing, dem Aristoteliker, in Sachen Billigkeit die *Nikomachische Ethik* die Richtung weisen müssen? Dort wird die Tugend der „eipieikeia" als eine Art von Gerechtigkeit definiert, die die Strenge des „nomos", des Gesetzes mildert.[439] Ihre mäßigende, die Lücken des Gesetzes füllende Bedeutung heben auch die großen lexikalischen Kompendien des 18. Jahrhunderts hervor. Adelung nennt in seinem *Wörterbuch* diejenige Handlung „billig", die „dem Rechte der Natur, oder der im Innern, im Gewissen, empfundenen Verbindlichkeit gemäß" sei und bezeichnet denjenigen als „billigen Mann", der „geneigt [sei], dieser empfundenen Verbindlichkeit gemäß zu handeln".[440] Unter dem Lemma „Billigkeit" findet sich in Zedlers *Universal-Lexicon* (1733) „dieses Wort in unterschiedlichem Verstande" erklärt. Zum einen „absolute", „da sie denn so viel heist [!], als die Gerechtigkeit, da man die Menschlichen Handlungen rechtmäßig auf das Gesetz deutet, und nach demselben die Zurechnung der Gerechtigkeit gemäß abfasset". Zum andern – und das dürfte für unseren Zusammenhang bedeutend sein – findet sich der Verweis auf die moralische

---

len Lessing-Konferenz Cincinnati / Ohio 1976. Unter Mitwirkung von Richard T. Gray hg. von Edward P. Harris und Richard E. Schade. Bremen, Wolfenbüttel 1977, S. 323–343.

438 Kritik über die Gefangenen des Plautus. In: Beyträge zur Historie und Aufnahme des Theaters. Theil III, S. 369–429; Abdruck in: PO 13, S. 112–161.

439 Aristoteles: Nikomachische Ethik. Auf der Grundlage der Übersetzung von Eugen Rolfes hg. von Günther Bien. Hamburg 1985 (Philosophische Bibliothek 5), Buch V, S. 14.

440 Johann Christoph Adelung: Grammatisch-kritisches Wörterbuch der Hochdeutschen Mundart mit beständiger Vergleichung der übrigen Mundarten, besonders aber der Oberdeutschen. Leipzig 1793. Nachdruck, mit einer Einführung und Bibliographie von Helmut Henne. Hildesheim, Zürich, New York 1990, Sp. 1019 f. (Artikel „Billig" und „Die Billigkeit").

Dimension „dieses Worts": „Im sittlichen Verstande heisset die Billigkeit eine Haupttugend, die man gegen andere inacht zu nehmen hat."[441]

„Billigkeit" als eine „Haupttugend" – für Lessing ist diese nicht nur eine „Kategorie der Rechtsfindung", sondern ein „Regulativ des Miteinanders mündiger Individuen".[442] Von der „Regel der Billigkeit" ist im 9. Stück der *Hamburgischen Dramaturgie* die Rede. Valer appelliert an Wumsthäter im Frühwerk *Der Misogyne* (1748/49) als „einen Mann von Billigkeit".[443] In der kritischen Auseinandersetzung mit der Fabelsammlung des „französischen Fabulisten" David-Henri Richer (1685–1748) ergeht die Empfehlung, in dieser Sache „recht billig zu urteilen".[444] Nicht zuletzt appelliert er in der „Vorrede" zu seiner Übersetzung von Juan Huartes *Examen de Ingenios* an den „billigen Leser". Das war 1752. Damals mahnte er an, bei der Lektüre des spanischen Arztes folgenden Rat zu bedenken: „Man überlege das Jahrhundert des Verfassers, man überlege seine Religion, so wird man auch von seinen Irrthümern nicht anders als gut urtheilen können."[445]

Nun waren es nicht Jahrhunderte, die Lessing von Maffei und Voltaire trennten. Beide waren Zeitgenossen, deren Autorität keineswegs angemaßt, sondern durch ein literarisches und historisches Werk beglaubigt war. Hier galt es nicht – wie in der Causa Christian Adolf Klotz –, einem literaturpolitischem Kartell zu begegnen, sondern es ging um dramaturgische Kardinalfragen, um Klärung und deren vermeintliche Fehldeutungen.[446]

---

441 Johann Heinrich Zedler: Grosses vollständiges Universal-Lexicon Aller Wissenschafften und Künste, Welche bißhero durch menschlichen Verstand und Witz erfunden und verbessert worden. Bd. 3. Halle und Leipzig 1733, Sp. 1847 f. (Artikel „Billigkeit").

442 So Wolfram Mauser: „Billigkeit". Zu Lessings Brief an Herzog Karl vom 8. August 1778. In: Lessing Yearbook / Jahrbuch XXX (1998), S. 151–159, Zit. S. 152.

443 Der Misogyne, 8. Auftritt. In: PO 3, S. 157.

444 Abhandlungen über die Fabel. In: PO 15, S. 48.

445 Juan Huarte: Prüfung der Köpfe zu den Wissenschaften. Übersetzt von G. E. Lessing. Nachdruck der Ausgabe Zerbst 1752, mit einer kritischen Einleitung und Bibliographie von Martin Franzbach. München 1968, „Vorrede des Uebersetzers" (Schluß).

446 Dazu Wilfried Barner: Autorität und Anmaßung. Über Lessings polemische Strategien, vornehmlich im antiquarischen Streit. In: Streitkultur (Anm. 96). Den „Schattenseiten" Lessing'scher Polemik widmet seine Aufmerksamkeit Klaus L. Berghahn: Zur Dialektik von Lessings polemischer Literaturkritik. In: Ebd., S.176–183.

VI Romanus oder die Rettung des Terenz

1 Karl Franz Romanus, der schreibende Jurist

Wer war Karl Franz Romanus? Gewiß gehört er in die Riege der poetae minores. Ältere Bibliographien berücksichtigen ihn durchaus. In der Lessing-Forschung wird er kaum wahrgenommen. Goedeke gibt seine Lebenszeit mit 1731–1778 an und weist ihn aus als Geheimen Kriegsrat in Dresden. Ein schreibender Jurist mithin aus angesehener Leipziger Juristenfamilie, dessen Lustspiele in den sechziger Jahren des 18. Jahrhunderts in Dresden, Warschau, Wien, Berlin und Leipzig erschienen.[447]

Lessing richtet seine Aufmerksamkeit im zweiten Band der *Hamburgischen Dramaturgie* auf die Aufführung einer seiner Komödien: „Freytags, den 17ten Julius" (1767): *Die Brüder, oder: Die Früchte der Erziehung* – so der Theaterzettel, der die Herren Borchers, Boeck und Ekhof, die Damen Schulz und Boeck sowie Mademoiselle Felbrich als Darsteller ausweist.[448] Auffallend auch hier, im 70. Stück, datiert „Den 1. Januar 1768", der erhebliche Zeitabstand von Aufführungs- und Besprechungsdatum. Lessing nennt zwar den Spieltag, geht jedoch auf Romanus erst wieder im 72. Stück ein – sehr kritisch, doch ohne Polemik. Die Polemik richtet sich gegen „die französischen Skribenten vornehmlich [...] und unter diesen besonders" gegen „den Herrn von Voltaire" (297). Was dann folgt, nach der ironischen Volte der „kleinen Verbeugung" vor dem großen Gegner in 70. Stück, ist eine scharfe Auseinandersetzung nicht nur mit diesem,

---

447 Romanus' Lustspiele in dem Band Comödien. Dreßden und Warschau, in der Gröllischen Buchhandlung 1761. Nachdrucke u. a. in Wien: Neue Sammlung von Schauspielen [...], Vierter Band, Wien, zu finden in dem Kraußischen Buchladen; ferner in: Theater der Deutschen. Sechster Theil. Berlin, Leipzig bey Johann Heinrich Rüdigern 1768, (dort ‚Die Brüder' auf S. 283–394). Zur Juristenfamilie Romanus ein ausführlicher Beitrag in: Allgemeine Deutsche Biographie. Leipzig 1868, Bd. 20, S. 100 f. Zum literarischen Schaffen vgl. Karl Goedeke: Grundrisz zur Geschichte der deutschen Dichtung. 3 Aufl., fortgeführt durch Edmund Goetze. Bd. IV, 1. Abt. Dresden 1916. Max von Waldberg betreute die einzig verfügbare Monographie von Rudolf Regeniter: Karl Franz Romanus. Ein Beitrag zur Entwicklungsgeschichte des deutschen Lustspiels. Phil. Diss. Heidelberg 1901. Stephan Kraft legte eine vergleichende Analyse von Lessings Romanus-Kritik vor, in der er auch auf Terenz eingeht. Als Differenzkriterium arbeitet er Lessings neue Charakterkonzeption heraus, zu der die (im Dienste der Moraldidaxe) einseitig typisierten Figuren des Romanus im Widerspruch gestanden hätten. In: Stephan Kraft: Zum Ende der Komödie. Eine Theoriegeschichte des Happyends. Göttingen 2011, S. 94–112.
448 Abdruck der Theaterzettel in: Rudolf Schlösser: Vom Hamburger Nationaltheater zur Gothaer Hofbühne, 1767–1799. Dreizehn Jahre aus der Entwicklung eines deutschen Spielplans. Hamburg, Leipzig 1895 (Theatergeschichtliche Forschungen. Hg. von Berthold Litzmann, Bd. XIII), Nr. XLV, S. 105.

https://doi.org/10.1515/9783110610291-006

sondern auch mit Diderot über die Leistung des Terenz in den *Adelphen,* eine Diskussion, die von der Mitte des 70. Stücks bis zum Beginn des 73. Stücks geführt wird. Erst gegen Ende des 72. Stücks kommt Lessing dann zurück „vom Terenz auf unsern Nachahmer", auf Karl Franz Romanus.

Mag sein, daß der Herr Kriegsrat zum Kreis der Männer gehörte, „deren ernsthaftere Studia und wichtigere Geschäfte" das Schreiben „von Versen und Komödien" nur in Nebenstunden zuließen, wie Lessing im 96. Stück ironisch kommentiert. Wie dem auch sei: Der Kriegsrat hat geschrieben – neben zahlreichen Lustspielen immerhin auch eine vierbändige Übersetzung von Voltaires *Allgemeiner Weltgeschichte,* die 1760–62 in Dresden erschien. 1755 verließ Romanus Leipzig, wo sein Vater zeitweilig das Amt des Stadtrichters bekleidete, stieg in Dresden zum Hof- und Justizrat auf, schließlich zum Geheimen Kriegsrat und gab seine literarischen Aktivitäten auf.

Bis in die achtziger Jahre seines Jahrhunderts wird dieser schreibende Jurist in der Theaterpublizistik mehrfach genannt. Das zeigt die Suche in der Registern der inhaltserschließenden *Bibliographie der Theaterperiodika des 18. Jahrhunderts.*[449] Insofern stimmt dieser Befund überein mit Lessings Bemerkung im 96. Stück, in dem er die im 73. Stück abgebrochene Romanus-Terenz-Diskussion erneut aufnimmt: „Noch itzt sind diejenigen Stücke, die sich auf unserer Bühne von ihm erhalten haben, eine Empfehlung seines Namens, der in den Provinzen Deutschlands genannt wird, wo er ohne sie wohl nie wäre gehöret worden." So war es Heinrich Gottfried Koch (1703–1775), für viele Jahre Alleinherrscher des Leipziger Theaters, der 1772 „seine Leipziger Vorstellungen den 29sten May mit den *Brüdern* von Romanus schloß und plötzlich nach Berlin aufbrach".[450] Joseph von Sonnenfels (1733–1817) schätzte Romanus in den *Schaubühnen*-Briefen von 1768 neben Lessing, Gellert, Schlegel, Cronegk, Krüger, Brawe und Brandes als „Theatraldichter" für „unsere Schaubühne brauchbar" ein, auch wenn er sich gelegentlich „eine leichte Veränderung" wünschte.[451]

Karl Franz Romanus ist gegen Mitte des 70. Stücks gleichsam der Stichwortgeber im Diskurs über einen Brennpunkt aufklärerischer Poetologie: die Zeichnung komischer und tragischer Charaktere, ihre Besonderheit oder Allgemeinheit. In diesem Kontext gerät indes Romanus aus dem Blickfeld, um erst wieder im 96. Stück Gegenstand einer ausführlichen Analyse der von ihm vorgenommenen „Veränderungen" zu werden, d. h. solcher Abänderungen, „die er in der

---

449 Bender, Bushuven, Huesmann: Theaterperiodika des 18. Jahrhunderts (Anm. 91). Allein in den Jahrgängen 1750 bis 1790 weisen die Gesamtregister 53 Erwähnungen auf.
450 Christian Heinrich Schmid (Hg.): Theaterchronick. Gießen 1772, S. 64.
451 Sonnenfels: Briefe über die Wienerische Schaubühne (Anm. 169), S.163.

Fabel des Terenz machen zu müssen geglaubet, um sie unsern Sitten näher zu bringen" (391). Terenz also rückt in den Mittelpunkt des Interesses und bleibt, wenn auch seltener genannt, gewissermaßen der geheime Fokus auch in den Stücken 92 bis 95, die Lessing fast zur Gänze mit Zitaten aus Richard Hurds *Dissertation concerning the Provinces of the several Species of the Drama* (1749) ausfüllt.

Zwei umfangreiche Textblöcke umfassen Lessings Überlegungen zur Strukturierung der Charaktere in Komödie und Tragödie, veranlaßt durch die Aufführung des Lustspiels *Die Brüder*, die er als „größtenteils aus dem *Brüdern* des Terenz genommen" qualifiziert. So im 70. Stück. Und dann im ersten Textabschnitt des 73. Stücks, wie so oft in der *Hamburgischen Dramaturgie*, das Versprechen, „das Weitere bis zu einer zweiten Vorstellung des Stücks" zu liefern (305). Unterbrochen von der Shakespeare-Eloge noch im 73. Stück, von der Diskussion über den moralischen Zweck der Tragödie im Verständnis des Aristoteles, schließlich vom Gespräch über Diderots ins orientalische Ambiente gehüllten Roman *Les bijoux indiscrets* (1748), löst Lessing erst wieder im 86. Stück sein Versprechen ein. Dieser zweite, den Rahmen einer für den Leser gewiß nur annähernd überschaubaren Aufführungsbesprechung sprengende Textkomplex reicht bis zum Ende des 96. Stücks, um erst dann wieder zum Ausgangspunkt, der Frage nach der Qualität der „Umschaffung" der römischen Komödie durch Romanus zurückzublenden.

Was mag Lessing veranlaßt haben, sich nach kurzer Einführung im 73. Stück gegen Ende der *Dramaturgie* der Komödie des schreibenden Juristen, die er sachbezogen und ohne Polemik rezensiert, wieder zuzuwenden? Ist es der Plot? Sind es die Früchte der Erziehung? Oder ist es, wie es im Untertitel der Berliner Ausgabe von 1768 heißt, „die Schule der Väter"? Dies selbstredend auch, indes nur als ein Nebenaspekt. Als der eigentliche Fokus der Diskussion erweist sich vielmehr das Problem der Charakterzeichnung der Protagonisten, d. h. ihrer Stringenz im Handlungsverlauf sowohl zum einen mit Blick auf die *Adelphen* des Terenz als zum andern – aus der Sicht Lessings – mit Blick auf die „Umschaffung" des römischen Vorbilds durch Romanus. Ein kritisches Dreieck, könnte man sagen, wird dabei erkennbar: Lessing-Terenz-Romanus, in das freilich gleich zu Beginn ein Vierter mit einbezogen wird, Voltaire, dem die berühmte „kleine Verbeugung" im 70. Stück gilt. Eher also ein kritisches Quartett!

Teilte Lessing 1756/57 im Briefwechsel mit Nicolai und Mendelssohn die Auffassung des Aristoteles vom Primat des Mythos, des Handlungsablaufs vor dem Charakter, wie er sie im sechsten Kapitel der *Poetik* formuliert fand, so lassen die verschiedenen, auf den Charakter verweisenden Textabschnitte der *Hamburgischen Dramaturgie* eine sehr unterschiedliche Einschätzung erkennen. Zum einen: Dort, wo er sich – wie im 38. Stück – zum Konzept des Tragischen im Sinne des Aristoteles erklärt, nimmt er dessen Empfehlung auf, der „Abfassung der Fabel" den Vorrang vor allen anderen eher akzidentellen Elementen einzuräumen; denn „die Fabel" sei es vorzüglich, „die den Dichter vornehmlich zum Dichter" mache. Daß zum andern der so hervorgehobene Primat des Mythos, der „Handlung", verstanden als „das Ganze", als dessen drei „Hauptstücke" er Glückswechsel, Erkennung und Leiden nennt, die Bedeutung des Ethos, des Charakters keineswegs mindert, dokumentieren die Passagen, in denen er das Verhältnis von poetischer zu historischer Wahrheit erörtert und, wie im 33. Stück, das Zufällige der historischen Fakten vom „Wesentlichen und Eigentümlichen" der Charaktere abhebt: „Mit jenen lassen wir den Dichter umspringen, wie er will, solange er sie nur nicht mit den Charakteren in Widerspruch setzet; diese hingegen darf er wohl ins Licht stellen, aber nicht verändern; die geringste Veränderung scheinet uns die Individualität aufzuheben und andere Personen unterzuschieben." (152) So mag dem Charakter als der Qualität, welche dem Menschen im Unterschied zu seinen akzidentellen Eigenschaften „an sich" („kath' hauto") zukommt,[452] verglichen mit den „drei Hauptstücken" der Tragödie, periphere Bedeutung eignen. Dennoch betont Lessing im 23. Stück, in dem er am Beispiel von Thomas Corneilles Trauerspiel *Le Comte d'Essex* (1678) die Lizenzen des Dichters im Umgang mit der geschichtlichen Überlieferung herausstellt, nachgerade die Heiligkeit der Charaktere: „Nur die Charaktere sind ihm heilig." Und wie dann später im erwähnten 33. Stück, warnt er vor jeder „wesentlichen Veränderung" derselben. Daß er indes mitnichten der Charaktertragödie, die das einzigartige Individuum exponiert, das Wort redet, bleibt festzuhalten. Im Kontext seiner eigenen, streng an den Erfordernissen der jeweiligen Gattung orientierten Auffassung, wird die Mittelstellung des Charakters erkennbar: er ist, bezogen auf die Tragödie, ein notwendiges, wenn auch kein vorrangiges Element.[453]

2 Die „Umschaffung" eines römischen Vorbilds

Doch zurück zu Romanus, dem Stichwortgeber zum Themenbereich Charakterzeichnung bei Terenz und seinem „Nachahmer". Voltaire ist es, der Lessing „in

---

452 Vgl. dazu den Artikel „êthos/Charakter, Sitte" in: Aristoteles-Lexikon. Hg. von Otfried Höffe. Stuttgart 2005, S. 214 ff.
453 „Lessings Schwanken zwischen zwei antithetischen Positionen" im erwähnten Kontext beschreibt Alberto Martino: Geschichte der dramatischen Theorien in Deutschland im 18. Jahrhundert. I: Die Dramaturgie der Aufklärung (1730–1780). Tübingen 1972 (Studien zur deutschen Literatur 32), bes. Kap.VI, S. 303 ff.

die Materie" bringt, wie es im 70. Stück heißt. D e r hatte 1739 in seiner Schrift *Vie de Molière, avec de petits Sommaires de ses Pièces* das Intrigenspiel in Molières *L'École des maris* (1661, *Die Schule der Gatten*) mit den *Adelphen* des Römers verglichen: „Il n'y a presque point d'intrigue dans les Adelphes; celle de l'école des Maris est fine, interessante et comique." Doch nicht genug damit. Die zweite der Mängelrügen Voltaires betrifft das „dénouement", die Lösung des Handlungsknotens gegen Ende des Spiels: „Le dénouement des Adelphes n'a nulle vraisemblance."[454]

In der Tat gibt der Verlauf der Handlung, die Umkehrung der Charaktere eines der beiden Protagonistenpaare im fünften Akt der *Adelphen* in ihr völliges Gegenteil, zu denken. Bei allen Fehlern, die nach Lessing Voltaire unterlaufen sein mögen, ist dessen Monitum hinsichtlich der Veränderung des Charakters Demeas, eines der beiden Väter, nicht von der Hand zu weisen. Auch die am Ende „kriechende Reue" seines Sohnes Ctesipho – so im 99. Stück – wirke unglaubwürdig. Doch der Einwand des Franzosen mußte Lessing, den Verfechter des „Vorrecht[s] der Alten [...], die keiner Sache weder zu viel noch zu wenig zu tun" sich erlaubten,[455] zu entschiedenem Widerspruch reizen. Und so formuliert er denn zum Auftakts des 71. Stücks folgende Generalthese:

> Der eigentliche und grobe Fehler, den der Herr von Voltaire macht, betrifft die Entwicklung und den Charakter des Demea. Demea ist der mürrische strenge Vater, und dieser soll seinen Charakter auf einmal völlig verändern. Das ist, mit Erlaubnis des Herrn von Voltaire, nicht wahr. Demea behauptet seinen Charakter bis ans Ende.

Die These ist kühn, denn der Gesinnungswandel des in Erziehungsfragen rigiden Bauern Demea im fünften Akt gibt allerdings einige Rätsel auf. Auch im Hinblick auf den von Romanus vorgenommenen tiefgreifenden und deshalb folgenreichen Eingriff in die von Terenz kunstvoll angelegte „mechanische Einrichtung" seiner Komödie – es sei an Lessings Maschinen-Metaphorik im Rahmen seiner Plautus-Studien erinnert[456] – soll hier eine Synopse das Geschehen vergegenwärtigen:

Zwei Brüderpaare werden vorgeführt, Micio und Demea, die beiden Väter. Der eine, Micio, ein liberal gesinnter Junggeselle; der andere, Demea, ein harter Bauer. Sodann die Söhne, das Brüderpaar Aeschinus und Ctesipho. Der eine, Aeschinus, von seinem leiblichen Vater Demea dem Micio zur Adoption freige-

---

454 Voltaire: Vie de Molière, avec de petits Sommaires de ses Pièces. In: Contes du Guillaume Vadé. Genève 1764. Zit. nach John George Robertson: Lessing's Dramatic Theory (Anm. 7), S. 180.

455 Lessing: Laokoon (Anm. 287), S. 291.

456 Kritik über die Gefangenen des Plautus. In: PO 13, S. 147.

geben und nach den Grundsätzen urbaner Liberalitas erzogen; der andere, Ctesipho, von Demea in der Furcht des Herrn gehalten. Aeschinus, der in Freiheit
aufgewachsene und dennoch mit dem Gefühl für Scham und Anstand ausgestattete – „pudor", wie es im Text heißt –, raubt für den rigide Erzogenen ein
Mädchen, das dem Kuppler Sannio gehört. Damit setzt er sich jedoch dem Ver-
dacht der Untreue gegenüber seiner Geliebten aus, dem freien Bürgermädchen
Pamphila. Diese, behütet von ihrer Mutter Sostrata, erwartet von ihm ein Kind.
Sie und ihre Mutter sehen sich in der Erwartung eines Ehebündnisses getäuscht.
Wie die beiden Frauen sind auch die beiden Väter zunächst nichtsahnend. Erst
im Verlauf des dritten und vierten Akts, im Zusammen- und Verwirrspiel von
Protagonisten und ihnen zugeordneten Begleitfiguren, den Sklaven Syrus und
Geta, wird das kleine Räderwerk von Vermutungen und Behauptungen durch-
schaubar. Demea, ganz seiner sicher, doch vom Sklaven Syrus an der Nase
herumgeführt – „Rideo hunc: primum ait se scire: is solu' nescit omnia"[457] –
glaubt selbst noch vor dem Ende des Spiels, immer noch in seiner Scheinwelt
verharrend, in Micio dem Verderber der beiden Söhne zu begegnen: „Eccum
adest communi corruptela nostrum liberum."[458]

Vorzüglich dieser fünfte Akt mit neunmaligem Szenenwechsel ist es, dem
Lessings besonderes Interesse gilt, scheint doch hier, zu Beginn der vierten Szene, Demea die radikale Abkehr von seiner bisherigen Lebensmaxime zu bekunden: „Nam ego vitam duram quam vixi usque adhuc / iam decurso spatio mit-
to."[459] Der Härte, „duritia", schwört er ab, um fortan Leutseligkeit und Milde,
„facilitas" und „clementia" an den Tag zu legen. Doch dann unvermittelt die
Abkehr von den soeben gelobten Tugenden.

Die Bruchstelle hat der Philologe Lessing im 71. Stück präzis bezeichnet:
„In der [...] vierten Szene des fünften Akts, wo Demea allein ist, scheint es zwar,
wenn man seine Worte nur so obenhin nimmt, als ob er völlig von seiner alten
Denkungsart abgehen und nach den Grundsätzen des Micio zu handeln anfan-
gen wolle. Doch die Folge zeigt es, daß man alles das nur von dem heutigen
Zwange, den er sich antun soll, verstehen muß." (299) Nur widerwillig hatte
sich Demea im Dialog mit Micio zur Teilnahme an einer Festivität in dessen

---

457 Adelphoe, IV, 2, v. 548. Zit. nach der Ausgabe: Terenz, Komödien, 2 Bde. Hg., übers. und
kommentiert von Peter Rau. Darmstadt 2012 (Edition Antike), Zit. in Bd. II, S. 268. Übersetzung:
„Spaßig: meint, zuerst wüßt er, und er allein weiß alles nichts."
458 Adelphoe (Anm. 457), V, 3, v. 792. Übersetzung (P. Rau): „Da ist's ja, das gemeinsame
Verderben unserer beiden Kinder!" Lessing übersetzt diese Stelle so: „Ha! da ist er, der mir sie
beide verdirbt."
459 Adelphoe (Anm. 457), V, 4, v. 859. Übersetzung: „Denn das harte Leben, das ich stets
geführt, geb ich auf zum Ende meiner Bahn." Lessing zitiert den lat. Text in einer Fußnote des
71. Stücks (S. 299).

Haus herbeigelassen. Dem „exporge frontem" – „entfurche deine Stirn" – hatte er lediglich ein „scilicet ita tempus fert" – „ich muß denn wohl, weil es die Zeit verlangt" – entgegen zu halten.[460] Das „Nur-so-obenhin-Nehmen": damit ist selbstredend Voltaire gemeint, der Molières Kunst der Charakterdarstellung und des „dénouement" eines Intrigenspiels entschieden den Vorzug vor dem römischen Muster eingeräumt hatte. „Il n'est point dans la nature", so Voltaires Kommentar, „qu'un viellard qui a été soixante ans chagrin, sévère et avare, devienne tout-à-coup gai, complaisant et liberal."[461] Ein Alter, sechzig Jahre grämlich, so plötzlich gefällig und liberal. Das sei gegen die Natur!

Nun hat der Verlauf des fünften Akts der Terenz-Forschung seit eh und je Rätsel aufgegeben und Voltaires kritischer Einspruch hinsichtlich der Verletzung des Wahrscheinlichkeitsgebots ist durchaus ernst zu nehmen. Lessing, als poeta doctus vertraut mit der Terenz-Kritik des 16. und 17. Jahrhunderts sowie der eigenen Zeit, spielt ja selbst auf die Tatsache an, daß im terenzianischen Text die Bearbeitung einer Komödie des Menander vorliege. Er verweist auf die Kontamination des Textes, bezeichnet beispielsweise im 99. Stück die Entführungsszene zu Beginn des zweiten Akts als „Episode" aus den *Synapothnescontes* („Die miteinander Sterbenden") des Diphilus von Sinope (ca. 340 v. Chr.),[462] läßt indes letzlich in Hinsicht auf die achte Szene des fünften Akts die Frage Terenz oder Menander unbeantwortet. Dort – es ist die vorletzte Szene der *Adelphen* – geht es um die besagte Verkuppelung des so umsichtigen Micio mit einer abgelebten Alten, der Mutter Pamphilas. Die einigermaßen unmotivierte Szene, von Lessing im 100. Stück übersetzt, veranlaßt ihn zu folgender einleitender Bemerkung: „Der bloße Einfall macht uns anfangs zu lachen; wenn wir aber endlich sehen, daß es Ernst damit wird, daß sich Micio wirklich die Schlinge über den Kopf werfen läßt, der er mit einer einzigen ernsthaften Wendung hätte ausweichen können: wahrlich, so wissen wir kaum mehr, auf wen wir ungehaltner sein sollen; ob auf den Demea, oder auf den Micio." (403)

Immerhin spricht es für den hohen Rang, den der Altertumskenner Lessing in der Zunft der klassischen Philologen einnimmt, wenn man ihn immer noch einbezieht in das Forschungsgespräch. Wie Lessing richtet beispielsweise Karl Büchner in seiner Monographie über *Das Theater des Terenz* die Aufmerksamkeit auf besagte, ganze sechsundzwanzig Verszeilen umfassende Bruchstelle zu Beginn der vierten Szene des fünften Akts, den Monolog des Demea.[463] Büchner

---

460 Ebd., V, 3, v. 839.
461 Voltaire: Vie de Molière (Anm. 454), S. 180.
462 Vgl. dazu den Artikel „Terentius Afer, Publius" in: Der neue Pauly. Enzyklopädie der Antike. Hg. von Hubert Cancik und Helmut Schneider, Bd. 12,1. Stuttgart, Weimar 2002, Sp. 149–154.
463 Karl Büchner: Das Theater des Terenz. Heidelberg 1974.

will erkannt haben, daß dieser Monolog zwei heterogene Situationen in unmöglicher Weise vereinige. Der Demea der Verse 855–861 sei ein anderer als der der Verse 862–881. In den ersten sei er, durch das Erlebnis erschüttert, einsichtig geworden; in der zweiten Hälfte hadere er mit dem Schicksal, suche keinen Fehler in sich selbst und fasse einen äußerlichen Entschluß, sich anders zu benehmen mit dem Ziel: „ego quoque a meis me amari et magis pendi postulo".[464] Geliebt will er werden von den Seinen und hochgeschätzt. Lessings Bedenken, so Büchner, habe „für diesen Monolog seine Gültigkeit".[465] In der Tat führt der zweite Teil des Monologs (v. 862 ff.) in eine nachgerade paradoxe Situation, zu einer Akzentverschiebung, die so in der Vorlage des Menander nicht vorgesehen war. Und so bringen die beiden Schlußszenen des fünften Akts mit der nur widerwillig eingegangenen Verehelichung Micios selbst Lessings Liebe zu Terenz kurzzeitig ins Wanken. Am Ende der auf Terenz fokussierten Stücke dann der Versuch, über den spätrömischen Terenz-Kommentator Aelius Donatus (geb. um 310 n. Chr.), jenen „Grammatiker [...] von vieler Einsicht" – so im 72. Stück – einer Lösung näher zu kommen.

Doch noch einmal sei der Blick auf die altphilologische Terenz-Forschung gerichtet, auf ein Interpretationsangebot, das Viktor Pöschl in einer Heidelberger Akademie-Abhandlung vorlegte. Hier wird die Sicht freigegeben auf eine von Terenz begründete Bühnentradition des Komischen und Burlesken, wie wir es bei Shakespeare, Shaw, Molière oder Pirandello finden.[466] Für Pöschl ist Micio keineswegs der am Ende Abgewertete und Demea der moralisch Aufgewertete, sondern beide repräsentieren nachgerade die ironische Überspitzung der ihnen zugewiesenen Rollen. Micio und Demea könnte man demnach Archetypen nennen oder auch Vorläufer ähnlich agierender Bühnenfiguren europäischer Überlieferung. Pöschl, der Lessing aufnimmt in seinen Diskussionsbeitrag und dessen Ansicht von der durchgängigen Konstanz der Charaktere in den *Adelphen* bestätigt, sieht gerade mit Blick auf das Schlußtableau des Stücks Demea mitnichten als den Sieger, wohl hingegen Micio in seiner gelassen-ironischen Replik – „istuc recte" („so ist's recht!") – gegen den triumphierenden Gestus des Bruders als den Überlegen.

---

464 Adelphoe (Anm. 457), IV,1, v. 878.
465 Büchner: Das Theater des Terenz (Anm. 463), S. 418.
466 Viktor Pöschl: Das Problem der Adelphen des Terenz. Heidelberg 1975 (Sitzungsberichte der Heidelberger Akademie der Wissenschaften. Philosophisch-historische Klasse. Jahrgang 1975, 4. Abhandlung), S. 5–24.

3 Eine „Rettung" im europäischen Kontext: Terenz, Diderot, Richard Hurd

Nun war es keineswegs nur Voltaire, der die dramatische Kompetenz des Römers gering eingeschätzt hatte. Auch Denis Diderot (1733–1784), den Lessing im 48. Stück als „den besten französischen Kunstrichter" in wirkungsästhetischen Fragen für sich hatte sprechen lassen, habe Bedenken erhoben „bei Gelegenheit des Kontrasts unter den Charakteren" der *Adelphen* des Terenz. So im 86. Stück. Das war 1758 im *Discours sur la Poésie dramatique*, den Diderot im Zusammenhang mit der fünfaktigen Komödie *Le Pére de famille* dem Freund Friedrich Melchior Grimm gewidmet hatte. Lessings 1760 erschienene Übersetzung des gesamten Textcorpus – auch des Theaterstücks *Le Fils naturel* sowie der Unterredung *Dorval et moi* (1757) – spricht für sein ausgeprägtes Interesse an den gattungsspezifischen Überlegungen Diderots. Dennoch galt seine Zustimmung nicht in allen Punkten dem im Kritikeramt hochgeschätzten Franzosen. Zwar hatte dieser in der Abhandlung von 1758 die meisterhafte Durchführung des Intrigenspiels in der *Andria* hervorgehoben,[467] indessen Anstoß genommen am fünften Akt der *Adelphen*. Ratlosigkeit zeigt sich in Diderots Resümee, das Lessing wie folgt übersetzt: „Man sollte zu Anfange des fünften Aufzuges dieses Drama [sic!] fast sagen, der Verfasser sei durch den beschwerlichen Kontrast gezwungen worden, seinen Zweck fahren zu lassen und das ganze Interesse des Stücks umzukehren.Was ist aber daraus geworden? Dieses, daß man gar nicht mehr weiß, für wen man sich interessieren soll." (357)

Bleibt zu ergänzen, daß darüberhinaus auch des Terenz Komödie *Heautontimorumenos* („Der Selbstquäler") Diderot Anlaß zur Kritik geboten hatte. Glaubt er mit Blick auf die *Adelphen* im scharf gezeichneten Kontrast der Charaktere und in der für ihn unmotivierten Verkehrung in ihr jeweiliges Gegenteil die Ursache für das Schwinden aller dramatischen Stringenz zu erkennen, so sieht er im selbstquälerischen Handeln eines über seinen Sohn betrübten Vaters ein Abweichen von jeder empirisch nachvollziehbaren Verhaltensnorm: „Man kann wohl sagen, daß es so einen Vater nicht gibt. Die größte Stadt würde kaum in einem ganzen Jahrhundert e i n Beispiel einer so seltsamen Betrübnis aufzuweisen haben." So im 87. und 88. Stück. Terenz wäre in diesem Falle ein Verstoß gegen das der komischen Gattung eigene Allgemeinheitsgebot unterlaufen;

---

467 Das Theater des Herrn Diderot. Von der dramatischen Dichtkunst; Abdruck in: PO 11, S. 249–341. Dort heißt es: „Was kann feiner sein, als die Art, mit welcher Terenz die Liebeshändel des Pamphilus und des Charinus in seiner ‚Andria' durcheinander geschlungen hat? (261 f.) Zum Kapitel Diderot vgl. bes. die Einleitung Jean-Marie Valentins zu seiner Übersetzung der *Hamburgischen Dramaturgie* (Anm. 38), S. CI–CVII.

denn, so Diderot im Zuge seiner Gattungstypologie: „Die komische Gattung hat Arten, und die tragische Individua [...]. Die vornehmste Person einer Komödie hingegen muß eine große Anzahl von Menschen vorstellen." (359)

Bleibt ebenfalls zu ergänzen, daß der fünfte Akt der *Adelphen* selbst noch dreieinhalb Jahrzehnte später Befremden erregte. In Weimar nahm man Anstoß an der dem Micio aufgezwungenen Heirat mit einer abgelebten Alten. In der Terenz-Bearbeitung (1802) des Hofrats und Kammerherrn Friedrich Hildebrand von Einsiedel, der einen insgesamt versöhnlichen Schluß anstrebte, findet sie nicht statt.[468]

Nun geht es im Gesamt der Rezensionen, in denen Terenz aufgerufen wird – mal in den Mittelpunkt gerückt, mal nur en passant erwähnt –, vor allem um das Katholou-Gebot des Aristoteles, auf das ja Diderot anspielt, um die „Allgemeinheit", die „ein komischer Charakter notwendig haben" müsse (359). Es geht um den Nachweis kohärenter, widerspruchsfreier Charakterzeichnung und stringenter Motivierung. „Meisterhaft" und „unvergleichlich" nennt der sonst mit Lob sparsame Lessing die „Wendungen" (302 f.) eines Dialogs der beiden Väter in der dritten Szene des fünften Akts der Komödie des Terenz.

Eine mit beträchtlichem philologischem Aufwand betriebene Rettungsaktion in Sachen Terenz, könnte man sagen, und sie weist in ihrer Stoßrichtung gegen Voltaire sowie in weniger polemischer Diktion auch gegen Diderot alle Merkmale einer „Rettung" auf, die Wilfried Barner in ihrer Vorurteile destruierenden Wirkung als konstitutiv für Lessings Denk- und Schreibweise benannt hat, und „die zur Grundlage seines schriftstellerischen Profils bis hin zum Nathan" beitrage.[469] Als Advokat tritt der Hamburger Dramaturg auf, als Fürsprech für einen längst Verstorbenen. Das verbindet die Rettung des Terenz mit den *Rettungen des Horaz* (1754), mit der *Rettung des Hier. Cardanus* (1754) und mit vielen anderen Rettungen. Terenz ist der Verstorbene, der anwaltliche Hilfe bedarf, Voltaire der Zeitgenosse, mit Polemik bedacht, weil er seine Ausstellun-

---

468 Vorlage für einen Textvergleich war die folgende Ausgabe: Friedrich Hildebrand von Einsiedel: Lustspiele des Terenz in freyer metrischer Übersetzung. Erster Band: 1. Die Brüder. 2. Die Mohrin. 3. Der Selbstpeiniger. Leipzig 1806 (Bibliothek der komischen Dichter Roms in freyen metrischen Übersetzungen). Das dritte Vorsatzblatt für *Die Brüder* weist 1802 als Erscheinungsjahr auf.

469 Wilfried Barner: „Rettung" und Polemik. Über Kontingenz in Lessings frühen Schriften. In: Lessings Grenzen. Hg. von Ulrike Zeuch. Wiesbaden 2005 (Wolfenbütteler Forschungen 106), S. 11–23, Zit. S. 22. Zum Thema „Rettung" vor allem der Beitrag von Eric Achermann: Befreiung aus dem Netz der Tradition. Lessings ‚Rettung des Hier. Cardanus' zwischen Religionsphilosophie und Mikrologie. In: Verteidigung als Angriff. Apologie und Vindicatio als Möglichkeiten der Positionierung im gelehrten Diskurs. Hg. von Michael Multhammer. Berlin, Boston 2015, S. 145–200.

gen ahnungslos niedergeschrieben habe, eingegeben wie „von einem alten Traume". So im 71. Stück. Kein Zweifel: Besonders am Beispiel Terenz-Voltaire wird deutlich, wie sehr „Rettung" und Polemik aufeinander bezogen sind. Hier liegt es denn nahe, von einem operativen Zusammenhang zu sprechen, immer mit der Zielsetzung eines kognitiven Gewinns.

Doch wo bleibt Terenz, könnte man fragen. Nach Lessings Auseinandersetzung mit Diderot, nach seinem Plädoyer für den *Heautontimorumenos* in den Stücken 87 und 88 scheint er zu verschwinden, um erst wieder im 96. Stück ins Blickfeld zu treten, dann freilich im Kontext der von Karl Franz Romanus vorgenommenen „Veränderungen". In den Stücken 92 bis 95, in denen er dem Leser weitläufige Textpassagen aus Richard Hurds *Dissertation concerning the Provinces of the several Species of the Drama* – eine Ergänzung seines Horaz-Kommentars von 1749 – nachgerade wie Beweisstücke vorlegt für seinen Versuch, Hurd und Diderot im Sinne des Aristoteles für seine Tragödien- und Komödienkonzeption zu gewinnen, wird Terenz nur ein einziges Mal genannt, dort allerdings an ebenso unauffälliger wie zentraler Stelle.

Bezieht man in die Rettungsaktion die *Dissertation* dieses englischen „Kunstrichters", der nach Lessings Überzeugung „das meiste Licht über diese Materie verbreitet" habe, mit ein, so erhellt, daß die Komödien des Römers durchaus den Kriterien entsprechen, die Hurd in seinen Überlegungen zu gattungsspezifischen Fragen in „Ansehung der Komödie und Tragödie" (375) zu bedenken gab. Beginnend mit dem 92. Stück und endend mit dem Hinweis auf die auszustreuenden „Fermenta cognitionis" im 95. Stück, legt Lessing dem Leser ausführliche Exzerpte der Hurd'schen Explikationen in eigener Übersetzung vor, die an dieser Stelle nur skizziert werden können.

Am Beispiel von Molière und Racine hatte Richard Hurd (1720–1808), seines Zeichens Bischof von Worcester, die Charakterdisposition des Harpagon in der Komödie *L'Avare* (1669) als „general", die des Nero in Racines Verstragödie *Britannicus* (1671) als „particular" definiert. Lessing übernimmt Teile der Argumente Hurds zur Charakterdarstellung, ergänzt durch die englische Textvorlage, in das 92. Stück: „In dem nämlichen Geiste schildern die zwei Gattungen des Drama [sic!] auch ihre Charaktere. Die Komödie macht alle ihre Charaktere general; die Tragödie particular." (375) Ein Mehr oder Weniger an Unterscheidungsmerkmalen oder „Besonderheiten" (381) reklamiert Hurd für die beiden Formen der dramatischen Gattung, wobei er deutlichen Sinnes um eine schrittweise Annäherung an das Katholou-Gebot des Aristoteles bemüht ist.

Entscheidend im Hinblick auf diese Genretheorie ist mithin ein bestimmte Charaktermerkmale kumulierendes Verfahren,[470] das den Komödien Generali-

---

470 Die Vorstellung eines „kumulierenden Verfahrens" brachte in die Forschung ein Ulrich Profitlich: Fermenta Cognitionis. Zum 95. Stück der ‚Hamburgischen Dramaturgie'. In: Lessing

tät im Sinne größtmöglicher Repräsentanz sichert, das indes für die Protagonisten einer Tragödie dort an eine Grenze stoße, wo es „der Verlauf der Handlung" eben nicht „unumgänglich" erfordere (376). Konsequenterweise obliege dann dem für das Komische ambitionierten Autor die Aufgabe, den Charakteren seiner Figuren ein Mehr an Vorstelligkeit mitzuteilen im Sinne der Akkumulation von besonderen Merkmalen, und das gleichsam in Analogie zum Verfahren des Künstlers, der nicht – wie in der Portraitmalerei – „ein einzelnes Gesicht", sondern einen „Kopf überhaupt" zu malen beabsichtige. Am Ende des 92. Stücks dann Einsichten Hurds, die ihre Wirkung auf Lessings Anforderungen an die Komödie in den sechziger Jahren seiner Schaffenszeit kaum verfehlt haben dürften.

In betonter Distanz zu Molières *L'Avare* und Plautus' *Aulularia*, in deren „Abbildung eines geizigen Mannes" Hurd lediglich eine „grillenhafte widrige Schilderung der Leidenschaft des Geizes" zu erkennen vermag, gleichsam die Darstellung einer Leidenschaft „im Abstracto" (377), fordert er mit Blick auf die Kunst der Portraitisten die Verteilung von Lichtern und Schatten, „lights and shades", wie es in der Textvorlage heißt.[471] Und weiter: „Diese Lichter und Schatten sind die Vermischung verschiedener Leidenschaften, welche mit der vornehmsten oder herrschenden Leidenschaft zusammen den menschlichen Charakter ausmachen." Und Hurd resümiert in ebendiesem letzten Textteil des 92. Stücks: „Hierin haben Molière und vor ihm Plautus gefehlt." In der Textvorlage: „Molière, and before him Plautus, had offended in this." Terenz, so könnte man sein Fazit ergänzen, eben nicht!

Dessen Kunst wird kontrastiert an leicht zu überlesender Stelle in der Mitte des 93. Stücks mit den Portraitstichen des Mitbegründers der Académie Royale de Peinture et de Sculpture, Charles Le Brun (1619–1690), d. h. mit dessen *Conférences sur l'expressions de differents caractères des passions* (1667), die, weit verbreitet, einen bedeutenden Rang einnahmen im Zuge eines auffallenden Interesses an der Physiognomik im späten 17. und 18. Jahrhundert.[472] Nicht zuletzt

Yearbook / Jahrbuch XXXVII, (2008–2009), S. 41–51. Zur Vorstellung „du particulier et du général!" vor allem Jean-Marie Valentin, vgl. Gotthold Ephraim Lessing: Dramaturgie de Hambourg (Anm. 38), S. CXVIIff.

471 In der Textvorlage: „These lights and shades [...] must be blended in every picture of dramatic manners." Zit. nach John George Robertson: Lessing's Dramatic Theory (Anm. 7), S. 404. Ebd. auch die folgenden Hurd-Texte.

472 Franz Xaver Messerschmidt (1736–1783), sicher der prominenteste Vertreter für die oft als überzogen kritisierte Darstellung eines Panoptikums menschlicher Leidenschaften, war Charles Le Brun bekannt. Messerschmidts Portraitbüsten befinden sich heute zum großen Teil im Österreichischen Barockmuseum (Unteres Belvedere). Hinweise hierzu im Ausstellungskatalog des Louvre: Franz Xaver Messerschmidt 1736–1783. Sous la direction de Maria Pötzl-Malikowa et Guilhem Scherf. Paris 2011. Zur Rezeption der Skizzen Theophrasts insbesonders

wird Terenz' Kunst der Menschengestaltung kontrastiert mit Theophrasts (372/ 369–288/285) frühhellenistischer Darstellung belachenswerter menschlicher Defekte in dessen Schrift *Charaktere*. Doch sowohl Le Bruns zur Karikatur gesteigerte Portraitskizzen als auch Theophrasts Panoptikum menschlicher Unzulänglichkeiten vermochten den Anforderungen Hurds nicht zu entsprechen; denn es mangele ihren Skizzen und literarischen Portraits, so brillant sie auch sein mögen, am „Ebenmaß und Verhältnis, welches man an einer menschlichen Figur" erwarte (378).

Dennoch, so Hurd, erregten gerade solche Darstellungen des Verzerrten die „Bewunderung gemeiner Gaffer" – „the admiration of common starrers". Am Ende dann, im 93. Stück, Richard Hurds den Rang des Terenz hervorhebendes und entscheidendes Resümee: „Nach diesem Begriffe der Vortrefflichkeit würde Le Bruns *Buch von den Leidenschaften* eine Folge der besten und richtigsten moralischen Portraits enthalten: und die *Charaktere* des Theophrasts müßten, in Absicht auf das Drama, den Charakteren des Terenz weit vorzuziehen sein." Ein Konditionalsatz nach dem Muster „Wenn [...] dann", der alles aussagt über das gestalterische Potential des römischen Dichters. Und mit Blick auf das Drama – „in a dramatic view"! – konnte Hurds Auslegung Lessing eine willkommene Argumentationshilfe bieten, um die Kritik Voltaires und Diderots am vermeintlich unmotivierten Verhalten der Protagonisten Demea und Micio, dem Mangel an „vraisemblance", zu entkräften. Terenz als ein Meister wahrer Menschengestaltung und plausibler Handlungsführung! Micio und Demea, in ihrer Gestaltung keineswegs auf eine „einzige Leidenschaft" – „in a single passion" – reduziert, verkörpern eben beide Seiten menschlicher Existenz: Lichter und Schatten.

4 Romanus' Lustspiel: ein Erfolgsstück und doch ein Zerfall „der ganzen Maschine"

Nicht zuletzt der europäische Kontext dieser weitangelegten Lessing-Hurd'-schen Explikationen eröffnet den Blick auch auf den „Nachahmer" des Terenz, auf Karl Franz Romanus, der über ausgedehnte Nebenwege hinweg gleichsam außen vor geblieben war. Im letzten Abschnitt des 72. Stücks die Wiederholung der Kritik, die Lessing bereits zu Voltaires Fehleinschätzung geäußert hatte:

in England und Franlreich vgl. Theophrastus: Charaktere. Textgeschichte und Text, Übersetzung und Kommentar. Hg. von Peter Steinmetz. 2 Bde. München 1960, 1962.

> Es ist doch sonderbar, daß auch Herr Romanus den falschen Gedanken des Voltaire ge-
> habt zu haben scheinet. Auch er hat geglaubet, daß am Ende mit dem Charakter des
> Demea eine gänzliche Veränderung vorgehe, wenigstens läßt er sie mit dem Charakter
> seines Lysimons vorgehen. (304)

Nur wenige Zeilen dann zu Beginn des 73. Stücks einiges über die Schlußszenen
sowohl der *Adelphen* als auch der *Brüder* des schreibenden Juristen, um „das
Weitere bis zur nächsten Vorstellung des Stücks" zu „versparen" (305).

Die findet statt am 28. Juli 1767. Auch hier, wie so oft, der erhebliche Zeitabstand zwischen Aufführungs- und Besprechungsdatum am 1. und 5. April 1768
(96. und 97. Stück). Da eine neuere Textausgabe dieses Lustspiels, das Lessing
ja durchaus als ein „deutsches Original" gelten läßt, nicht vorliegt, seien hier
zum besseren Verständnis der Kritik Lessings die Personenkonstellation sowie
der Szenenverlauf umrissen.

Wie bei Terenz kreist der Plot um Probleme der Erziehung. Zwei Väter, Philodor und Lysimon, die dem Väterpaar Micio und Demea nahekommen, gehen
in der Erziehung ihrer Söhne Leander und Lykast sehr verschiedene Wege: Philodor, dem Namen entsprechend, freundlich-liberal gegenüber Leander, Lysimon rigide gegenüber Lykast. Aufgehoben wird indes das Verwandtschaftsver-
hältnis. Jeder der Väter hat einen leiblichen Sohn, und so werden aus Brüdern
Vetter, Leander und Lykast. Ersterer zeigt sich als „vernünftiger" junger Mann,
letzterer – ähnlich wie Demeas Sohn Ctesipho – tritt als Tunichtgut auf. Begleitfiguren sind die Frauen: Citalise, die zweifelhafte Geliebte Lykasts, sowie Lucinde, die Verlobte Leanders.

Romanus übernimmt Szenen- und Dialogsequenzen des Terenz wie bei-
spielsweise den Frauenraub. Entreißt bei Terenz Aeschinus dem Kuppler Sannio
Psalteria, die Geliebte Ctesiphos, so gibt bei Romanus Leander den Bitten Ly-
kasts nach, indem er Citalise im Haus seines Vaters Philodor unterbringt (I,5).
Citalise ihrerseits versucht, Leander zu umgarnen, was dessen Zukünftige, Lucinde, da Leander zu allem schweigt, als Vertrauensbruch auslegt (II,7). Die
Rolle des durchtriebenen Sklaven Syrus in den *Adelphen* übernimmt der Diener
Frontin, ein Meister der Verstellungskunst. Er bestärkt den rigiden Lysimon in
dem Irrglauben, Leander buhle um Citalise und Lykast sei der Tugendbold.
Kern des vierten Aufzugs ist der turbulente Auftritt eines auf Genugtuung beste-
henden, von Lykast verprügelten Barons sowie eines die Schulden Lykasts ein-
fordernden Kaufmanns. Indes hält Lysimon in seiner Verblendung immer noch
Leander für den Übeltäter (IV,2,3,4).

Dann der versöhnliche Schluß: Philodor segnet den Bund der Liebenden
Leander und Lucinde. Versteht sich Demea am Ende nur unter dem Druck der
Ereignisse zu Zugeständnissen bereit, bleibt er nach Lessing jedoch seiner „al-
ten Denkungsart" treu, wie es im 71. Stück heißt – „facite quod vobis lubet"

(„macht, was ihr wollt!") –, so ist Lysimon trotz gelegentlicher Rückfälle verwandelt: friedfertig, zur Versöhnung bereit. „Billigkeit" und „Vernunft" obsiegen, wie Philodor am Schluß verkündet.

Scharf kontrastiert nehmen sich die dramatis personae aus: hier Philodor, den Mitmenschen freundlich entgegentretend, dort Lysimon, keineswegs lasterhaft, aber im hohen Maße realitätsblind. Hier Lucinde, tugendhaft und vernünftig, dort Citalise, Männer umgarnend und berechnend. Typen werden gezeichnet, keine Individuen, wie sie uns mit allen ihren charakterlichen Unebenheiten im wirklichen Leben begegnen könnten. Weniger das Satirische als vielmehr das den Zuschauer erheiternde burleske Spiel im vierten Akt mochte den Publikumserfolg dieses Lustspiels bewirkt haben. Und wenn Lessing 1754 im Kommentar zu Gellerts Vorlesung *Pro commoedia commovente* (1751) – im Rahmen der *Abhandlungen von dem weinerlichen oder rührenden Lustspiele* in der *Theatralischen Bibliothek* – „sowohl Tugenden als Laster, sowohl Anständigkeit als Ungereimtheit" in ihrer „Vermischung" als die besonderen Merkmale der „wahren Komödie"[473] bezeichnet, so vermag d e m Romanus lediglich partiell zu entsprechen.[474] Weniger am Tugend-Laster-Schema als am Kontrast von „Anständigkeit" und „Ungereimtheit" orientiert, liegt es nahe, hier von einem Ausläufer der sächsischen Typenkomödie zu sprechen, dem indes noch die „Vermischung" fehle, um Lessing Anspruch, Abbild des „menschlichen Lebens" zu sein, zu erfüllen. Schon der Untertitel des Spiels läßt die pädagogische Tendenz deutlich erkennen: es ist eine „Schule der Väter".

Lessing enthält sich, wie bemerkt, jeglicher Polemik, billigt sogar die Umwandlung „griechische[r] und römische[r] Sitten" ins Zeitgenössische. So weit, so gut, könnte man sagen. Doch er bindet im 97. Stück die „Kraft", d. h. die Wirkungsintensität einer Komödie an das Gebot der „inneren Wahrscheinlichkeit", die d e m menschlichen Erfahrungshorizont zu entsprechen habe, der dem Menschen „am gewöhnlichsten" sei (393). Anders als dies in der terenzianischen Komödie der Fall war, sei diese „innere Wahrscheinlichkeit" in der modernen Adaption nicht mehr erkennbar – aufgehoben durch die von Romanus vorgenommene Aufhebung des Verwandtschaftsverhältnisses. Alle im Verlauf von Lessings ausführlicher Textanalyse herausgestellten Gravamina finden ihr Begründung in der „Umschaffung" der römischen Fabel, auf deren Vorbild, die *Adelphen* Menanders, Lessing mehrfach verweist.[475] Was bei Terenz „vortreff-

---

473 Abhandlungen von dem weinerlichen oder rührenden Lustspiele. In: PO 12, S. 157 f.

474 Zu Lessings Konzept der „wahren Komödie" grundlegend Monika Fick: Lessing-Handbuch, S. 64–68. Dort alle weiteren Forschungsergebnisse.

475 Zur Kontamination Terenz-Menander-Diphilos von Sinope vgl. Manfred Fuhrmann: Geschichte der römischen Literatur. Stuttgart 1999, S. 99 ff.

lich" zusammenhänge, „richtig und notwendig" motiviert sei, gerate beim „Nachahmer", weil vom „Muster abgegangen", aus den Fugen (396).

Bedenkt man, daß es sich bei der wiederholten Aufführung am 28. Juli 1767 um eine „Vorstellung" handelte, mithin um die sinnenfällige Vermittlung eines Theatertextes, dann nimmt es wunder, daß Lessing in den Kernpartien der Romanus-Kritik den körpersprachlichen und mimischen Signalen des Textes so gut wie keine Aufmerksamkeit schenkt. Ein Eingehen auf diesen essentiellen Aspekt theatraler Darstellung hätte man erwarten können vor allem nach dem 71. Stück im ersten größeren, Terenz, Voltaire und Romanus gewidmeten Textteil. Dort, im Kontext der Interpretation seines spätantiken Gewährsmanns, des Grammatikers Aelius Donatus (ca. 350 n. Chr.), waren ihm dessen Beobachtungen zur Gebärdensprache auf der terenzianischen Bühne von besonderem Interesse, geht er doch sowohl im 71. als auch im 72. Stück ein auf die im Text gleichsam sichtbar werdenden Reaktionen der Protagonisten Micio und Demea in der dritten Szene des fünften Akt.[476] Donats Kommentar zu diesem kurzen brüderlichen Austausch erinnert an das Zusammenspiel von Wort und Gestus: „Non quid dicatur, sed quo gestu dicatur."[477] Lessing konnte sich dem nur anschließen. Ein Stück weit wird hier die ansonsten logozentrische Wahrnehmung Lessings überschritten, indem er die Aufmerksamkeit auf das Spiel der Akteure richtet.

Doch anders, als es die Ausführungen zur Gebärdensprache des Terenz erwarten lassen, geht Lessing weder in der Besprechung der ersten noch der zweiten Vorstellung von Romanus' Lustspiel auf Aspekte schauspielerischen Agierens ein. Daß der Text, der ihm in der Ausgabe von 1761 vorlag, Spielanweisungen aufweist, bleibt für ihn unerheblich. Erfährt der Leser, um nur ein Beispiel zu nennen, in einer 1771 erschienenen Rezension im Journal *Das Parterr* einiges über die Rollenpräsentation in den *Brüdern* – so etwa in der Szene der „stets ihre Herrschaft parodierenden Bedienten"[478] – oder den „Beifall" des Publikums, so spart Lessing das eigentlich Theatralische aus und konzentriert sich einzig auf Romanus' Eingriff in die Struktur des terenzianischen Textes. Gemessen an dem ein oder anderen „kleinen Zusatz", „Verstärkung oder Schwächung" (402), die sich Terenz gegenüber Menander erlaubt hatte, habe die „Auflösung dieses einzigen Knotens" den Zerfall der „ganzen Maschine" (394),

---

476 Abdruck dieser Szene in: Terenz, Komödien (Anm. 457), V. 3, v. 835–853.

477 Abdruck in: Aelii Donati quod fertur Commentum Terenti [...], recensuit Paulus Wessner, Lipsiae MCMV, Vol. III, v. 795, S. 115.

478 Das Parterr. Hg. von Christian Heinrich Schmid. Erfurt 1771, S. 278 f. (Nachdruck München 1981). Die Rezension erschien unter dem Rubrum „Nachrichten von der Leipziger Bühne" ohne Angabe des Autors.

d. h. den Zerfall des von Terenz geschaffenen Kunstgebildes zur Folge. So Lessings Resümee im 97. Stück. Die Vorstellung der oben erwähnten „ganzen mechanischen Einrichtung" eines Lustspiels, die er bereits 1750 in seinen plautinischen Studien für wichtig erachtet hatte, wird hier erneut in die Kritik eingebracht.[479] Verglichen auch mit dem vom römischen Dichter sorgfältig motivierten Handlungsablauf und seiner Dialoggestaltung nehme sich dies in der zeitgenössischen Version des griechisch-römischen Musters wenig einsichtig aus. Und so lenkt er die Aufmerksamkeit des Lesers auf die Handlungssequenzen des Vorbilds, die von Romanus, wenn auch leicht abgewandelt, übernommen wurden und bezeichnet mit philologischem Spürsinn die Unebenheiten, die die Bearbeitung erkennen lassen.

Eins von mehreren Beispielen an dieser Stelle. Bereits der erste Auftritt des ersten Aufzugs der *Brüder*, die Auseinandersetzung zwischen dem rigiden Lysimon und seinem gelassenen Bruder Philodor, deutlichen Sinns eine Übernahme der zweiten Szene des ersten Akts der *Adelphen*, dem Streitgespräch Demea-Micio: bereits dieser erste Akt also, der die Frage einer gelungenen oder mißlungenen Erziehung der beiden leiblichen Söhne thematisiert, erregt den Unwillen Lessings. Es sei nämlich die Auflösung des „einzigen Knotens", der die bei Terenz immer noch nachvollziehbare Erregung eines Demea im Munde eines Lysimon zu einer ins Leere laufenden Schimpftirade mache: „Unser Verfasser setzt den Demea [gemeint ist hier Lysimon; d. Vf.] aus dem Verhältnisse, in welchem er bei dem Terenz stehet, aber er läßt ihm die nämliche Ungestümheit, zu welcher ihn doch nur jenes Verhältnis berechtigen konnte. Ja bei ihm schimpft und tobet Demea noch weit ärger, als bei dem Terenz." So im 97. Stück. Romanus nimmt also diese Szene der römischen Komödie auf, steigert die Einlassungen des Dialogpartners Demea zur Tirade, die indes im Kontext der deutschen „Umschaffung" den Anspruch an eine Komödie nicht zu erfüllen vermag – innere Wahrscheinlichkeit im Sinne von Notwendigkeit, wie es dann im 98. Stück heißt: „Wie vortrefflich hängt alles das bei dem Terenz zusammen! Wie richtig und notwendig ist da auch die geringste Kleinigkeit motiviert." (396) Und für kaum nachvollziehbar hält er nicht zuletzt den Lykast, dem „deutschen Ktesipho" vom Autor gleichsam eingeschriebenen Charakter. Auch hier sei „der Verfasser von seinem Muster abgegangen" mit der Folge, daß ihm beispielsweise im Dialog der beiden Vettern (I,5), verglichen mit den entsprechenden Partien bei Terenz, die Rede Lykasts über seinen Vater „immer Grausen" erwecke, da sie, aller Erfahrung widersprechend, nichts als „unnatürliche Gesinnungen" verrate (397 f.).

---

479 Kritik über die ,Gefangenen' des Plautus. In: PO 13, S. 147.

Nicht einleuchtend sei auch das Ende der Neubearbeitung, wenn Romanus „seinen Ktesipho" beschämt und „auf dem Wege der Besserung" zeige. Dies sei ebensowenig glaubhaft wie die spontane „Gemütsänderung seines Vaters" Lysimon (399). In der Tat wirkt das Schlußtableau einigermaßen plakativ, wie an die Adresse der Zuschauer gerichtet. Philodor schätzt sich glücklich, „einen Vater billig und einen Sohn vernünftig" zu sehen und beide „durch gegenseitige Liebe und Zutrauen glücklich und zufrieden" gemacht zu haben.[480] Keine Bestrafung durch einen harten Vater, sondern „Besserung" durch „Beschämung", wie Lessing zu Beginn des 99. Stücks bemerkt. Und er weist damit freilich auch auf die Schwäche des fünften Akts hin – seine Spannungslosigkeit. Zeichnen sich Brüder und Väter in Terenz' *Adelphen* im Sinne Richard Hurds durch die erwähnte „Vermischung" von „Lichtern und Schatten" aus, ohne daß dabei die den Charakteren eigene Qualität aufgehoben werde, so erachtet Lessing die unmotivierte „Gemütsänderung" Lysimons sowie den ebenso unmotivierten Demutsgestus Lykasts am Ende des Spiels als einen Bruch der ihnen eigentümlichen Charaktermerkmale, nachgerade für eine Nichtbeachtung der „Heiligkeit" der Charaktere, wie er sie im 23. Stück zu beachten wünschte. Die auffallend holzschnittartige, strikt durchgehaltene Typisierung der dramatis personae erzwinge am Ende die abrupte „Gemütsänderung" der Protragonisten, um dem Publikum die Akzeptanz der Mahnung zu Billigkeit und Vernunft zu erleichtern.

Ein „gewisses Maß an Besserung" mag auch am Schluß der *Adelphen* offenbar werden.[481] Lessing verweist hierzu im 99. Stück auf das Abschleifen des „Exzesses", eines „Übermaßes" an Fehlverhalten auf Seiten beider Protagonisten und betont doch gleichzeitig den von ihnen geleisteten Prozess des Einsehens. Micio „erkennet" sein „Übermaß" an Freigebigkeit; Demea „erkennet" die Folgen seiner exzessiven Strenge (400). Kein Zweifel: Lessings Aufwertung des Terenz gegenüber Romanus weist deutlichen Sinnes die Merkmale eines Gegenentwurfs zur Sächsischen Typenkomödie auf mit ihrer Tendenz zur „bloßen Kollision der Charaktere", mit ihrer Neigung zur Verlachung und Bestrafung eines vermeintlich Lasterhaften. Nicht, als ob es sich in Lessings Ausstellungen um einen Angriff auf das zu seiner Zeit immer noch beliebte Genre handelte – dazu entbehren sie im Fall des schreibenden Juristen Romanus der Polemik, wie er sie gegen Voltaire ins Spiel bringt –, vielmehr um ein kritisches Bedenken und die Mahnung, es nicht bei der „bloßen Kollision" kontrastierender Bühnenfigu-

---

480 Karl Franz Romanus: Die Brüder. In: Comödien (Anm. 447), V. 9, S. 394. Zur Textüberlieferung vgl. Anm. 447.
481 So Agnes Kornbacher-Meyer: Komödientheorie und Komödienschaffen Gotthold Ephraim Lessings. Berlin 2003 (Anm. 70). Sie bezieht erfreulicherweise auch Hurds Ausführungen in die Diskussion ein.

ren zu belassen, sondern ihnen jene „mittlere Proportion" – so im 95. Stück – und farblichen Valeurs zu verleihen, die sie erst zu Repräsentanten einer „wahren Komödie" machen. Auch hier erweist sich Richard Hurd als bedeutender Anreger für das Komödienverständnis des Hamburger Dramaturgen.

Gewiß sind die Folgen, die die Änderung des Verwandtschaftsverhältnisses mit sich bringen, fatal, so wie Lessing sie beschreibt. Dennoch – sine ira et studio sei es gesagt: Romanus hat durchaus an einigen Stellen des Handlungsverlaufs die monierte „Besserung" vorzubereiten gesucht, wie es das Beispiel des Protagonisten Lykast, des nach Lessing „abgefeimten Buben" zeigt. Zwar zitiert er im 98. Stück eine Textstelle des Dialogs, der ihm „Grausen" erwecke, weil sie ihm „unnatürlich" erscheine. Er enthält jedoch dem Leser die folgenden, die Abgefeimtheit stark relativierenden Zeilen vor. Lykast beteuert dort gegenüber seinem Vetter Leander: „Wenn ich so einen Vater hätte, wie du, so wollte ich gantz anders seyn, aber ich kann nicht."[482] Selbst Lysimons Verhalten läßt gelegentlich Regungen durchblicken, die eine Besserung am Ende nicht ganz unglaubhaft erscheinen läßt. Trotz vieler Ecken und Kanten ist er sogar für den Intriganten Frontin der „gute ehrliche Mann", der den Sohn Lykast „im Grunde der Wahrheit herzlich lieb" habe.[483]

Wie dem auch sei: Lessing spart die entlastenden Züge aus, setzt indes die nach seinem Dafürhalten mißlungenen Dialogpartien in Vergleichung mit den für ihn sehr viel überzeugenderen Sequenzen im antiken Muster. Nimmt der Leser also lediglich den im 98. Stück ausgewählten Text zur Kenntnis, so wird er Lessings Urteil nachvollziehen müssen. Dann allerdings erweist sich die Charakterzeichnung Ctesiphos in der Komödie des Terenz, *konfrontiert* mit der des Lykast, als die weitaus überzeugendere, weil der menschlichen Natur entsprechendere.

Romanus' Adaption der terenzianischen Komödie vielleicht ein Ausläufer der Sächsischen Typenkomödie, eine Bearbeitung, die die allzu harte Bestrafung am Ende vermeidet, sich also eher mit der „Beschämung" begnügt? Ein Ausläufer, der durchaus rührende Momente im Verhältnis der Liebenden Leander und Lucinde zueinander aufweist, eine Mischform mithin, mit der Romanus Bühnenerfolge erzielen konnte? Zweifellos gehört sein Lustspiel zu jener Kategorie, der Lessing in der „Ankündigung" zur *Hamburgischen Dramaturgie* „Mittelmäßigkeit" attestiert, wohl wissend, daß auch „gewisse mittelmäßige Stücke [...] schon darum beibehalten werden, weil sie gewisse vorzügliche Rollen haben, in welcher der oder jener Akteur seine ganze Stärke zeigen kann". „Mittelmäßig" ist, gemessen an Lessings Prämissen, beispielsweise das Trauerspiel *Olint und*

---

482 Die Brüder (Anm. 480), I. 5, S. 298.
483 Ebd., IV 3, S. 344.

Sophronia des Freiherrn Johann Friedrich von Cronegk; und dennoch wurde es „ausnehmend [...] vorgestellet", wie es im 2. Stück mit Blick auf die Rollendarstellung Ekhofs als Evander heißt. Das gilt für Franz Heufelds *Julie, oder Wettstreit der Pflicht und Liebe*, das gilt für die Komödie *Mélanide* des Claude Nivelle de la Chaussée: kein „Meisterstück" nach Lessing und doch „immer mit Vergnügen" gesehen wegen der Rollenbesetzung mit den Herren Borchers, Boeck und Ekhof sowie den Damen Mecour und Löwen.

Karl Franz Romanus war ein erfolgreicher Bühnenautor – unangesehen der Kritik Lessings. Noch 1795 erinnert sich Schiller einer Bearbeitung: „Die Adelphi hat ein gewisser Romanus schon vor 30 Jahren gut bearbeitet, wenigstens nach Leßings Zeugnis."[484] Ein völlig untaugliches Lustspiel hätte es nicht bis auf die Bretter des Kärntnertortheaters in Wien bringen können, und ein so versierter Bearbeiter deutscher Originalstücke wie Gottlob Stephanie d. Ä. – Cronegk, Johann Elias Schlegel und Christian Felix Weiße sind zu nennen – hätte sich wohl kaum bereit gefunden, einen schwachen Theatertext für das Wiener Publikum einzurichten. Friedrich Nicolai spielt im 329. der *Briefe die Neueste Litteratur betreffend* an auf die Wiener Aufführung der *Brüder* am 13. August 1763, billigt einerseits Kürzungen der ein oder anderen Szene, zu denen sich die „Schauspieler zu Wien" entschlossen hatten: „Ich kann diese Veränderung nicht anders als billigen, und sie sind ein neuer Beweiß, daß einem komischen Schriftsteller der Rath eines einsichtsvollen Schauspielers nicht unnütz sey." Doch er hebt andererseits die „Vortheile" des Stücks hervor:

> Ich habe hier eben einen Schriftsteller vor mir, der eine sehr gute Anlage zu einem komischen Dichter zu haben scheint. Er verdienet wohl, daß man ihn unter der Menge elender dramatischen [sic!] Schriftsteller, womit Deutschland überschwemmt ist, hervorziehe, und etwas näher betrachte. Ganz vollkommen ist er freylich nicht, aber: satis est potuisse videri. Sein erstes Stück heist: *Die Brüder*, ein Lustspiel in fünf Aufzügen. Es ist aus den *Adelphen* des Terenz gezogen, bloß daß es für die Modernen Sitten eingerichtet ist. Die beiden jungen Leute die bey dem Terenz einen Vater haben, sind bey dem modernen Schriftsteller Söhne der beyden alten Brüder. Dieses dienet nicht allein, das neue Stück von dem alten in etwas zu unterscheiden, sondern giebt auch im Stücke selbst zu verschiedenen Situationen Anlaß, die zum Vortheile des Stücks gereichen. Die Scenen wo der alte Lysimon bey der beständigen Ueberredung erhalten wird, die liederliche Streiche seines Sohns Lykast, die er erfährt, wären eigentlich von Leandern, dem Sohne seines Bruders aufgeübet worden, gehören dahin.

Das läßt erkennen, welche Kunstgriffe den Publikumserfolg bewirkt haben mögen: Es sind die „Streiche", wie es im Text heißt, die „Überraschungen", die

---

484 Schillers Brief an Goethe vom 29. Dezember 1795. In: Schillers Werke. Nationalausgabe. Bd. 28. Hg. von Norbert Oellers. Weimar 1969, S. 151 f.

Coups de théâtre,[485] über deren „Entbehrlichkeit und Geringfügigkeit" Lessing im 48. Stück gehandelt hatte, oder, wie es im Zusammenhang mit Voltaires Lustspiel *La femme qui a raison* (*Die Frau, die recht hat*) zu lesen ist, über „das Komische aus dem allergemeinstem Fache, da es sich auf nichts als aufs Inkognito, auf Verkennungen und Mißverständnisse gründet" (346). Damit beschreibt er nachgerade Romanus' Erfolgsrezept. Mittelmäßig gewiß wie andere der im Hamburger Spielplan angezeigten Komödien, wird dennoch die aus der römischen „Quelle geschöpfte" (297) Version die Wirkung des Lachens im Parterre nicht verfehlt haben. Und so, wie er im 80. Stück seinen Vorbehalt gegenüber allen theatralen „Zurüstungen" anmeldete, so wie er dort der „Verknüpfung der Begebenheiten" im Sinne des Aristoteles entschieden den Vorrang vor ebendiesen „Zurüstungen" einräumte, so schenkt er in seinen Ausführungen der szenischen Realisierung der Komödie des Romanus und deren Publikumswirkung keine Beachtung. Ausgespart bleiben alle in der „Ankündigung" genannten Aspekte schauspielkünstlerischer Darstellung sowohl des Mimisch-Gestischen als auch des Deklamatorischen. Lediglich an wenigen Stellen sparsame Hinweise auf Dialogpartien, dann immer mit dem Hinweis, wie diese lauten müßten, um die Glaubwürdigkeit des terenzianischen Vorbilds zu erreichen.

Ausgedehnte Exkursionen durch die europäische Literaturlandschaft unternimmt der Spaziergänger Lessing – „Ausschweifungen", rhetorisch geschickt verbunden mit dem Erinnern, nunmehr zur Sache zu kommen: „Doch ich muß mich nicht aus einer Ausschweifung in die andere verlieren," wie es im 81. Stück heißt. Eine „Ausschweifung" gewiß auch die den Rahmen einer Besprechung sprengenden Auslassungen über die einer „wahren Komödie" eigenen Anforderungen. Zwei Vorstellungen eines – wie der historische Kontext ausweist – Erfolgsstücks eröffnen dem Hamburger Dramaturgen die Möglichkeit, den Komödiendiskurs der vierziger und fünfziger Jahre fortzuführen, um nochmals – dieses Mal an prominenter Stelle – seiner Vorstellung von Handlungsaufbau und Wirkungsintention der Komödie ein scharfes Profil zu verleihen. Daß sich dies gleichsam in einer imaginären Runde mit den Teilnehmern Lessing, Voltaire, Diderot und Hurd über Terenz und die Neufassung der *Adelphen* durch einen schreibenden Juristen abspielt, daß sich dabei Richard Hurd mit seiner Lehre von den „Lichtern und Schatten" als bislang wenig beachteter Ideengeber erweist, spricht für die Bedeutsamkeit dieses Streitgesprächs im weiten, europäisch ausgerichteten Kontext Lessing'scher Überlegungen zur Komödie.

---

485 Dazu Peter Szondi: Tableau und coups de théâtre. Zur Sozialpsychologie des bürgerlichen Trauerspiels. Mit einem Exkurs über Lessing. In: Peter Szondi: Lektüren und Lektionen. Versuche über Literatur, Literaturtheorie und Literatursoziologie. Frankfurt a. M. 1973.

Literaturverzeichnis

1 Bibliographien, Quellensammlungen, Lexika, Handbücher

Adelung, Johann Christoph: Grammatisch-kritisches Wörterbuch der Hochdeutschen
Mundart mit beständiger Vergleichung der übrigen Mundarten, besonders aber der
Oberdeutschen. Leipzig 1793 (Nachdruck, mit einer Einführung und Bibliographie
von Helmut Henne. Hildesheim, Zürich, New York 1990).

Bender, Wolfgang F., Siegfried Bushuven und Michael Huesmann: Theaterperiodika
des 18. Jahrhunderts. Bibliographie und inhaltliche Erschließung deutschsprachiger
Theaterzeitschriften, Theaterkalender und Theatertaschenbücher. 3 Teile in 8 Bänden
unter Mitwirkung von Anke Biendarra, Christoph Bruckmann, Volker Corsten, Hans-
Joachim Jakob und Christiane Sasse. München, Berlin, London 1994–2005.

Braun, Julius W.: Lessing im Urtheile seiner Zeitgenossen. Bd. 1: 1747–1772. Berlin 1884
(Nachdruck Hildesheim 1969).

Brauneck, Manfred und Gérard Schneilin unter Mitarbeit von Wolfgang Beck (Hg.):
Theaterlexikon, 5. vollständig überarbeitete Neuausgabe, Hamburg 2007.

Cosack, Wilhelm: Materialien zu Gotthold Ephraim Lessings Hamburgischer Dramaturgie:
ausführlicher Kommentar nebst Einleitung, Anhang und Register. Paderborn 1876.

Daunicht, Richard: Lessing im Gespräch. Berichte und Urteile von Freunden und
Zeitgenossen. München 1971.

Fick, Monika: Lessing-Handbuch. Leben – Werk – Wirkung. 4. aktualisierte und erweiterte
Aufl. Stuttgart 2016.

Goedeke, Karl: Grundrisz zur Geschichte der deutschen Dichtung. 3. Aufl., fortgeführt von
Edmund Goetze. Bd. IV, 1. Abt. Dresden 1916.

Hill, Wilhelm: Die deutschen Theaterzeitschriften des achtzehnten Jahrhunderts. Weimar 1915
(Forschungen zur neueren Literaturgeschichte 49).

Jakob, Hans-Joachim und Hermann Korte (Hg.): Harsdörffer-Studien. Mit einer Bibliografie
der Forschungsliteratur von 1847 bis 2005. Frankfurt a. M. 2006 (Bibliografien zur
Literatur- und Mediengeschichte 10).

Kuhles, Doris (Hg.): Lessing-Bibliographie 1971–1985. Unter Mitwirkung von Erdmann
von Willamowitz-Moellendorf. Berlin, Weimar 1988 (Bibliographien, Kataloge und
Bestandsverzeichnisse. Hg. von den Nationalen Forschungs- und Gedenkstätten
der klassischen deutschen Literatur in Weimar).

Lessing-Bibliographie. Bearbeitet von Siegfried Seifert. Berlin, Weimar 1973 (Bibliographien,
Kataloge und Bestandsverzeichnisse. Hg. von den Nationalen Forschungs- und
Gedenkstätten der klassischen Literatur in Weimar).

Lessing, Karl Gotthelf: Gotthold Ephraim Lessings Leben, nebst seinem noch übrigen
literarischen Nachlasse. Erster Theil. Berlin 1793.

Schlösser, Rudolf: Vom Hamburger Nationaltheater zur Gothaer Hofbühne. 1767–1779.
Dreizehn Jahre aus der Entwickelung eines deutschen Theaterspielplans. Hamburg,
Leipzig 1895, Anhang II: Abdruck der ‚Zettel zur Hamburgischen Dramaturgie'.

Steinmetz, Horst (Hg.): Lessing – ein unpoetischer Dichter: Dokumente aus drei
Jahrhunderten zur Wirkungsgeschichte Lessings in Deutschland, herausgegeben,
eingeleitet und kommentiert von Horst Steinmetz. Frankfurt a. M., Bonn 1969 (Wirkung
der Literatur. Deutsche Autoren im Urteil ihrer Kritiker 1).

https://doi.org/10.1515/9783110610291-007

Thiele, Richard: Die Theaterzettel der sogenannten Hamburgischen Entreprise (1767–1769). Beiträge zur deutschen Litteratur- und Theatergeschichte. Erfurt 1895.

Zedler, Johann Heinrich: Grosses vollständiges Universal-Lexicon Aller Wissenschafften und Künste, Welche bißhero durch menschlichen Verstand und Witz erfunden und verbessert worden. 64 Bde. und 4 Supplementbde. Halle, Leipzig 1732–1754 (Nachdruck Graz 1961–1964).

2 Texte

2.1 Lessing-Texte

Lessing, Gotthold Ephraim: Sämtliche Schriften. Hg. von Karl Lachmann. Dritte, auf's neue durchgesehene und vermehrte Aufl., besorgt durch Franz Muncker. Bd. 17. Leipzig 1904.

Lessing, Gotthold Ephraim: Werke. Vollständige Ausgabe in fünfundzwanzig Teilen. Hg. mit Einleitungen und Anmerkungen sowie einem Gesamtregister versehen von Julius Petersen und Waldemar von Olshausen. Berlin, Leipzig, Wien, Stuttgart o. J. [1925].

Lessing, Gotthold Ephraim, Moses Mendelssohn und Friedrich Nicolai: Briefwechsel über das Trauerspiel. Hg. und kommentiert von Jochen Schulte-Sasse. München 1972.

Lessing, Gotthold Ephraim: Werke. In Zusammenarbeit mit Karl Eibl, Helmut Göbel, Karl S. Guthke, Albert von Schirnding und Jörg Schönert, hg. von Herbert G. Göpfert. 8 Bde. München 1970–1979.

Lessing, Gotthold Ephraim: Werke und Briefe in zwölf Bänden. Hg. von Wilfried Barner zusammen mit Klaus Bohnen, Gunter E. Grimm, Helmuth Kiesel, Arno Schilson, Jürgen Stenzel und Conrad Wiedemann. Frankfurt a. M. 1985–2003.

Lessing, Gotthold Ephraim und Denis Diderot: Das Theater des Herrn Diderot. Aus dem Französischen übersetzt von Gotthold Ephraim Lessing. Anmerkungen und Nachwort von Klaus-Detlef Müller. Stuttgart 1986 (Reclams UB 8683 [6]).

Lessing, Gotthold Ephraim: Dramaturgie de Hambourg. Traduction intégrale, augmentée des paralipomènes, d'une chronologie et de témoignages d'époque avec Introduction, notes et commentaire par Jean-Marie Valentin. Paris 2010.

Lessing, Gotthold Ephraim: Laokoon oder Über die Grenzen der Malerei und Poesie. Hg. von Friedrich Vollhardt. Stuttgart 2012 (Reclams UB 18865).

2.2 Schriften, soweit im laufenden Text zitiert

Aristoteles: Nikomachische Ethik. Auf der Grundlage der Übersetzung von Eugen Rolfes, hg. von Günther Bien. Hamburg 1985 (Philosophische Bibliothek 5).

Bertram, Christian August von (Hg.): Litteratur-Theater-Zeitung. Berlin 1778–1784. Nachdruck. Hg. von Reinhart Meyer (Das deutsche Theater des 18. Jahrhunderts. Reihe 3: Theaterzeitschriften). München 1981.

Breitinger, Johann Jacob: Critische Dichtkunst Worinnen die Poetische Mahlerey in Absicht auf die Erfindung Im Grunde untersuchet und mit Beyspielen aus den berühmtesten Alten und Neuern erläutert wird. 2 Bde. Zürich 1740. Neudruck mit einem Nachwort hg. von Wolfgang [F.] Bender. Stuttgart 1966 (Deutsche Neudrucke, Reihe 18. Jahrhundert).

Böttiger, Karl August: Entwickelung des Ifflandischen Spiels in vierzehn Darstellungen auf dem Weimarischen Hoftheater im Aprillmonath 1796. Leipzig 1796.

Bube, Wilhelm (Hg.): Neues Theater-Journal für Deutschland. Zweytes Heft. Leipzig 1789.

Cicero, Marcus Tullius: De oratore. Übersetzt und hg. von Harald Merklin. 2. Aufl. Stuttgart 1976.

Diderot, Denis: Oeuvres complètes. Tome X: Le drame bourgeois. Fiction II. Edition critique et annotée présentée par Jacques et Anne-Marie Chouillet. Paris 1980.

Dubos, Jean-Baptiste [auch Du Bos]: Réflexions critiques sur la poésie et sur la peinture. Paris 1718 (Nachdruck nach der 1770 in Paris erschienenen 7 Aufl. Genf 1967).

Eckermann, Johann Peter: Gespräche mit Goethe in den letzten Jahren seines Lebens. Hg. von Hubert H. Houben. 32. Aufl. Leipzig 1932.

Einsiedel, Friedrich Hildebrand v.: Lustspiele des Terenz in freyer metrischer Übersetzung. Erster Band: 1. Die Brüder, 2. Die Mohrin, 3. Der Selbstpeiniger. Leipzig 1806 (Bibliothek der komischen Dichter Roms in freyen metrischen Übersetzungen).

Engel, Johann Jakob: Ideen zu einer Mimik. 2 Teile. Berlin 1785/86 (Nachdruck Darmstadt 1968).

Goethe, Johann Wolfgang von: Schriften zur Literatur. Historisch-kritische Ausgabe. Hg. von der Akademie der Wissenschaften der DDR. Bd. 3. Bearbeitet von Horst Nahler. Berlin 1973.

Goethe, Johann Wolfgang von: Aus meinem Leben. Dichtung und Wahrheit. In: Goethes Werke. Hg. von Erich Trunz. Bd. 9. 2. Aufl. Hamburg 1957.

Gottsched, Johann Christoph: Schriften zur Literatur. Hg. von Horst Steinmetz. Stuttgart 1972 (Reclams UB 9361).

Gottsched, Johann Christoph: Erste Gründe der gesammten Weltweisheit. Praktischer Theil. 6. verbesserte Aufl. Leipzig 1736.

Gottsched, Johann Christoph: Versuch einer Critischen Dichtkunst Durchgehends mit den Exempeln unserer besten Dichter erläutert. Dritte und vermehrte Aufl. Leipzig 1742 (Erstausgabe 1730). In: Johann Christoph Gottsched: Ausgewählte Werke. Hg. von Joachim Birke und Brigitte Birke. Bd. VI, 3. Berlin, New York 1973.

Gottsched, Johann Christoph: Versuch einer Critischen Dichtkunst durchgehends mit den Exempeln unserer besten Dichter erläutert. Vierte sehr vermehrte Aufl. Leipzig 1751 (Nachdruck Darmstadt 1962).

Harsdörffer, Georg Philipp: Poetischer Trichter. Die Teutsche Dicht- und Reimkunst / ohne Behuf der Lateinischen Sprache / in VI. Stunden einzugiessen. Nürnberg 1650 (Nachdruck Darmstadt 1969).

Hill, Aaron and William Popple: The Prompter. A theatrical paper. Selected and edited by William Appleton and Kalman A. Burnin. New York 1966.

[Home, Henry]: Grundsätze der Critik in drey Theylen. Aus dem Englischen übersetzt [von Johann Nikolaus Meinhard]. Zweyter Theyl. Leipzig 1763.

Q. Horatius Flaccus: De arte poetica, in: Q. Horatii Flacci: Opera. Edidit David R. Shackleton Bailey. Stuttgardiae MCMLXXXV (1985).

Huarte, Juan: Prüfung der Köpfe zu den Wissenschaften. Übersetzt von G. E. Lessing. Nachdruck der Ausgabe Zerbst 1752, mit einer kritischen Einleitung und Bibliographie von Martin Franzbach. München 1968.

Hyginvs: Fabvlae. Edidit Peter K. Marshall. Stuttgardiae et Lipsiae MCMXCIII (Bibliotheca Scriptorum Graecorum et Romanorum Teubneriana).

Iffland, August Wilhelm: Beiträge zur Schauspielkunst, Briefe über die Schauspielkunst, Fragmente über Menschendarstellung auf den deutschen Bühnen. Mit einem Nachwort hg. von Alexander Košenina. Hannover 2009 (Theatertexte 20).

Kant, Immanuel: Kritik der Urteilskraft. Hg. von Karl Vorländer. 7. Aufl. Hamburg 1990 (Philosophische Bibliothek 39a).

Lorenz, Georg [richtig: Gottlieb] Friedrich (Hg.): Theatralisches Quodlibet für Schauspieler und Schausspielliebhaber. Warschau 1782 [resp. Frankfurt a. M. und Leipzig 1785].

Löwen, Johann Friedrich: Geschichte des deutschen Theaters und Flugschriften über das Hamburger Nationaltheater (1766 und 1767). Neudruck mit Einleitung und Erläuterungen hg. von Heinrich Stümcke. Berlin o. J. [1905] (Neudrucke literarhistorischer Seltenheiten 8).

Maffei, Scipione: Opere drammatiche e poesie varie. A cura di Antonio Avenna. Bari 1928.

Maffei, Scipione: Merope, ein Trauerspiel des Herrn Marchese Scipion Maffei. Übersetzt von Friedrich Molter [...] Aufgeführet zu Wienn, in dem Kaiserl. Königl.-privilegierten Stadt-Theater. Zu finden in dem Kraußischen Buchladen, nächst der Kaiserl. Köngl. Burg. 1751.

Meier, Georg Friedrich: Theoretische Lehre von den Gemüthsbewegungen überhaupt. Halle 1744 (Nachdruck Frankfurt a. M. 1971).

Mohr, Friedrich Samuel (Hg.): Königsbergsches Theaterjournal fürs Jahr 1782. Königsberg 1782.

Platner, Ernst: Anthropologie für Aerzte und Weltweise. Erster Theil. Leipzig 1772.

Quintilianus, Marcus Fabius: Institutio oratoria Libri XII. Ausbildung des Redners. Zwölf Bücher. Hg. und übersetzt von Helmut Rahn. Bd. 2. Darmstadt 1975 (Texte zur Forschung 3).

Reich, Philipp Erasmus: Zufällige Gedanken eines Buchhändlers über Herrn Klopstocks Anzeige einer gelehrten Republik. [Leipzig] 1773.

Reischel, Friedrich Ludwig (Hg.): Dramatischer Briefwechsel das Münchener Theater betreffend. München 1797/98.

Riccoboni, Antoine-François: L'Art du Théâtre, a Madame ***. Paris 1750 (Nachdruck Genève 1971).

Riccoboni, Francesco: Die Schauspielkunst. Übersetzt von G. E. Lessing. Anhang F. L. Schröder: Auszüge Franz Riccobonis Vorschriften über die Kunst des Schauspielers, mit hinzugefügten Bemerkungen. Hg., eingeleitet und mit Anmerkungen versehen von Gerhard Piens. Berlin 1954.

Riccoboni, Louis (Luigi): Pensées sur la Déclamation. Paris 1738.

Romanus, Franz Karl: Comödien. Dreßden-Warschau, in der Gröllischen Buchhandlung 1761. Nachdruck u. a. in Wien: Neue Sammlung von Schauspielen [...], Vierter Band, Wien, zu finden in dem Kraußischen Buchladen; ferner in: Theater der Deutschen. Sechster Theil. Berlin, Leipzig bey Johann Heinrich Rüdigern 1768.

Sainte-Albine, Pierre Rémond de: Le Comédien. Ouvrage divisé en deux parties. Paris 1747 (Nachdruck nach der 2 Aufl. [„augmentée et corrigée"], Paris 1749, Genève 1971).

Schiller, Friedrich: Brief an Goethe vom 29. Dezember 1795. In: Schillers Werke. Nationalausgabe. Bd. 28. Hg. von Norbert Oellers. Weimar 1969, S. 151 f.

Schiller, Friedrich: Brief an Goethe vom 4. Juni 1799. In: Schillers Werke. Nationalausgabe. Bd. 30. Hg. von Lieselotte Blumenthal. Weimar 1961, S. 52 f.

Schiller, Friedrich: Die Räuber. In: Schillers Werke. Nationalausgabe. Bd. 3. Hg. von Herbert Stubenrauch. Weimar 1953.

Schiller, Friedrich: Über Bürgers Gedichte. In: Schillers Werke. Nationalausgabe. Bd. 22. Hg. von Herbert Meyer. Weimar 1958, S. 255 f.

Schiller, Friedrich: Was kann eine gute stehende Schaubühne eigentlich wirken? In: Schillers Werke. Nationalausgabe. Bd. 20. Hg. von Benno v. Wiese unter Mitwirkung von Helmut Koopmann. Weimar 1962.

Schink, Johann Friedrich: Dramaturgische Fragmente. Zweyter Band. Dem Hrn. Legations-secretair Gotter zu Gotha gewidmet. Graz 1781.

Schink, Johann Friedrich: Grazer Theaterchronik. Erstes Heft. Graz 1783.

Schlegel, Johann Elias: Ausgewählte Werke. Hg. von Werner Schubert. Weimar 1963.

Schlegel, Johann Heinrich (Hg.): Johann Elias Schlegels Werke. 5 Bde. Kopenhagen, Leipzig 1761–1771.

Schmid, Christian Heinrich (Hg.): Das Parterr. Erfurt 1771 (Nachdruck München 1981).

Schmid, Christian Heinrich (Hg.): Theaterchronik. Gießen 1772.

Schreiber, Aloys Wilhelm (Hg.): Dramaturgische Blätter. Zweites Quartal. Frankfurt a. M. 1788.

Schütz, Friedrich Wilhelm von (Hg.): Dramaturgischer Briefwechsel über das Leipziger Theater im Sommer 1779. Frankfurt, Leipzig 1779 [1780].

Sonnenfels, Joseph von: Briefe über die Wienerische Schaubühne. Wien 1768. Hg. von Hilde Haider-Pregler, Graz 1988 (Wiener Neudrucke 9).

Staats- und Gelehrte Zeitung des Hamburgischen unpartheyischen Correspondenten. Am Dienstag, dem 2. December. Anno 1766.

Terenz: Komödien. 2 Bde. Hg., übersetzt und kommentiert von Peter Rau. Darmstadt 2012 (Edition Antike).

Tetens, Johann Nikolaus: Philosophische Versuche über die menschliche Natur und ihre Entwickelung. Bd. 1. Leipzig 1777 (Nachdruck Hildesheim 1978).

Unzer, Johann August: Gedancken vom Einfluß der Seele in ihren Körper. Halle 1746.

Voltaire: Oeuvres de Voltaire. Avec préfaces, avertissements, notes, etc. par M. [Adrien Jean Quentin] Beuchot. Tome V. Tome IV. Paris 1830.

Wolff, Christian: Vernünfftige Gedancken von Gott, der Welt und der Seele des Menschen, auch allen Dingen überhaupt. Halle 1741 (Erstausgabe 1719).

Wolff, Christian: Vernünfftige Gedancken von den Kräften des menschlichen Verstandes und ihrem richtigen Gebrauche in Erkänntniß der Wahrheit, 14. Aufl. Halle 1754 (Erstausgabe 1713). Abdruck in: Christian Wolff: Gesammelte Werke. Hg. von J. École, J. E. Hofmann, M. Thomann, H. W. Arndt. 1. Abt. Bd. 1. Hildesheim 1978.

Young, Edward: Gedanken über die Original-Werke. In einem Schreiben des D. Young an den Verfasser des Grandison. Aus dem Englischen von H. E. Teubern. Leipzig 1760 (Übersetzung von Conjectures on Original Composition. In an Letter to the Author of Sir Charles Grandison [d. i. Samuel Richardson], London 1759). Faksimiledruck nach der Ausgabe von 1760. Nachwort und Dokumentation zur Wirkungsgeschichte in Deutschland von Gerhard Sauder (Deutsche Neudrucke. Reihe: Goethezeit). Heidelberg 1977.

3 Forschungsliteratur

Achermann, Eric: Befreiung aus dem Netz der Tradition. Lessings Rettung des Hier. Cardanus zwischen Religionsphilosophie und Mikrologie. In: Verteidigung als Angriff. Apologie und Vindicatio als Möglichkeiten der Positionierung im gelehrten Diskurs. Hg. von Michael Multhammer. Berlin, Boston 2015, S. 145–200.

Albrecht, Wolfgang: Gotthold Ephraim Lessing, Stuttgart 1997 (Sammlung Metzler 297).

Alt, Peter André: Schiller. Leben – Werk – Zeit. Bd. 1. 2. durchgesehene Aufl. Stuttgart 2004.

Althaus, Thomas: Der Streit der Worte. Das Problem diskursiver Gedankenführung und die sprachliche Entfaltung der Vernunft in Lessings dialogischer Prosa. In: Streitkultur.

Strategien des Überzeugens im Werk Lessings. Referate der Internationalen Lessing-
Tagung der Albert-Ludwigs-Universität Freiburg und der Lessing Society an der
University of Cincinnati, Ohio/USA, vom 22. bis 24. Mai 1991 in Freiburg/Breisgau. Hg.
von Wolfram Mauser und Günter Saße. Tübingen 1993, S. 121–128.

Bachleitner, Norbert: Die Rezeption von Henry Homes Elements of Criticism in Deutschland
1763–1793. In: arcadia 20 (1985), S. 113–133.

Bahr, Erhard, Edward P. Harris und Laurence G. Lyon (Hg.): Humanität und Dialog. Lessing
und Mendelssohn in heutiger Sicht. Beiträge zum Internationalen Lessing-Mendelssohn-
Symposium anläßlich des 250. Geburtstages von Lessing und Mendelssohn,
veranstaltet im November 1979 in Los Angeles, Kalifornien. Detroit, München 1982
(Beiheft zum Lessing Yearbook).

Barber, Giles und Bernhard Fabian (Hg.): Buch- und Buchhandel in Europa im
18. Jahrhundert. Hamburg 1981 (5. Wolfenbütteler Symposium 1. bis 3. November 1977).

Barner, Wilfried: Produktive Rezeption. Lessing und die Tragödien Senecas. Mit einem
Anhang: Lessings Frühschrift ‚Von den lateinischen Trauerspielen welche unter
dem Namen des Seneca bekannt sind‘ (1754). München 1973.

Barner, Wilfried und Albert M. Reh (Hg.): Nation und Gelehrtenrepublik. Lessing im
europäischen Zusammenhang. Beiträge zur Internationalen Internationalen Tagung der
Lessing Society in der Werner-Reimers-Stiftung Bad Homburg v.d.H., 11. bis 13. Juli
1983. Detroit, München 1984 (Sonderband Lessing Yearbook).

Barner, Wilfried: Lessing und sein Publikum in den frühen kritischen Schriften. In: Lessing
in heutiger Sicht. Beiträge zur Internationalen Lessing-Konferenz Cincinnati/Ohio 1976.
Unter Mitwirkung von Richard T. Gray, hg. von Edward P. Harris und Richard E. Schade.
Bremen, Wolfenbüttel 1977, S. 323–343.

Barner, Wilfried: Lessing zwischen Bürgerlichkeit und Gelehrtheit. In: Bürger und
Bürgerlichkeit im Zeitalter der Aufklärung. Hg. von Rudolf Vierhaus. Heidelberg 1981
(Wolfenbütteler Studien zur Aufklärung VII), S. 165–203.

Barner, Wilfried: Respublica und das Nationale. Lessing im europäischen Zusammenhang.
In: Nation und Gelehrtenrepublik. Lessing im europäischen Zusammenhang. Beiträge
zur Internationalen Tagung der Lessing Society in der Werner-Reimers-Stiftung Bad
Homburg v.d.H., 11. bis 13. Juli 1983. Hg. von Wilfried Barner und Albert M. Reh. Detroit,
München 1984 (Sonderband Lessing Yearbook), S. 69–90.

Barner, Wilfried: Autorität und Anmaßung. Über Lessings polemische Strategien, vornehmlich
im antiquarischen Streit. In: Streitkultur. Strategien des Überzeugens im Werk Lessings.
Referate der Internationalen Lessing-Tagung der Albert-Ludwigs-Universität Freiburg und
der Lessing Society an der University of Cincinnati, Ohio/USA, vom 22. bis 24. Mai 1991
in Freiburg/Breisgau. Hg. von Wolfram Mauser und Günter Saße. Tübingen 1993, S. 15–37.

Barner, Wilfried: „Rettung" und Polemik. Über Kontingenz in Lessings frühen Schriften, in:
Lessings Grenzen. Hg. von Ulrike Zeuch. Wiesbaden 2005 (Wolfenbütteler Forschungen
106), S. 11–23.

Baumgart, Wolfgang: Der Leser als Zuschauer. Zu Chodowieckis Stichen zur Minna von
Barnhelm. In: Buchillustration im 18. Jahrhundert. Colloquium der Arbeitsstelle
18. Jahrhundert, Gesamthochschule Wuppertal, Universität Münster, Düsseldorf vom
3. bis 5. Oktober 1978. Heidelberg 1980 (Beiträge zur Geschichte der Literatur und
Kunst des 18. Jahrhunderts 4), S. 13–25.

Beetz, Manfred: Georg Friedrich Meiers semiotische Hermeneutik. In: Die Hermeneutik im
Zeitalter der Aufklärung. Hg. von Manfred Beetz und Giuseppe Cacciatore. Köln, Weimar,
Wien 2000 (Collegium Hermeneuticum 3), S. 17–30.

Bender. Wolfgang F. (Hg.): Schauspielkunst im 18. Jahrhundert. Grundlagen, Praxis, Autoren. Stuttgart 1992.

Bender, Wolfgang F.: Vom „tollen" Handwerk zur Kunstübung. Zur „Gramatik" der Schauspielkunst im 18. Jahrhundert. In: Schauspielkunst im 18. Jahrhundert. Grundlagen, Praxis, Autoren. Hg. von Wolfgang F. Bender. Stuttgart 1992, S. 11–50.

Bender, Wolfgang F.: Theaterzeitschriften. In: Von Almanach bis Zeitung. Ein Handbuch der Medien in Deutschland 1700–1800. Hg. von Ernst Fischer, Wilhelm Haefs und York-Gothart Mix. München 1999, S. 346–355.

Berg, Gunter: Die Selbstverlagsidee bei deutschen Autoren im 18. Jahrhundert. In: Archiv für Geschichte des Buchwesens IV (1966), Sp. 1371–1396.

Berggruen, Heinz: Hauptweg und Nebenwege. Erinnerungen eines Kunstsammlers, 7. Aufl. Berlin 2001.

Berghahn, Klaus L.: Der kritisierte Kritiker. Zur Lesererwartung, historischen Bedingung und Form von Lessings Hamburgischer Dramaturgie. In: Humanität und Dialog. Lessing und Mendelssohn in neuer Sicht. Beiträge zum Internationalen Lessing-Mendelssohn-Symposion anläßlich des 250. Geburtstags von Lessing und Mendelssohn, veranstaltet im November 1979 in Los Angeles. Hg. von Erhard Bahr, Edward P. Harris und Laurence G. Lyon. Detroit, München 1982 (Beiheft Lessing Yearbook), S. 155–164.

Berghahn, Klaus L.: Zur Dialektik von Lessings polemischer Literaturkritik. In: Streitkultur. Strategien des Überzeugens im Werk Lessings. Referate der Internationalen Lessing-Tagung der Albert-Ludwigs-Universität Freiburg und der Lessing Society an der University of Cincinnati, Ohio/USA, vom 22. bis 24. Mai 1991 in Freiburg/Breisgau. Hg. von Wolfram Mauser und Günter Saße. Tübingen 1993, S. 176–183.

Böckmann, Paul: Formgeschichte der deutschen Dichtung. Hamburg 1949.

Bohnen, Klaus: Geist und Buchstabe. Zum Prinzip des kritischen Verfahrens in Lessings literarästhetischen und theologischen Schriften. Köln, Wien 1974 (Kölner Germanistische Studien 10).

Bollacher, Martin: Französische und deutsche Denkungsart: Zur Rezeption der französischen Literatur bei Lessing. In: Lessings Grenzen. Hg. von Ulrike Zeuch. Wiesbaden 2005 (Wolfenbütteler Forschungen 106), S. 47–64.

Brenner, Peter J.: Gotthold Ephraim Lessing. Stuttgart 2000 (Reclams UB 17622).

Bretzigheimer, Gerlinde: Johann Elias Schlegels poetische Theorie im Rahmen der Tradition. München 1986.

Büchner, Karl: Das Theater des Terenz. Heidelberg 1974.

Cassirer, Ernst: Die Philosophie der Aufklärung. Tübingen 1932.

Chiarini, Paolo: Die italienische Tragikomödie und die Ohrfeige des Cid. In: Eine Reise der Aufklärung. Lessing in Italien 1757, Bd. 1. Hg. von Lea Ritter-Santini. Berlin 1993 (Ausstellungskataloge der Herzog August Bibliothek Wolfenbüttel 70), S. 427–432.

Daniel, Ute: Hoftheater. Zur Geschichte des Theaters und der Höfe im 18. und 19. Jahrhundert. Stuttgart 1995.

Danzel, Theodor Wilhelm und Gottschalk Eduard Guhrauer: Gotthold Ephraim Lessing. Sein Leben und seine Werke, 2. berichtigte und vermehrte Aufl. Hg. von W[endelin] von Maltzahn und R[ichard] Boxberger. 2 Bde. Berlin 1880–1881.

Demetz, Peter: Die Folgenlosigkeit Lessings. In: Merkur 25, Heft 8 (1971), S. 737–741.

Devrient, Eduard: Geschichte der deutschen Schauspielkunst. Neu hg. von Rolf Kabel und Christoph Trilse. 2 Bde. München 1967.

Devrient, Hans: Johann Friedrich Schönemann und seine Schauspielergesellschaft. Ein Beitrag zur Theatergeschichte des 18. Jahrhunderts. Hamburg, Leipzig 1895 (Theatergeschichtliche Forschungen XI).

Eichhorn, Herbert: Konrad Ernst Ackermann. Ein deutscher Theaterprinzipal. Ein Beitrag
zur Theatergeschichte im deutschen Sprachraum. Emsdetten 1965 (Die Schaubühne 64).

Fetting, Hugo (Hg.): Conrad Ekhof. Ein Schauspieler des 18. Jahrhunderts. Berlin 1954.

Fick, Monika (Hg.): Lessings ,Hamburgische Dramaturgie' im Kontext des europäischen
Theaters im 18. Jahrhundert. Beiträge der internationalen Konferenz 7.–9. November
2012 Herzog August Bibliothek Wolfenbüttel. Göttingen 2014 (Lessing Yearbook /
Jahrbuch XLI [2014]).

Finze, Hansjoachim: Johann Friedrich Löwen, Journalist und Mitstreiter Lessings, in: Arbeiten
zur deutschen Philologie: Veröffentlichungen der Lajos-Kossuth-Universität, Bd. 13,
Debrecen 1979, S. 341–347.

Fischer-Lichte, Erika: Entwicklung einer neuen Schauspielkunst, In: Schauspielkunst im
18. Jahrhundert. Grundlagen, Praxis, Autoren. Hg. von Wolfgang F. Bender. Stuttgart
1992, S. 51–70.

Fischer-Lichte, Erika: Semiotik des Theaters. Eine Einführung. Bd. 2: Vom ,künstlichen' zum
,natürlichen' Zeichen. Theater des Barock und der Aufklärung. 5. Aufl. Tübingen 2007.

Fischer-Lichte, Erika und Jörg Schönert (Hg.): Theater im Kulturwandel des 18. Jahrhunderts.
Inszenierungen und Wahrnehmung von Körper-Musik-Sprache. Göttingen 1999 (Das
18. Jahrhundert. Supplementa 5).

Flaherty, Gloria: Aspekte der dramatischen Stimme vor dem Hintergrund von Stilformen
in der Schauspielkunst des 18. Jahrhunderts. In: Schauspielkunst im 18. Jahrhundert.
Grundlagen, Praxis, Autoren. Hg. von Wolfgang F. Bender. Stuttgart 1992, S. 71–84.

Fratzke, Dieter: Die maßstabgerechte Nachbildung des Theaters am Gänsemarkt von 1765,
des späteren Hamburger Nationaltheaters. Ein literaturmusealer Beitrag zur
Vorgeschichte des Themas ,Lessing und Hamburg'. In: Lessing Yearbook / Jahrbuch XX
(1988), S. 1–14.

Fuhrmann, Manfred: Geschichte der römischen Literatur. Stuttgart 1999.

Geitner, Ursula (Hg.): Schauspielerinnen. Der theatralische Eintritt der Frau in die Moderne.
Bielefeld 1988.

Glaser, Horst Albert: Lessings Streit mit Voltaire. Das Drama der Aufklärung in Deutschland
und Frankreich. In: Voltaire und Deutschland: Quellen und Untersuchungen zur
Rezeption der französischen Aufklärung. Hg. von Peter Brockmeier, Roland Desné,
Jürgen Voss. Stuttgart 1979, S. 390–407.

Golawski-Braungart, Jutta: Lessing und Frankreich, in: Wolfenbütteler Vortragsmanuskripte.
Hg. von der Lessing-Akademie Wolfenbüttel. Wolfenbüttel 2010, S. 51–71.

Göpfert, Herbert G. (Hg.): Das Bild Lessings in der Geschichte. Heidelberg 1981
(Wolfenbütteler Studien zur Aufklärung IX).

Gubler, Max: Merope, Maffei, Voltaire, Lessing. Zu einem Literaturstreit des 18. Jahrhunderts.
Phil. Diss. Zürich 1955.

Guthke, Karl S.: Der Stand der Lessing-Forschung. Ein Bericht über die Literatur von 1932–
1962. Stuttgart 1963 (Referate aus der Deutschen Vierteljahrsschrift).

Guthke, Karl S.: Lessing, Shakespeare und die deutsche Verspätung. In: Nation und
Gelehrtenrepublik. Lessing im europäischen Zusammenhang. Beiträge zur
Internationalen Tagung der Lessing Society in der Werner-Reimers-Stiftung Bad
Homburg v.d.H., 11. bis 13. Juli 1983. Hg. von Wilfried Barner und Albert M. Reh. Detroit,
München 1984 (Sonderband Lessing Yearbook), S. 138–150.

Guthke, Karl S.: Lessings Rezensionen. Besuch in einem Kartenhaus. In: Jahrbuch des Freien
Deutschen Hochstifts 1993, S. 1–59.

Guthke, Karl S.: „Nicht fremd seyn auf der Welt". Lessing und die Naturwissenschaften. In: Lessing Yearbook / Jahrbuch XXV (1993), S. 55–82.

Haider-Pregler, Hilde: Des sittlichen Bürgers Abendschule. Bildungsanspruch und Bildungsauftrag des Berufstheaters im 18. Jahrhundert. Wien 1980.

Harris, Edward P. und Richard Schade unter Mitwirkung von Richard T. Gray (Hg.): Lessing in heutiger Sicht. Beiträge zur Internationalen Lessing-Konferenz. Cincinnati/Ohio 1976. Bremen, Wolfenbüttel 1977.

Hartmann, Gottfried: Merope im italienischen und französischen Drama. Erlangen, Leipzig 1892 (Münchener Beiträge zur Romanischen und Englischen Philologie IV).

Heßelmann, Peter: Gereinigtes Theater? Dramaturgie und Schaubühne im Spiegel deutschsprachiger Theaterperiodika des 18. Jahrhunderts (1750–1800). Frankfurt a. M. 2002 (Das Abendland N.F. 31).

Heßelmann, Peter: „Cronegk starb allerdings für unsere Bühne zu früh". Lessings Auseinandersetzung mit Johann Friedrich von Cronegks Tragödien ‚Olint und Sophronia' und ‚Codrus'. In: Lessings ‚Hamburgische Dramaturgie' im Kontext des europäischen Theaters im 18. Jahrhundert. Beiträge der internationalen Konferenz 7.–9. November 2012 Herzog August Bibliothek Wolfenbüttel. Hg. von Monika Fick. Göttingen 2014 (Lessing Yearbook / Jahrbuch XLI [2014]), S. 63–86.

Höffe, Otfried: Artikel „ethos/Charakter, Sitte", in: Aristoteles-Lexikon. Hg. von Otfried Höffe. Stuttgart 2005.

Hofrichter, Hans-Peter: Hamburger Geldgeschichte. Von den Anfängen bis zur Reichsgründung. Rellingen 2012.

Jakob, Hans-Joachim: „Wien, Wien, nur du allein". Theaterdiskurs und Publikumsverhalten in Reiseberichten und Stadtbeschreibungen von Wien aus dem josephinischen Jahrzehnt (1780–1790). In: „Das Theater glich einem Irrenhause". Das Publikum im Theater des 18. und 19. Jahrhunderts. Hg. von Hermann Korte und Hans-Joachim Jakob. Heidelberg 2012 (Proszenium. Beiträge zur historischen Theaterpublikumsforschung 1), S. 95–114.

Jakob, Hans-Joachim: Der kurze Weg von der Theaterkritik zur Philologie. Johann Friedrich Schinks Dramaturgische Fragmente (1781–1782). In: Medien der Theatergeschichte des 18. und 19. Jahrhunderts. Hg. von Hermann Korte, Hans-Joachim Jakob und Bastian Dewenter. Heidelberg 2015 (Proszenium. Beiträge zur historischen Theaterpublikumsforschung 3), S. 171–192.

Jakob, Hans-Joachim: Johann Friedrich Schinks *Grazer Theaterchronik* (1783) – ein rares österreichisches Theaterjournal. In: Das achtzehnte Jahrhundert 40, Heft 1 (2016), S. 66–78.

Jakob, Hans-Joachim: „Die Uebersetzung ist in recht gute Hände gefallen". Ausgewählte Übertragungen Johann Joachim Christoph Bodes im Spiegel ihrer Rezensionen in der ‚Allgemeinen deutschen Bibliothek und der Neuen allgemeinen deutschen Bibliothek' (1767–1800). In: Johann Joachim Christoph Bode. Studien zu Leben und Werk. Hg. von Cord-Friedrich Berghahn, Gerd Biegel und Till Kinzel. Heidelberg 2017, S. 347–370.

Jens, Walter: Lessing und die Antike. Rede zur Eröffnung der 15. Tagung der Mommsen-Gesellschaft am 16. Mai 1978 (Wolfenbütteler Hefte 7).

Kesten, Hermann: Gotthold Ephraim Lessing. Ein deutscher Moralist. Wiesbaden 1960 (Akademie der Wissenschaften und der Literatur. Abhandlungen der Klasse Literatur 1).

Kiesel, Helmut: Gesellschaft und Literatur im 18. Jahrhundert. Voraussetzungen und Entstehung des literarischen Markts in Deutschland. München 1977.

Kindermann, Heinz: Conrad Ekhofs Schauspieler-Akademie. Wien 1956 (Österreichische Akademie der Wissenschaften, Philosophisch-historische Klasse 230,2).

Kommerell, Max: Lessing und Aristoteles. Untersuchung über die Theorie der Tragödie. 5. Aufl. Frankfurt a. M. 1984.

Korff, Hermann August: Voltaire im literarischen Deutschland des 18. Jahrhunderts. Ein Beitrag zur Geschichte des deutschen Geistes von Gottsched bis Goethe. Heidelberg 1917 (Beiträge zur Literaturgeschichte 10).

Kornbacher-Meyer, Agnes: Komödientheorie und Komödienschaffen Gotthold Ephraim Lessings. Berlin 2003 (Schriften zur Literaturwissenschaft 21).

Korte, Hermann und Hans-Joachim Jakob: „Das Theater glich einem Irrenhause". Das Publikum im Theater des 18. und 19. Jahrhunderts. Heidelberg 2012 (Proszenium. Beiträge zur historischen Theaterpublikumsforschung 1).

Korte, Hermann, Hans-Joachim Jakob und Bastian Dewenter (Hg.): Medien der Theatergeschichte des 18. und 19. Jahrhunderts. Heidelberg 2015 (Proszenium. Beiträge zur historischen Theaterpublikumsforschung 3).

Korte, Hermann: Theaterzettel. Eine (noch kaum) wiederentdeckte Quelle der Theatergeschichte des 18. und 19. Jahrhunderts. In: Medien der Theatergeschichte des 18. und 19. Jahrhunderts. Hg. von Hermann Korte, Hans-Joachim Jakob und Bastian Dewenter. Heidelberg 2015 (Proszenium. Beiträge zur historischen Theaterpublikumsforschung 3), S. 93–125.

Košenina, Alexander: Ernst Platners Anthropologie und Philosophie. Der philosophische Arzt und seine Wirkung auf Johann Karl Wezel und Jean Paul. Würzburg 1989 (Epistemata. Würzburger wissenschaftl. Schriften, Reihe Literaturwissenschaft XXXV).

Košenina, Alexander: Anthropologie und Schauspielkunst. Studien zur ‚eloquentia corporis‘ im 18. Jahrhundert. Tübingen 1995 (Theatron. Studien zur Geschichte und Theorie der dramatischen Künste 11).

Košenina, Alexander: Entstehung einer neuen Theaterhermeneutik aus Rollenanalysen und Schauspielerportraits im 18. Jahrhundert. In: Aufführungsdiskurse im 18. Jahrhundert. Bühnenästhetik, Theaterkritik und Öffentlichkeit. Hg. von Yoshio Tomishige und Soichiro Itoda. München 2011 (Schriftenreihe der Meiji-University, Institute of Human Studies), S. 41–74.

Košenina, Alexander: Bühnen-Bilder. Von den Grenzen der Malerei und Dramaturgie bei Lessing, in: Lessings ‚Hamburgische Dramaturgie‘ im Kontext des europäischen Theaters im 18. Jahrhundert. Beiträge der internationalen Konferenz 7.–9. November 2012 Herzog August Bibliothek Wolfenbüttel. Hg. von Monika Fick. Göttingen 2014 (Lessing Yearbook / Jahrbuch XLI [2014]), S. 161–174.

Kraft, Stephan: Zum Ende der Komödie. Eine Theoriegeschichte des Happyends. Göttingen 2011.

Krebs, Roland: L'Idée de 'Théâtre National' dans L'Allemagne des Lumières. Théorie et Réalisation. Wiesbaden 1985 (Wolfenbütteler Forschungen 28).

Krebs, Roland: Die frühe Theaterkritik zwischen Bestandsaufnahme der Bühnenpraxis und Normierungsprogramm. In: Theater im Kulturwandel des 18. Jahrhunderts. Inszenierungen und Wahrnehmung von Körper-Musik-Sprache. Hg. von Erika Fischer-Lichte und Jörg Schönert. Göttingen 1999 (Das 18. Jahrhundert. Supplementa 5), S. 463–482.

Lacant, Jacques: Marivaux en Allemagne. Paris 1975.

Lebrün, C.: Geschichte des Hamburgischen Theaters bis zum Jahre 1817. In: Jahrbuch für Theater und Theaterfreunde 1. Hamburg, Leipzig 1846, S. 55–362.

Litzmann, Berthold: Friedrich Ludwig Schröder. Ein Beitrag zur deutschen Litteratur- und Theatergeschichte. 2 Teile. Hamburg, Leipzig 1890–1894.

Longini, Franco: 'Merope'. Genesi e parabola di un successo. In: Il letterato e la città. Cultura e Istituzioni nell' esperienza di Scipione Maffei. Hg. von Gian Paolo Marchi und Corrado Viola. Verona 2009, S. 75–112.

Lukas, Wolfgang: Anthropologie und Theodizee. Studien zum Moraldiskurs im deutschsprachigen Drama der Aufklärung (ca. 1730–1770). Göttingen 2005.

Mann, Otto: Lessing. Sein und Leistung. 2. überarb. Aufl. Hamburg 1961.

Martens, Wolfgang: Obrigkeitliche Sicht. Das Bühnenwesen in den Lehrbüchern der Policey und Cameralistik. In: Internationales Archiv für Sozialgeschichte der deutschen Literatur 6 (1981), S. 19–51.

Martinec, Thomas: Friedrich Nicolai im Trauerspieldisput von 1756/57. In: Friedrich Nicolai und die Berliner Aufklärung. Hg. von Rainer Falk und Alexander Košenina. Hannover 2008, S. 45–65.

Martino, Alberto: Geschichte der dramatischen Theorien in Deutschland im 18. Jahrhundert. I: Die Dramaturgie der Aufklärung (1730–1780). Tübingen 1972 (Studien zur deutschen Literatur 32).

Mauser, Wolfram: „Billigkeit". Zu Lessings Brief an Herzog Karl vom 8. August 1778. In: Lessing Yearbook / Jahrbuch (1998), S. 151–159.

Mauser, Wolfram und Günter Saße (Hg.): Streitkultur. Strategien des Überzeugens im Werk Lessings. Referate der Internationalen Lessing-Tagung der Albert-Ludwigs-Universität Freiburg und der Lessing Society an der University of Cincinnati, Ohio/USA, vom 22. bis 24. Mai 1991 in Freiburg/Breisgau. Tübingen 1993.

McCarthy, John A.: Lessing and the Project of a National Theater in Hamburg. "Ein Supplement der Gesetze". In: Patriotism, Cosmopolitanism, and National Culture. Public Culture in Hamburg 1700–1933, ed. by Peter Uwe Hohendahl. Amsterdam, New York 2003 (Internationale Forschungen zur Allgemeinen und Vergleichenden Literaturwissenschaft 69), S. 71–90.

Meier, Albert: Dramaturgie der Bewunderung. Untersuchungen zur politisch-klassizistischen Tragödie des 18. Jahrhunderts. Frankfurt a. M. 1993 (Das Abendland N.F. 23).

Meier, Albert: Die Interessantheit der Könige. Der Streit um ‚Emilia Galotti' zwischen Anton von Klein, Johann Friedrich Schink und Cornelius Ayrenhoff. In: Streitkultur. Strategien des Überzeugens im Werk Lessings. Referate der Internationalen Lessing-Tagung der Albert-Ludwigs-Universität Freiburg und der Lessing Society an der University of Cincinnati, Ohio/USA, vom 22. bis 24. Mai 1991 in Freiburg/Breisgau. Hg. von Wolfram Mauser und Günter Saße. Tübingen 1993, S. 363–372.

Meyer, Friedrich Ludwig Wilhelm: Friedrich Ludwig Schröder. Bd. 1. Hamburg 1819.

Meyer, Reinhart: ‚Hamburgische Dramaturgie' und ‚Emilia Galotti'. Wiesbaden, Frankfurt a. M. 1973.

Meyer, Reinhart: Der Anteil des Singspiels und der Oper am Repertoire der deutschen Bühnen in der zweiten Hälfte des 18. Jahrhunderts. In: Das deutsche Singspiel im 18. Jahrhunderts. Colloquium der Arbeitsstelle 18. Jahrhundert. Gesamthochschule Wuppertal, Universität Münster, Amorbach vom 2. bis 4. Oktober 1979. Heidelberg 1981 (Beiträge zur Geschichte der Literatur und Kunst des 18. Jahrhunderts 5), S. 27–76.

Meyer, Reinhart: Das Nationaltheater in Deutschland als höfisches Institut: Versuch einer Begriffs- und Funktionsbestimmung. In: Das Ende des Stegreifspiels – Die Geburt des Nationaltheaters. Ein Wendepunkt in der Geschichte des europäischen Dramas. Hg. von Roger Bauer und Jürgen Wertheimer. München 1983, S. 124–152.

Meyer, Reinhart: Die Idee eines deutschen „Nationaltheaters". In: Deutschsprachiges Theater in Prag. Begegnungen der Sprachen und Kulturen. Hg. von Alena Jakubcová, Jitka Ludová, Václav Maidl. Prag 2001, S. 15–30.

Meyer-Kalkus, Reinhart: Stimme und Sprechkünste im 20. Jahrhundert. Berlin 2001, S. 13–28.

Michelsen, Peter: Der unruhige Bürger. Studien zur Lessing und zur Literatur des 18. Jahrhunderts. Würzburg 1990.

Möhrmann, Renate (Hg.): Die Schauspielerin. Zur Kulturgeschichte der weiblichen Bühnenkunst. Frankfurt a. M. 1989.

Müller, Joachim: Prinzipien einer realistischen Ästhetik in Lessings ‚Hamburgischer Dramaturgie'. In: Joachim Müller: Wirklichkeit und Klassik. Speyer, München 1957, S. 42–52.

Mugnolo, Domenico: Die Merope-Tragödien Maffeis und Voltaires in Lessings Hamburgischer Dramaturgie. In: Deutsche Aufklärung und Italien. Hg. von Michele Battafarano. Bern 1992 (IRIS. Ricerche di Cultura Europea 6), S. 165–189.

Munteano, Basil: L'Abbé Dubos, ésthéticien de la persuasion passionnelles. In: Revue de la Litérature comparée 30 (1956), S. 318–350.

Nisbet, Hugh Barr: Lessing. Eine Biographie. Aus dem Englischen übersetzt von Karl S. Guthke. München 2008.

Nivelle, Armand: Kunst- und Dichtungstheorien zwischen Aufklärung und Klassik. Berlin 1960.

Norden, Eduard: Lessing als klassischer Philologe, In: Eduard Norden: Kleine Schriften zum klassischen Altertum. Berlin 1966, S. 621–638.

Osterkamp, Ernst: Ganze Menschen. Anton Graffs Portraitkunst und die Anthropologie der deutschen Spätaufklärung. In: Anton Graff. Gesichter einer Epoche. Für das Museum Oskar Reinhart Winterthur hg. von Marc Fehlmann. Für die Nationalgalerie – Staatliche Museen zu Berlin hg. von Birgit Verwiebe. München 2013, S. 201–209.

Pernerstorfer, Mathias (Hg.): Theater – Zettel – Sammlungen. Erschließung, Digitalisierung, Forschung, Wien 2012 (Don Juan Archiv Wien, Bibliographica 1).

Pies, Eike: Prinzipale. Zur Genealogie des deutschsprachigen Berufstheaters. Ratingen 1973.

Pietschmann, Carla: Konrad Ekhof. Phil. Diss. FU Berlin 1954.

Pöschl, Viktor: Das Problem der Adelphen des Terenz. Heidelberg 1975 (Sitzungsberichte der Heidelberger Akademie der Wissenschaften, Philosophisch-historische Klasse, Jahrgang 1975, 4. Abhandlung), S. 5–24.

Potkoff, Ossip D.: Johann Friedrich Löwen. Der erste Direktor eines deutschen Nationaltheaters. Sein Leben, seine literarische und dramatische Tätigkeit. Heidelberg 1904; zugl. Phil. Diss. Heidelberg 1904.

Profitlich, Ulrich: Fermenta Cognitionis. Zum 95. Stück der ‚Hamburgischen Dramaturgie'. In: Lessing Yearbook / Jahrbuch XXXVII (2008–2009), S. 41–51.

Prütting, Lenz: Überlegungen zur normativen und faktischen Genese eines Nationaltheaters. In: Das Ende des Stegreifspiels – Die Geburt des Nationaltheaters. Ein Wendepunkt in der Geschichte des europäischen Dramas. Hg. von Roger Bauer und Jürgen Wertheimer. München 1983, S. 153–164.

Raabe, Paul: Der Buchhandel im 18. Jahrhundert in Deutschland. In: Buch und Buchhandel in Europa im 18. Jahrhundert. Hg. von Giles Barber und Bernhard Fabian. Hamburg 1981 (5. Wolfenbütteler Symposium 1.–3. November 1977), S. 271–291.

Reemtsma, Jan Philipp: Lessing in Hamburg 1766–1770. München 2007.

Regeniter, Rudolf: Karl Franz Romanus. Ein Beitrag zur Entwicklungsgeschichte des deutschen Lustspiels. Phil. Diss. Heidelberg 1901.

Riedel, Wolfgang: Erkennen und Empfinden. Anthropologische Achsendrehung und Wende zur Ästhetik bei Johann Georg Sulzer. In: Der ganze Mensch. Anthropologie und Literatur im 18. Jahrhundert. DFG Symposion 1992. Hg. von Hans-Jürgen Schings. Stuttgart, Weimar 1994, S. 410–439.

Rilla, Paul: Lessing und sein Zeitalter. München 1973.

Ritter-Santini, Lea (Hg.): Eine Reise der Aufklärung. Lessing in Italien 1757. Berlin 1993 (Ausstellungskataloge der Herzog August Bibliothek Wolfenbüttel 70)

Robertson, John George: Lessing's Dramatic Theory, being an Introduction to and Commentary on his 'Hamburgische Dramaturgie'. Cambridge 1939 (Reprint mit einer "Introductory" von Edna Purdie. New York 1965).

Schings, Hans-Jürgen: Der mitleidigste Mensch ist der beste Mensch. Poetik des Mitleids von Lessing bis Büchner. München 1980.

Schings, Hans-Jürgen (Hg.): Der ganze Mensch. Anthropologie und Literatur im 18. Jahrhundert. DFG Symposion 1992. Stuttgart, Weimar 1994.

Schmidt, Friedrich Ludwig: Geschichte des Hamburgischen Theaters. In: Almanach fürs Theater. Hamburg 1809–1810.

Schmidt, Jochen: Die Geschichte des Genie-Gedankens in der deutschen Literatur. Philosophie und Politik 1750–1945. Bd. 1. Darmstadt 1985.

Schneider, Ferdinand Joseph: Die deutsche Dichtung der Aufklärungszeit. 2. Aufl. Stuttgart 1948 (Epochen der deutschen Literatur III, 1).

Schneider, Konrad: „Banco, Spezies und Courant". Untersuchungen zur Hamburgischen Währung im 17. und 19. Jahrhundert. Koblenz 1986.

Schröder, Jürgen: Gotthold Ephraim Lessing. Sprache und Drama. München 1972.

Strohschneider-Kohrs, Ingrid: Die Vorstellungen vom ‚unpoetischen Dichter' Lessing. In: Das Bild Lessings in der Geschichte. Hg. von Herbert G. Göpfert. Heidelberg 1981 (Wolfenbütteler Studien zur Aufklärung IX), S. 117–138.

Schulz-Buschhaus, Ulrich: Die Literatur der italienischen Aufklärung. In: Europäische Aufklärung III. Hg. von Jürgen v. Stackelberg. Wiesbaden 1980, S. 329–358.

Szondi, Peter: Tableau und coup de théâtre. Zur Sozialpsychologie des bürgerlichen Trauerspiels. Mit einem Exkurs über Lessing. In: Lektüren und Lektionen. Versuche über Literatur, Literaturtheorie und Literatursoziologie. Frankfurt a. M. 1973.

Tucci, Francesca: Lessing, Maffei und die „Perfekte Tragödie". In: Lessings ‚Hamburgische Dramaturgie' im Kontext des europäischen Theaters im 18. Jahrhundert. Beiträge der internationalen Konferenz 7.–9. November 2012 Herzog August Bibliothek Wolfenbüttel. Hg. von Monika Fick. Göttingen 2014 (Lessing Yearbook / Jahrbuch XLI [2014]), S. 109–124.

Uhde, Hermann: Konrad Ekhof. Leipzig 1876 (Der Neue Plutarch. Hg. von Rudolf Gottschall, IV. Teil).

Ungern-Sternberg, Wolfgang von: „Leben und leben lassen". Datierungsproblem, buchhandelsgeschichtlicher Kontext, Interpretation. In: Buchhandel und Literatur. Festschrift für Herbert G. Göpfert zum 75. Geburtstag am 22. September 1982. Hg. von Reinhard Wittmann und Bertold Hack. Wiesbaden 1982, S. 55–128.

Vail, Curtis C. D.: Originality in Lessing's 'Theatralische Bibliothek', in: The Germanic Review 9 (1934), S. 96–101.

Valentin, Jean-Marie: La réception de Destouches en Allemagne au XVIIIe siècle. Du comique décent au comique sérieux. In: Théâtre, Nation et Societé. Hg. von Roland Krebs et Jean-Marie Valentin. Nancy 1990, S. 73–90.

Valentin, Jean-Marie: Tragédie héroique – tragédie bourgeoise. Anton von Klein (1746–1810) et sa critique de Lessing. In: Germanistik aus interkultureller Perspektive. Articles réunis et publiées par Adrien Finck et Gertrud Gréciano en hommage à Gonthier-Louis Fink. Strasbourg 1988 (Collection Recherches Germaniques 1), S. 77–92.

Vierhaus, Rudolf: Kritikbereitschaft und Konsensverlangen bei deutschen Aufklärern. In: Streitkultur. Strategien des Überzeugens im Werk Lessings. Referate der Internationalen Lessing-Tagung der Albert-Ludwigs-Universität Freiburg und der Lessing Society an der University of Cincinnati, Ohio/USA, vom 22. bis 24. Mai 1991 in Freiburg/Breisgau. Hg. von Wolfram Mauser und Günter Saße. Tübingen 1993, S. 78–92.

Vollhardt, Friedrich: Gotthold Ephraim Lessing, München 2016 (C. H. Beck Wissen, 2789).

Waentig, Karl: Johann Friedrich Löwen und sein Ansehen als Journalist und Bühnenschriftsteller. Ein Beitrag zur Geschichte des deutschen Nationaltheaters von 1767 in Hamburg. In: Zeitschrift des Vereins für Hamburgische Geschichte 54 (1968), S. 21–49.

Waldberg, Max Freiherr von: Zu Lessings ‚Theatralischer Bibliothek‘. In: Zeitschrift für den deutschen Unterricht 38 (1924), S. 163–169.

Wehrli, Beatrice: Kommunikative Wahrheitsfindung. Zur Funktion der Sprache in Lessings Dramen. Tübingen 1983 (Hermaea 87).

Wiese, Benno von: Lessing. Dichtung, Ästhetik, Philosophie. Leipzig 1931 (Das wissenschaftliche Weltbild. Hg. von P. Hinneberg).

Wittmann, Reinhard: Der gerechtfertigte Nachdrucker? Nachdruck und literarisches Leben im 18. Jahrhundert. In: Buch- und Buchkultur in Europa im 18. Jahrhundert. Hg. von Giles Barber und Bernhard Fabian. Hamburg 1981, S. 293–320.

Wölfel, Kurt: Moralische Anstalt. Zur Dramaturgie von Gottsched bis Lessing. In: Deutsche Dramentheorien. Hg. und eingeleitet von Reinhold Grimm. Frankfurt a. M. 1971, Bd. 1, S. 45–122.

Zieger, Wilfried: „Doch ich vergesse mich. Wie gehört das alles zur „Zelmire"? Argumentation und Aufbau in Lessings Besprechung der „Zelmire" von Dormont de Belloy im 18. und 19. Stück der „Hamburgischen Dramaturgie". In: Streitkultur. Strategien des Überzeugens im Werk Lessings. Referate der Internationalen Lessing-Tagung der Albert-Ludwigs-Universität Freiburg und der Lessing Society an der University of Cincinnati, Ohio/USA, vom 22. bis 24. Mai 1991 in Freiburg/Breisgau. Hg. von Wolfram Mauser und Günter Saße. Tübingen 1993, S. 552–562.

Abbildungsnachweis

Abbildung 1: Titelblatt: Hamburgische Dramaturgie. Erster Band. Exemplar der Herzog August Bibliothek Wolfenbüttel, Sign. Lo 4579:1 —— 8

Abbildung 2: Johann Friedrich Schink. Blatt in Punktiermanier (Blattgröße 85 x 67 mm) von Ludwig Gottlieb Nauwerck. Universität zu Köln, Theaterwissenschaftliche Sammlung Schloss Wahn, Lfd. Nr. 4793 —— 37

Abbildung 3: Das Opernhaus von Friedrich Ludwig Schröder 1765 im Opernhof beim Gänsemarkt. Aquarellzeichnung (Blattgröße 430 x 350 mm) von H. Wirth. Staatsarchiv Hamburg, Bestand 720-1 Plankammer Nr. 131-07=84/ 00061 —— 53

Abbildung 4: F. S. Seylerinn als Merope. Aus: Theater-Kalender, auf das Jahr 1776. Frontispiz. Universität Erfurt, Forschungsbibliothek Gotha Schloss Friedenstein, Sign. Poes. 8, 2765/2 (1776) —— 55

Abbildung 5: Johann Joachim Christoph Bode. Kupferstich (Blattgröße 210 x 150 mm), Staats- und Universitätsbibliothek Hamburg, Sign. P 21: B 104 —— 67

Abbildung 6: Conrad Eckhof. Kupferstich (Blattgröße 159 x 91 mm) von Johann David Schleuen nach Johann Ernst Heinsius. Herzog August Bibliothek Wolfenbüttel, Sign. A 5564 —— 87

Abbildung 7: Johann Jacob Engel. Blatt in Schabmanier (Blattgröße 315 x 230 mm) von Johann Elias Haid nach Daniel Nikolaus Chodowiecki. Universität zu Köln, Theaterwissenschaftliche Sammlung Schloss Wahn, Lfd. Nr. 1396 —— 102

Abbildung 8: August Wilhelm Iffland. Kreide-Lithographie (Blattgröße 277 x 183 mm). Universität zu Köln, Theaterwissenschaftliche Sammlung Schloss Wahn (Sammlung Niessen), Lfd. Nr. 2593 —— 107

Abbildung 9: Paul Klee: Hauptweg und Nebenwege. Tafelbild (837 x 675 mm). Museum Ludwig Köln, Sign. ML 76/3253; Foto: Rheinisches Bildarchiv Köln —— 115

Abbildung 10: Theaterzettel zur Aufführung der *Merope* vom 7. Juli 1767. Aus: Sammelband. Commoedien-Zettel vom Hamburgischen Theater von Anno 1776, von Ostern, Bl. 38. Universität Erfurt, Forschungsbibliothek Gotha Schloss Friedenstein, Sign. Poes. 4, 2176/9 —— 118

Abbildung 11: Scipio Maffeivs. Schabkunst-Blatt (Blattgröße 428 x 266 mm) von Johann Elias Haid. Herzog August Bibliothek Wolfenbüttel, Sign. A 13204 —— 121

Abbildung 12: Titelblatt: Teatro del Sig. Marchese Scipione Maffei la cioè tragedia la comedia e il drama non più stampato. Verona 1730. Bayerische Staatsbibliothek München, Sign. P.o. it. 566 —— 140

Abbildung 13: Titelblatt: Merope Tragedia. Modena 1714. Universitätsbibliothek Augsburg, Öttingen-Wallerstein-Bibliothek, Sign. 2/III.10 4.34 —— 145

https://doi.org/10.1515/9783110610291-008

Personenregister

Abel, Jakob Friedrich 109
Ackermann, Konrad Ernst 28, 48, 49, 52–54, 56
Adelung, Johann Christoph 157
Aelius Donatus 166, 174
Affichard, Thomas L' 114
Allacci, Lione 26
Anna Amalia [Herzogin von Weimar] 47, 63
Apollodor 124
Appianus Alexandrinus 14
Aristoteles 9, 11, 14, 15, 19, 25, 85, 99, 111, 117, 124, 125, 127–129, 136, 147, 154, 156, 161, 162, 168, 169, 179
Aubignac, Hédelin de 18

Bachmann, Heinrich Wilhelm 66
Baron, Michel 79, 88
Baumgarten, Alexander Gottlieb 132
Beaumarchais, Pierre Augustin Caron de 40, 41
Beaumont, Francis 25
Beck, Heinrich 47
Becelli, Giulio Cesare 150
Beil, David 47
Belloy, Pierre-Laurent Buirette de 31, 39, 51, 52
Bernini, Giovanni Lorenzo 103
Bertram, Christian August von 35, 43
Bode, Johann Joachim Christoph 65, 66, 69, 70, 72
Bodmer, Johann Jacob 6, 7, 154
Boeck, Johann Michael 47, 63, 159, 178
Boeck, Sophie Elisabeth geb. Schulz 63, 159
Boethius 95
Borchers, David 39, 63, 159, 178
Böttiger, Karl August 44, 69, 106
Brandes, Johann Christian 160
Brawe, Johann Wilhelm von 160
Breitinger, Johann Jacob 6, 7, 81
Brumoy, Pierre 122, 125, 143, 157
Bubbers, Adolf Siegmund 56

Calepio, Pietro dei Conti di 148, 151, 154
Capella, Martianus 95, 96
Casaubonus, Isaac 26

Chassiron, Pierre-Matthieu de 23, 24
Chaussée, Pierre Claude Nivelle de la 31, 39, 96, 112, 114, 178
Cicero, Marcus Tullius 85, 92, 94
Clairon, Claire-Joseph Lêris, gen. Clairon 79
Coello, Antonio 12
Corneille, Pierre 14, 17, 19, 23, 25, 31, 48, 106, 112, 129, 156
Corneille, Thomas 18, 31, 52, 114, 117, 162
Cramer, Johann Hinrich 72
Cronegk, Johann Friedrich, Freiherr von 30, 105, 108, 114, 160, 178
Curioni, Joseph 49
Curtius, Michael Conrad 21

Destouches, Philippe Néricault 16, 31, 48, 112, 114
Diderot, Denis 17, 19, 126, 134–137, 143, 157, 161, 167–169, 171
Diodati, Ottaviano 27
Diphilus von Sinope 165
Dodsley, Robert 69, 71–73
Doebbelin, Karl Theophilus 28
Dorat, Claude 60
Dryden, John 25, 26
Dubos [auch: Du Bos], Jean Baptiste 17, 81, 82, 84–86, 96, 101, 111, 112, 149
Dusch, Johann Jakob 41, 142

Eckenberg, Karl von 58
Einsiedel, Friedrich Hildebrand von 168
Ekhof, Konrad 28, 30, 42, 47, 48, 50, 55, 57, 59, 63, 78, 80, 88, 104, 159, 178
Engel, Johann Jakob 36, 45, 101, 103–106, 109
Ernst II. [Herzog von Gotha] 63
Euklid 13
Euripides 122, 123, 129, 130, 133, 136–138, 155

Favart, Charles-Simon 18
Felbrich, Kordelia 159
Fielding, John 66
Fletcher, John 25

https://doi.org/10.1515/9783110610291-009

Franz I. [Kaiser des Hl. Röm. Reiches] 51
Friedrich II. [Kg. von Preußen] 64, 150

Garrick, David 88
Gellert, Christian Fürchtegott 23, 31, 113,
    114, 160, 173
Gleim, Johann Wilhelm Ludwig 64, 66
Goethe, Johann Wolfgang 4–6, 41, 59, 105,
    155
Goeze, Johann Melchior 141
Gotter, Friedrich Wilhelm 47, 105, 150
Gottsched, Johann Christoph 11–13, 23, 27,
    58, 86, 141
Gottsched[in], Luise Victorie geb.
    Kulmus 30, 31, 48, 113
Graff, Anton 110
Graffigny, Françoise de 29, 31, 113, 114
Graun, Carl Heinrich 150
Gravina, Gian Vincenzo 148, 149
Gresset, Jean-Baptiste-Louis 31, 39, 99, 114
Grimm, Friedrich Melchior 135, 167

Hagedorn, Friedrich von 56
Haller, Albrecht von 6
Harsdörffer, Georg Philipp 1, 17
Hensel, Johann Gottlieb 63
Hensel, Sophie Friederike 29, 39, 42, 54,
    63, 74, 88
Herder, Johann Gottfried 4
Heufeld, Franz 112, 114, 178
Hill, Aaron 77, 110
Hippel, Theodor Gottlieb von 31
Home, Henry [Lord Kames] 92–94, 98, 101,
    109
Horaz, Quintus H. Flaccus 25, 81, 82
Huarte, Juan 79, 158
Hume, David 18
Hurd, Richard 117, 169, 170, 171, 176, 179
Hyginus, Gaius Julius 15, 123, 124, 128, 130,
    132, 151

Iffland, August Wilhelm 43, 44, 47, 100, 105

Jomelli, Niccolò 150
Jonson, Benjamin 25
Joseph II. [Kaiser des Hl. Röm. Reiches] 42
Justi, Johann Heinrich Gottlob 62

Kant, Immanuel 5, 6
Klee, Paul 113, 155
Klein, Anton von 35
Klopstock, Friedrich Gottlieb 7, 72
Klotz, Christian Adolf 13, 142, 158
Koch, Heinrich Gottfried 28, 48, 49, 52, 160
Krüger, Johann Christian 64, 160

Lange, Samuel Gotthold 82
Lairesse, Gérard de 101
Le Brun, Charles 101, 170, 171
Le Grand, Marc Antoine 18, 119
Lecouvreur, Adrienne 88
Lekain, Louis 88
Léris, Antoine de 27
Lessing, Karl Gotthelf 64, 65
Liviera, Giambattista 123
Loën, Johann Michael von 62
Löwen, Eleonore Luise Dorothea geb.
    Schönemann 18, 39, 42, 96, 178
Löwen, Johann Friedrich 28, 51, 53, 54, 56–
    59, 61, 63
Ludwig XV. [König von Frankreich] 153

Maffei, Scipione 15, 16, 38, 111, 117, 120,
    122, 126, 129–134, 138, 139, 141–144,
    146, 149, 151, 152, 155, 156, 158
Maria Theresia [Erzherzogin von Österreich,
    Königin von Ungarn u. Böhmen] 51
Marivaux, Pierre de 31, 52, 113, 114, 119, 126
Marmontel, Jean-François 18, 153
Mecour, Susanne 47, 178
Meier, Georg Friedrich 90, 109, 132, 133
Meil, Johann Wilhelm 45, 101, 105
Meinhard, Johann Nikolaus 92
Menander 166, 173, 174
Mendelssohn, Moses 20, 22, 154, 161
Mingotti, Pietro 49
Molière 126, 165, 166, 169, 170
Moritz, Karl Philipp 110
Muratori, Ludovico Antonio 148, 149
Mylius, Christlob 22, 42, 75, 76

Neuber, Friederike Karoline 28
Nicolai, Friedrich 20–22, 61, 69–71, 98, 149,
    154, 161, 178
Noverre, Jean Georges 101, 110

Orsi, Gian Gioseffo (Giuseppe) 144, 150

Parfaict, Claude 17, 18, 119
Parfaict, François 17, 18, 119
Pausanias 124
Pfeffel, Gottlieb Konrad 114
Pirandello, Luigi 166
Platner, Ernst 109, 137
Plautus, Titus Maccius 24, 25, 120, 170
Plutarch 124, 125
Pütter, Johann Stephan 62, 72

Quin, James 88
Quinault, Philippe 114
Quintilianus, Marcus Fabius 85, 94, 95, 149

Racine, Jean Baptiste 85, 152, 169
Regnard, Jean-François 18, 112
Reich, Philipp Erasmus 72
Reichard, Heinrich August Ottokar 112
Reinesius, Thomas 130
Reischel, Johann Friedrich 36
Riccoboni, Antoine-François (d. Jüngere) 17,
    31, 77, 79, 83, 84, 91, 94, 101
Riccoboni, Louis (Luigi) 77, 78, 94, 150
Richer, David-Henri 158
Rinaldo I. [Herzog von Modena] 124
Romanus, Karl Franz 159–163, 169, 171–173,
    175–179

Sainte-Albine, Pierre Rémond de 31, 77–82,
    84, 89, 91, 100, 101, 105, 110
Scheffer, Johann 123
Schiller, Friedrich 6, 40, 58, 106, 108–110,
    178
Schink, Johann Friedrich 34–43, 112
Schlegel, Johann Elias 27, 30, 31, 49, 57,
    114, 160, 178
Schmidt, Friedrich Ludwig 63
Schönemann, Johann Friedrich 28, 48, 49,
    54, 88
Schreiber, Aloys Wilhelm 43
Schröder, Friedrich Ludwig 48, 49, 51, 63,
    78
Schulz, Sophie Elisabeth (verh. Boeck) 63,
    159
Schulze-Kummerfeld, Caroline 57
Schütz, Friedrich Wilhelm von 34

Schütze, Johann Friedrich 46, 50
Schwickert, Engelbert Benjamin 69, 72, 73
Seckendorf, Veit Ludwig von 62
Seneca, Lucius Annaeus 122, 143, 157
Seyler, Abel 47, 53, 54, 63
Shaftesbury, Anthony Ashley Cooper, Earl of
    Shaftesbury 6
Shakespeare, William 25, 26, 31, 39, 77, 97,
    105, 116, 166
Shaw, Goerge Bernard 166
Sokrates 138, 155
Sonnenfels, Joseph, Freiherr von 33, 62, 63,
    160
Spiegelberg, Georgine Sophie Karoline
    [Gattin Ekhofs] 48
Stephanie d. Ä., Gottlob 178
Sterne, Laurence 66
Stüve, Peter 52
Sulzer, Johann Georg 109, 110

Tauentzien, Bogislaw Friedrich von 64
Terenz [Terentius Afer, Publius] 114, 117,
    120, 161, 163, 165, 167–169, 172–177
Tetens, Nikolaus 101, 103, 109
Theophrast 171
Tillemann, Johann Martin 56
Torelli, Pomponio 123
Törring, Josef August von 105
Tournemine, René (Renatus) 125

Unzer, Johann August 90, 91, 94, 109

Vico, Giovanni Battista (Giambattista) 6
Voltaire, François-Arouet 15–19, 26, 30, 31,
    38, 111, 114, 116, 120, 122, 125–134,
    138, 139, 141–144, 146, 151–153, 155,
    156, 158, 160–163, 165, 168, 171, 179

Weiße, Christian Felix 31, 114, 120, 178
Wessely, Hartmut 64
Wessely, Moses 64
Wieland, Christoph Martin 7
Wolff, Christian 10, 20, 75

Young, Edward 4, 7

Zedler, Johann Heinrich 157